NAOMI SCHENCK

*Mein Großvater
stand vorm Fenster und
trank Tee Nr. 12*

Hanser Berlin

1 2 3 4 5   20 19 18 17 16

ISBN 978-3-446-25078-9
© Hanser Berlin im Carl Hanser Verlag München 2016
Alle Rechte vorbehalten
Satz: Greiner & Reichel, Köln
Druck und Bindung: CPI Books GmbH, Leck
Printed in Germany

MIX
Papier aus verantwortungs-
vollen Quellen
FSC® C083411

Inhalt

1

Die Erbschaft

Als mein Großvater starb, vermachte er mir keine Reichtümer, dafür aber die Rechte an seiner Biographie, in der für ihn charakteristischen Mischung aus Selbstironie und aufrichtigem Bewusstsein der eigenen Bedeutsamkeit. Oder wusste er noch, dass ich als Kind schon mal ein Buch über ihn schreiben wollte? Ich war damals häufig bei meinen Großeltern gewesen, und mein Großvater – Günther, denn in unserer Familie sprechen auch die Kinder die Erwachsenen mit Vornamen an – war mir so vertraut wie Christel, meine Großmutter, doch er war doppelt so geheimnisvoll. Ich wusste natürlich, dass er Chemiker war, dass er mal ein Max-Planck-Institut geleitet hatte und nun, weißhaarig, Anzug und Fliege tragend, in seinem riesigen Arbeitszimmer immer noch jeden Tag an wichtigen Erfindungen arbeitete. Manchmal hatte ich den Eindruck, dass irgendwas in seinem Leben nicht so gelaufen war, wie es hätte laufen sollen. Was genau das war, wusste ich nicht, darüber wurde auch nicht gesprochen. Als er viele Jahre später starb, im Herbst 2003, war mir klar, dass ich die Sache mit der Erbschaft ernst nehmen würde. Ich wollte herausfinden, was für ein Leben mein Großvater geführt hatte. Und wie es mit meinem Leben verbunden war.

Am Abend nach Günthers Tod begleitete ich Geo, meinen Vater, in die Bismarckstraße, in das Haus in Mülheim an der Ruhr, in dem meine Großeltern fast ein halbes Jahrhundert lang gelebt hatten. Wir hielten uns in Günthers Arbeitszimmer auf, in dem von allen Räumen der großen Erdgeschosswohnung seine Präsenz am deutlichsten zu spüren war. Papierstapel, Akten und Bücher lagen auf dem Konferenztisch, auf Sesseln, auf der Couch. Ich setzte mich in Günthers schwarzen Drehsessel, hinter dessen Lehne ich mich als Kind gut verstecken konnte und in dem ich mich gern gedreht hatte. Jetzt war das schwarze Leder völlig abgewetzt, was mir fast übertrieben symbolisch vorkam. Als wäre hier ein Filmausstatter am Werk gewesen.

Ich packte Bleistift und Skizzenbuch aus, denn ich wollte eine Zeichnung für die Traueranzeige machen. Zum Glück war mir die Idee mit der Zeichnung gekommen, auf diese Weise konnte ich mich mit ihm beschäftigen, mit seinem Umfeld, seinen Dingen, dem massiven eisernen Locher, dem vergoldeten Brieföffner – und doch nicht zu intensiv. Was immer an Gefühlen aufkäme, könnte ich ableiten, in Striche, Linien und Schraffuren.

Geo hielt sich in der Nähe auf, er war ruhig wie immer, schaute Papiere durch, trank einen Schnaps. Er hatte seinen Vater verloren, ich meinen Großvater, einen Helden meiner Kindheit. An der Wand hing das Aquarell, das Günther als Zwölfjährigen zeigt. Ein aufmerksamer Junge mit blauen Augen, der einen kleinen Gegenstand in der Hand hält. »Ich vermute, eine Art elektrischer Spule«, sagte Geo, als er das Bild betrachtete. Unten stand das Jahr: 1925. Es war mir schon früher aufgefallen, dass Günther offenbar ausgerechnet dieses Kinderbildnis an seinem Arbeitsplatz haben wollte, wo zwischen Bücherregalen und mit grünem Wollstoff verhängten Aktenschränken sonst nur ein nachgedunkeltes Ölporträt seines Vaters, eine gerahmte Fotografie seines Mentors und Doktorvaters Karl Ziegler und ein abstraktes, düsteres Gemälde aus Japan hingen.

Zu dem Gemälde gab es eine Geschichte: Günther hatte mit ein paar Leuten im Schloss Hugenpoet in Kettwig zu Abend gegessen. Am Nebentisch ereignete sich ein kleiner Aufruhr; offensichtlich ging es einem der Gäste, einem Japaner, nicht gut.

Wissend, dass Günther einen Professorentitel hatte, bat der Oberkellner ihn um Hilfe. Günther war natürlich kein Arzt, aber das war auch nicht nötig, denn der Mann war, wie er mit ein paar Fragen herausfand, einfach erschöpft vom langen Flug und vom Jetlag. Günther ordnete an, dass ihm sofort ein Hotelzimmer und eine Flasche Champagner zur Verfügung gestellt werde, und so geschah es. Drei Monate später kam ein großes Paket aus Japan an. Ein großes, gerahmtes Ölbild und eine Grußkarte: »Mit herzlichem Dank für erste Hilfe, Champagner und Mädchen.« Das mit dem Mädchen habe ich nie ganz aufklären können. Christel, meine Großmutter, meinte, damit sei das Zimmermädchen gemeint gewesen, das den Champagner brachte.

Jetzt stand ich vor dem Bild und überlegte, ob es mir etwas sagte, seine Düsterkeit, die pastosen grauen Flächen, der sonderbar dicke Turm, der oben eine Art Antenne hatte.

Bilder, Möbel, Bücher – es ging jetzt darum, zu entscheiden, was mit den Dingen geschehen sollte, doch dafür waren vor allem mein Vater und seine Geschwister zuständig. Es war noch nicht geklärt, ob sie das Erbe überhaupt annehmen würden, sie wollten sich zunächst einen Überblick über Günthers Schulden verschaffen. Bis zuletzt von der Wichtigkeit seiner Arbeit überzeugt, hatte er sein Gehalt als emeritierter Professor und noch mehr in sein Sekretariat und in Patentgebühren gesteckt. Das Haus gehörte der Max-Planck-Gesellschaft und kostete Miete.

Seinen Tod hatte mein Großvater bereits Mitte der sechziger Jahre sorgsam vorbereitet, als er aufgrund einer spät diagnostizierten Autoimmunkrankheit mit seinem Ableben rechnete, wie er es ausdrückte. Die Details für seine Beerdigung waren also seit langem geklärt: Zur Aufbahrung sollte er in einen

Smoking gekleidet werden, und alle Institutsmitarbeiter sollten nach der Beerdigung so lange auf seine Rechnung essen und trinken können, wie sie wollten.

In letzter Zeit hatte er sich weitere Gedanken gemacht. Er hatte mich gefragt, ob mir das rote Teeservice mit dem Margeritenmuster gefiel. Als ich bejahte, sagte er, dann sollst du das haben. Und bei einer anderen Gelegenheit hatte er mir beiläufig, aber auch ein wenig feierlich mitgeteilt, er wolle mir die Rechte an seiner Biographie vermachen.

Im Safe fand sich dann tatsächlich ein entsprechender Vermerk. Als älteste Enkelin stand ich ganz oben auf der Liste: *Naomi, Biographie G. O. Schenck.*

Als Achtjährige hatte ich schon einmal damit begonnen, sein Leben aufzuschreiben. »Mein Opa Günther« sollte das Buch heißen und von einem Wissenschaftler handeln, der Klarinette und Cello spielte, stets orangefarbene Schuhe im Kofferraum hatte und die Delphine im Duisburger Zoo rettete. Lugte sein Taschentuch aus der Brusttasche weiter heraus als normal, dachte er gerade über etwas Wichtiges nach und durfte auf keinen Fall angesprochen werden. Außerdem war es nicht ratsam, ihm von hinten die Augen zuzuhalten, denn er war Träger des schwarzen Gürtels und hatte mal jemanden, der hinter ihm aufgetaucht war, mit beiden Armen gegriffen und über den Tisch geschleudert. Wenn Gäste zum Abendessen da waren, kam es vor, dass er verschwand und meine Großmutter ihn schließlich in der Badewanne vorfand.

Es gab viele solcher Anekdoten, außerdem war da die schiere Spanne seines Lebens, die vom Vorabend des Ersten Weltkriegs bis nach dem Anschlag auf das World Trade Center reichte. Mir fiel ein, dass ich irgendwann schon mal mit vagen Absichten eine Schenck-Kiste angelegt hatte, in der sich seine Weihnachtsbriefe befanden, Fotos, besprochene Cassetten und fotokopierte

Publikationen mit jeder Menge Formeln, die mir nichts sagten. Obwohl mein Vater ebenfalls Chemiker war, hatte ich in Chemie immer zwischen fünf und sechs gestanden und das Fach abgewählt, sobald es ging. Später hatte ich Kunst studiert und war schließlich Szenenbildnerin geworden. Außerdem schrieb ich Kurzgeschichten und Hörspiele. Damit hatte es wohl zu tun, dass Günther mir die Aufgabe seiner Biographie übertragen hatte – obwohl er wusste, dass ich kaum etwas von seiner wissenschaftlichen Hinterlassenschaft verstand.

Auch meine Geschwister hatten ihrer Ausbildung entsprechende Aufgaben erhalten. Jost, der Jurist, wurde zum Zuständigen für die rechtlichen Belange der Firmen erklärt, die sich aus Günthers Patenten ergeben würden; Toby, der eine eigene Softwarefirma hat, sollte im Aufsichtsrat die Familieninteressen vertreten. Beide hatten dafür eher eine Art müdes Lächeln übrig.

»Und was hat Günther dir vererbt?«, fragte ich meine Schwester Hanna, die Philosophie studierte.

»Ich soll mich um die Weiterentwicklung seiner wissenschaftstheoretischen Ansätze kümmern.«

Sie klang etwas genervt. »Er hat da mal so eine Liste gemacht, zur Vermeidung von Denkfehlern in der Wissenschaft«, sagte sie. »Wahrscheinlich finde ich die auch noch irgendwo. Wobei ich die jetzt nicht so wahnsinnig originell fand.«

»Was stand denn da so?«

»Vor allem hat er immer vor *geistigen Epidemien* gewarnt.«

»So was wie Nationalsozialismus?«

»Genau, aber auch andere Sachen, die wie bei einer Hysterie um sich greifen und die Leute dann irgendwie völlig vereinnahmen. Er wollte, dass man die Dinge anhand einer Fragenliste überprüft, bevor man sie behauptet.«

»Ging's da auch ums Waldsterben?«

Ich dachte an seine Schimpftiraden über Politiker, die wissenschaftlich unfundiertes Zeug redeten. Seinen Ärger über die Grünen, die über das Waldsterben debattierten, aber keine Ahnung hatten. Und ausgerechnet die hörten ihm dann zu, als er Mitte der achtziger Jahre seine unorthodoxen Ideen zu dem Thema in der europäischen Fachpresse veröffentlichte.

»Ja, genau! Das war eines seiner Beispiele.«

Das mit den Denkfehlern notierte ich mir. Warum nicht gleich anfangen und schauen, wohin mich das führte? Außerdem wollte ich bei der Beerdigung in Heidelberg ein paar Worte sagen. Ich war zu dieser Zeit gerade dabei, meine Scheu vor öffentlichem Sprechen abzulegen, und wollte die Gelegenheit zum Üben nutzen.

Eine freie Rede wurde es nicht; ich las den kurzen Text vom Blatt ab. Ich sprach davon, wie Günther zwei Tage vor seinem Tod im Krankenhaus gesagt hatte: »Ich sterbe, aber ich will nicht sterben.« Und ich erzählte, dass er bis kurz vor dem Ende die Spülmaschine eigenhändig ausgeräumt hatte, mit geschlossenen Augen, um im Training zu bleiben, wie er sagte. Die Leute waren berührt. Ich selber auch, obwohl ich mir vorgenommen hatte, nicht zu weinen. Irgendjemand schluchzte furchtbar laut, was mich irritierte.

Günther hatte sich für eine Feuerbestattung entschieden, das stand schon lange fest. Ich fand das okay. Wenn es so weit wäre, darüber nachzudenken, würde ich mich vielleicht auch lieber verbrennen lassen. Ein paar Wochen zuvor erst hatte ich für einen *Tatort* einen Friedhof mit Krematorium gesucht, in dem zwei Szenen gedreht werden sollten. In Krefeld wurde ich fündig, bei den pompösen Marmorgräbern der Sinti und Roma. Der Friedhofsangestellte erklärte mir das Krematorium. Den Ofen konnte er nicht für mich anwerfen, aber er zeigte mir eine Art Kehrblech und ein Sieb, mit dem man nach der Verbren-

nung des Körpers noch mal die Asche filtert. Falls doch irgendwelche Metallstücke zurückgeblieben waren.

Am Morgen nach der Beerdigung stieg ich in den ersten ICE
von Mannheim nach Berlin. Sanft glitten die Waggons durch
die Dunkelheit, die anderen Fahrgäste schliefen oder arbeiteten lautlos an ihren Laptops. Ich schaute aus dem Fenster, in
dem sich das Abteil spiegelte und sich wie eine Folie über den
Hafen legte, die vorbeiziehenden Lichter der Industrieanlagen
auf der anderen Rheinseite, über noch dunkel daliegende Miets-
häuser, dann kleine Wälder, Felder und Höfe. Ich dachte über
mein Projekt nach. Wie könnte ein Buch über Günther beginnen? Mit einem Blick aus einem Zug, über Landschaften? Aber
mit dem Zug ist er so gut wie nie gereist. Dafür saß er umso öfter am Steuer seines weißen Mercedes-Kombi, der später schon
recht verrostet war und hinten ganz eingebeult vom Einparken.
Als Kind hatte ich den Eindruck, er würde wahnsinnig rasen.
Einmal kamen wir aus irgendeinem Kurort, an den ich meine
Großeltern übers Wochenende begleitet hatte, und ich fing auf
dem Rücksitz an zu weinen, weil ich sicher war, unsere letzte
Stunde habe geschlagen. Die zitternde Nadel des Tachometers
zeigte hundertdreißig Stundenkilometer an.

Als es heller wurde und jemand einen Kaffeewagen vorbei-
schob, packte ich meinen Computer aus und legte ein Doku-
ment mit dem Namen »Günther« an. Ich schrieb ein paar Erinnerungen auf, doch dann wanderten meine Gedanken zu
den bevorstehenden Wochen. Nach zwei Monaten ohne Engagement hatte ich endlich wieder einen Job an Land gezogen.
Obwohl es für die Filmbranche normal war, dass das neue Jahr
nach den Wintermonaten erst allmählich begann, hatte die Zeit
als Bohemien wider Willen nicht nur an meinem Konto, sondern auch ein wenig an meinem Selbstbild genagt. Ich schloss

die Günther-Datei und öffnete die Drehbuchfassung, die mir die Filmproduktion am Vortag geschickt hatte. Ich erstellte die Motivliste: Haus Tellmann. Villa Binz. Schrebergartensiedlung. Rasthaus am See.

Das war mein Job: die Drehorte finden und einrichten. Dem Film ein Gesicht geben. Villa Binz sollte eine Art Märchenhaus im Wald sein, sympathisch und etwas heruntergekommen. Es würde in einem später als Versicherungsbetrug entlarvten Feuer abbrennen. Ermittelnder Polizist war der kernige, verschlossene Horst Tellmann. Seinen Charakter spiegelnd, sollte Haus Tellmann irgendwie von der Straße aus uneinsehbar sein, deutsch, solide gebaut, geduckt hinter Bäumen oder Hecken. Keine direkten Nachbarn, hinter dem Garten ein Wald, in den man flüchten konnte. Die Vorschläge des Location Scouts befanden sich in der Henry-Ford-Siedlung in Berlin, die die Amerikaner in den Fünfzigern für ihre Offiziere angelegt hatten. Mehr oder weniger identische Bungalows, von außen für unsere Geschichte passend, aber innen sehr schick, wie ich beim Durchblättern der Fotos sah. Bücherregale, Eames Lounge Chairs, Kunst an den Wänden. Teure Kinderfahrräder und Schieferbadezimmer mit eckigen Badewannen.

Woher haben die Leute eigentlich alle so viel Geld? Ich erlaubte mir diesen Gedanken und fragte mich, ob dahinter Neid steckte. Ich kannte ja die Antwort: Manche Leute verdienten besser als eine Szenenbildnerin. Manche Paare waren Doppelverdiener. Manche Menschen erbten. Ich überlegte, wie es sich anfühlen würde, wenn Günthers Testament eine fünf- oder gar sechsstellige Summe auf einem Bankkonto für mich vorgesehen hätte. Die Vorstellung fiel mir schwer.

Kurz vor Berlin lackierte ich mir schnell die Fingernägel über. Dabei dachte ich an Christel, meine Großmutter, mit ihren gepflegten Fingernägeln, die sie regelmäßig lackierte, am großen Tisch in der Diele in der Bismarckstraße. Sie benutzte ein warmes, gebrochenes Rot von Dior. Dior sprach sie mit übertrieben hörbarem »r« am Ende aus, auf korrekte französische Aussprache legte sie Wert. In den vergangenen Tagen hatte ich immer wieder an Christel gedacht. Als wäre auch sie gerade gestorben und nicht schon vor vier Jahren. Kleine Flashs aus der Bismarckstraße: wie ich auf ihrem Stammplatz sitze und auf irgendetwas konzentriert bin. Wie sie sich von der Seite nähert, kurz bei mir stehen bleibt, mir über den Kopf streicht und sagt, *bist lieb*, und dann weitergeht.

Christels Leben endete mit einem langen Schweigen. Sie konnte noch sprechen, das wussten wir, aber sie hatte keine Lust mehr. Alle drei Tage kam mal ein Satz, sonst kaum ein Zeichen. Die Leute unterhielten sich in ihrem Beisein, Günther spielte alte Schlager auf dem Akkordeon. »Ich hab' dich lieb, braune Madonna«. »Dein ist mein ganzes Herz«. »Ausgerechnet Bananen«. Manchmal hielt ich ihre Hand. Unfassbar zarte Haut über kleinen Knöchelchen. Sie atmete, aber sonst schien sie gar nicht im Zimmer zu sein. Einmal schaltete sie sich plötzlich ein, ganz unerwartet. Die Krankenschwester sagte irgendwas, und Günther, der an Christels Bett saß, antwortete seufzend: »Es hofft der Mensch, solang' er lebt.« Daraufhin Christel mit vollkommen normaler Stimme: »… solang' er *strebt!*« Das war ihr wichtig, dass Goethe nicht falsch zitiert wurde. Und sie versank wieder in sich selbst.

Als ich das nächste Mal kam, hatte sie seit Tagen weder ein Wort gesagt noch die Augen geöffnet. Natürlich bildete ich mir ein, sie verstünde auf irgendeiner Ebene, was ich sagte, und es würde ihr etwas bedeuten, dass ich ihr aus meinem Leben erzählte, von dem Problem mit den zwei Männern, zwischen denen ich gerade stand, lauter Zeug, das ich ihr sonst eher nicht erzählt hätte, weil diese Geschichten ihr Verständnis für die Enkelin vielleicht zu sehr strapaziert hätten. Bei meinem Selbstgespräch kam ich mir kitschig vor, als würde ich in einer Krankenhausserie spielen, doch irgendwie musste ich es zu Ende bringen, und dann rollten mir sogar Tränen die Wangen hinunter.

Ich hatte Christel einen Strauß Tulpen mitgebracht und ihn in einer Vase auf den Besuchertisch gestellt. Daran erinnere ich mich so genau, weil ich eine Zeichnung davon gemacht habe: Besuchertisch, Tulpenvase, Krankenbett, Christel. Ihr braunes Gesicht war durch tagelanges Auf-dem-Rücken-Liegen total aus den Fugen geraten. Nie war ihre Nase so groß gewesen. Auf meiner Zeichnung sah sie aus wie ein alter Indianer.

Am Abend meiner Rückkehr von Günthers Beerdigung kam Claus vorbei und lud mich zum Italiener ein. Er wollte mit mir meinen ersten Arbeitstag am neuen Film feiern. Ich teilte ihm mit, dass ich beschlossen hatte, ein Buch über meinen Großvater zu schreiben. Wider Erwarten war er nicht begeistert, sondern schaute mich fast mitleidig an. »So weit ist es jetzt schon?«, sagte er zweifelnd. Er hatte Günther nie kennengelernt, war aber überzeugt, dass ich ihn idealisierte, wie meine ganze Familie. »Da zucken doch alle zusammen, wenn man etwas gegen ihn sagt!«

»Quatsch. Ich sehe ihn auch kritisch. Glaub mir, das wird interessant!«

Ich zählte ihm auf, was mir an Highlights so einfiel: die »Operation Paperclip«, in deren Rahmen die Amerikaner ihn und andere Wissenschaftler bei Kriegsende aus den russischen Gebieten evakuierten; seine Zeit als Jazzmusiker; sein Chemielabor im Garten, wo er in den Nachkriegsjahren ein dringend benötigtes Medikament gegen Würmer herstellte. Dass er irgendwann in den sechziger Jahren die drei Kinder fragte: Wollen wir uns ein Haus kaufen, oder wollen wir für ein Jahr nach Amerika gehen? Und die Familie dann natürlich nach Amerika ging. Ich ließ Namen von Leuten wie Otto Hahn, Otto Bayer oder Otto Warburg fallen, über die in der Bismarckstraße Geschichten aus der Zeit kursierten, als Günther mit ihnen zu tun hatte; natürlich allen voran Karl Ziegler, der Mann, der mit seinem Niederdruck-Polyethylen das Zeitalter des Plastik eingeläutet hatte.

Günthers Beziehung zu Ziegler war prägend für ihn gewesen, hatte aber irgendwie nicht gut geendet, ohne dass ich genau wusste, warum eigentlich. An Claus' Rückfragen merkte ich, wie viel ich würde recherchieren müssen. Aber es hatte ja keine Eile. Jetzt kam erst mal der Film.

Und der wurde anstrengend. Zwei Monate Motivsuche und Vorbereitung nahmen meine ganze Aufmerksamkeit in Anspruch. Gelegentlich rief Dagmar an, meine Mutter, um zu fragen, ob ich etwas Bestimmtes aus der Bismarckstraße haben wollte oder nicht. Bevor sie es auf den Müll gaben. Die schönen Sachen, die Musikinstrumente, die Bilder, das Silber, waren ohnehin längst auf die große Familie verteilt. Ich hatte unter anderem zwei hübsche Metalldosen aus seiner Sammlung nummerierter Tees an Land gezogen, Tee Nummer 5 (erdig duftende graubraune Kügelchen) und Nummer 17, dessen Jasminduft mich an gemütlich verregnete Nachmittage in der Bismarckstraße erinnerte. Und Christels dänisches Teakholz-Bänkchen, das mit hellroten Kissen vor den *Fortschritt*-Bücherregalen gestanden hatte, stand jetzt bei mir in Berlin unter dem Balkonfenster. Ich hatte es als meinen neuen Lieblingsplatz eingerichtet, um mit Claus zu skypen, der während dieser Zeit häufig in seinem Atelier in Mitte blieb. Eine Ausstellung kam auf ihn zu, er malte. An unserem vierten Jahrestag gingen wir zu einem

Konzert der Einstürzenden Neubauten. Am Wochenende spielten wir Pingpong, um den Kopf freizukriegen, über verfehlte Bälle zu fluchen und das Verlieren zu lernen.

Einmal flocht sich die Bismarckstraße intensiv in meinen Filmalltag. Das war die Sache mit den Büchern, die verbrannt werden sollten.

Das letzte große Motiv des Films war die Villa Binz, in der die Bibliothek eines Historikers brennen sollte. Wir fanden ein denkmalgeschütztes Haus im Wald mit Türmchen und Bleiglasfenstern, deren Besitzer cool genug waren, unseren Spezialeffektlern zu erlauben, Feuer zu legen.

Das größte Problem waren zum Schluss die Bücher. Einundachtzig laufende Meter Bücher waren nach unseren Berechnungen nötig, um die Regale zu füllen. Aber selbst bei Emmaus kostete eine Kiste (weniger als ein laufender Meter) zwanzig Euro. Das war ein echtes Problem für unser Budget.

Ich dachte an Günthers Bücher. Die Kunstbände waren natürlich längst weg, die wissenschaftlichen Werke waren im Institut, ein paar Erstausgaben im Antiquariat. Übrig war nun der ganze Rest, und der lagerte in Umzugskartons und Bananenkisten unter dem Carport meiner Eltern. Sogar die Diakonie hatte es aus Platzgründen abgelehnt, sie anzunehmen. Meine Mutter rief immer mal wieder an, um die tollen Bücher anzupreisen, wahre Schätze, von denen wir uns doch unbedingt noch einige aussuchen sollten. Zum Altpapier wollten sie sie nicht geben. Es waren doch Bücher …

Die Idee lag nahe. Ich bewegte sie eine Weile in meinem Kopf. Ich wollte sicher sein, nicht pietätlos zu handeln. Aber es passte einfach.

Ich pitchte meinem Vater die Sache.

»Stell dir vor, die Bücher werden nicht weggeworfen, sondern verbrannt. Und das Ganze wird sogar auf Zelluloid gebannt und wird im Film zu sehen sein.« Einige Sekunden Stille. So lange brauchte Geo, um sich selber die Pietätsfrage zu beantworten. Dann lachte er und meinte, das passte zu Günther, zu seinem Faible für dramatische Abgänge. Er sprach mit seinen Geschwistern, mit Gudrun in Heidelberg und Billi in München. Alle gaben grünes Licht.

Der Requisitenfahrer fuhr mit dem leeren Sprinter nach Mülheim und kam mit der Ladung Bücher aus der Bismarckstraße zurück. Das Motiv war bereits halb eingerichtet. Die Spezialeffektler hatten das vordere Zimmer komplett feuerfest verschalt, ohne ein einziges Bohrloch zu verursachen. Die Platten waren nur eingekeilt und doch bombenfest, wie mir der Bauleiter anhand eines Klimmzugs vorführte. Ein nur wenige Zentimeter kleinerer Raum im Raum war entstanden; er erinnerte an die Kunstinstallation *Haus ur* von Gregor Schneider. Dann begannen wir mit der zu verbrennenden Einrichtung. Alte Teppiche, kaputte Lampenschirme und ein ausgesessener Ohrensessel, die vor der Kamera, so hoffte ich, edel genug wirken würden. Alles wurde mit Brennpaste eingeschmiert. Auch die Regale aus leicht brennbarem Holz, die vor Ort noch braun angemalt wurden.

Gemeinsam mit zwei Kollegen räumte ich die Bücher meiner Großeltern in die Regale. Immer fünf oder sechs Bücher konnte ich greifen, auf die Titel achtete ich nicht. Manchmal war was Französisches dabei. Falls ein *Handorakel* von Baltasar Gracián darunter wäre, würde es mir aber sicher auffallen, dachte ich, es würde aus all den bräunlichen Büchern herausleuchten. Die *Kunst der Weltklugheit*, wie das Werk im Untertitel heißt, war Günthers Lieblingsbuch gewesen, er hatte es oft verschenkt, in der Bismarckstraße entdeckte ich immer wieder andere Ausgaben und wunderte mich darüber, wie viele davon im Umlauf waren: Hardcover und Taschenbücher und Editionen aus verschiedenen Jahrzehnten, in einigen steckten gelbe Klebezettel, in andere hatte er seine Anmerkungen mit Kugelschreiber oder Bleistift notiert.

Jemand reichte mir ein paar beschriebene Karteikarten, die als Lesezeichen in Büchern steckten. Meist chemische Formeln. Eine Sprache, die ich nicht verstand. Aber Günthers Handschrift war mir beinahe so vertraut wie meine eigene.

Die Requisiteurin schaute mich vielsagend an, vorwurfsvoll. Obwohl ich es ihr erklärt hatte, verstand sie nicht, wie ich so etwas machen konnte. Die Bücher meines Großvaters für einen Film verheizen. Ich selber war mir plötzlich nicht mehr sicher.

Während wir im Garten auf die Dunkelheit warteten, wurden im Haus die letzten Leitungen gelegt, Equipment gesichert, Kerosin im Set versprüht. Der Spezialeffektler warf alle aus dem Set und brüllte mehr als nötig, der Aufnahmeleiter wiederholte die Ansagen seinerseits schreiend. Das Team verzog sich wie eine bummelnde Schafherde in den Garten, zu den Kollegen hinter die Monitore.

Einige wenige Auserwählte wie der Tonmeister, der mit seinem Tonwagen einen Sonderplatz in der Küche hatte, durften bleiben. Von meinem Platz unter einem Baum sah ich, wie er sich noch mal in den Bücherraum stahl, kurz bevor es losging. Mit schräg geneigtem Kopf stand er vorm Regal, betrachtete die Bücher, zog eines heraus. Später zeigte er es mir: John Muir, *Die Berge Kaliforniens*.

Dann brannte das Feuer, kontrolliert und kräftig. Sein Licht überstrahlte die Bücher. Erst später, in den nahen Einstellungen, erkannte ich am Monitor einzelne angesengte Buchseiten, die der Innenrequisiteur mit Aschefetzen ins Bild pustete.

Dem Film folgten weitere Filme, und es vergingen mehrere Jahre, in denen mich immer etwas davon abhielt, das Günther-Projekt in Angriff zu nehmen. Manchmal fiel es mir ein, zum Beispiel, wenn ich in Mülheim bei meinen Eltern war oder bei meinen Geschwistern, die Familien gründeten und Kinder bekamen, die ihre Urgroßeltern nie kennenlernen würden. Doch Günthers Leben blieb ungeschrieben. Es ist wichtig, aber es ist nicht so dringend, sagte ich mir und vertraute darauf, dass die richtige Zeit dafür kommen würde. Und so geschah es dann auch, aber anders, als ich es mir vorgestellt hatte – nicht in Form einer Inspiration, sondern als eine verstörende Überraschung.

Ich hatte Toby angerufen, um ihm zum Geburtstag zu gratulieren, und meine Nichte Henriette war ans Telefon gegangen. Sie kam gerade vom Karate und musste gleich weiter zu ihrer Robotik-Gruppe, wo sie Roboter baute und programmierte, die in verschiedenen Disziplinen gegeneinander antraten. Wir plauderten kurz, und sie erzählte mir, dass sie neulich etwas im Internet recherchieren musste und aus Langeweile zwischendurch googelte, was es eigentlich über ihre Familie zu finden gab. Und dabei stieß sie auf einen Wikipedia-Eintrag über ihren Urgroßvater Günther Otto Schenck. »Aber da stand nicht viel«, sagte Henriette. »Nur, wo er geboren wurde und wann er gestorben ist. Und welche Auszeichnungen er hatte.«

Seltsam, dass ich selbst nie auf die Idee gekommen war, Günther einfach mal zu googeln. Nach dem Telefonat setzte ich mich an den Computer und fand den Eintrag.

»Günther Otto Schenck war ein deutscher Chemiker«, stand da. »Er trat im November 1933 der SA bei und war seit 1. Mai 1937 Mitglied der NSDAP. Er war Professor für Chemie in Göttingen und Gründungsdirektor des Max-Planck-Instituts für Strahlenchemie in Mülheim an der Ruhr.«

Das mit der NSDAP wusste ich. Günther hatte mir erzählt, dass ein Freund ihn einfach dort eingetragen hatte. Um ihn zu schützen. Und wenn man einmal drin war, trat man besser nicht aus.

Von der SA wusste ich nichts.

2

Bismarckstraße

»Your grandfather was a chemist in Germany?«, hatte die jüdische Psychotherapeutin gesagt. »What did he do during the war?«

Das war vor Jahren gewesen, in Kalifornien. »Oh, da sind Sie auf dem falschen Dampfer«, hatte ich geantwortet. »Das sagen zwar viele, aber in meinem Fall war es tatsächlich so: Meine Familie war eine Ausnahme.« Meine Großmutter sei so streng katholisch erzogen gewesen, dass sie beim Hochrecken des rechten Arms immer schnell das Vaterunser aufsagte, erzählte ich, und wahrscheinlich auch die Geschichte, wie Günther beim Gesundheitsamt darum gebeten hatte, man möge ihm den Ariernachweis doch als Stempel auf den Hintern geben, dann müsse er bei Bedarf nur die Hose herunterlassen. Die Therapeutin schaute mich lange an. Sie sagte nichts, sie ließ mich reden. Das ist wohl eine bestimmte Therapieform. Ich kam mir vor wie jemand, der etwas vertuscht.

Vertuschen ist etwas, das nicht zu unserer Familie passt. Es wird viel gesprochen. Man hat das Gefühl, man kann über alles reden. Geo hat mir erzählt, das sei ihm als Kind auch schon so gegangen, und das war in den fünfziger Jahren sicher noch ungewöhnlicher als heute.

Aber dass man das Gefühl hat, heißt ja nicht, dass es tatsächlich so war, denke ich. Oder heute so ist. Vermutlich kann man die Fülle der Geschichten aufteilen in jene, die erzählt wurden, und jene, die nicht erzählt wurden.

Seltsam, wie schnell man sich an Neuigkeiten gewöhnt. Vor kurzem hätte ich es noch für ausgeschlossen gehalten, dass Günther mehr als nur das Allernötigste mit dem damaligen System zu tun hatte. Jetzt kommt mir seine SA-Mitgliedschaft manchmal schon ganz normal vor, dabei ist seit dem Gespräch mit Henriette noch nicht viel Zeit vergangen. Dann wieder finde ich es absurd und verstörend.

Ich stehe im Archiv der Universität Heidelberg und halte eine vergilbte Karteikarte in der Hand. Im Neonlicht des Lesesaals erkenne ich die Schrift meines Großvaters, die offensichtlich bereits 1933 so klein und krakelig war wie im Alter. Er selbst hat das Eintrittsdatum eingetragen: »5.11.'33« und »Mann.« für Mannschaft. Immerhin, vom Rang her ganz unten. Die Einsichtnahme hat zehn Minuten gedauert – zehn Minuten und eine Bahnfahrt von Berlin nach Heidelberg.

Hinterher laufe ich durch die von Touristen bevölkerte Altstadt, weiche japanischen Reisegruppen aus, französische und spanische Gesprächsfetzen dringen an meine Ohren. Ich biege in die nächste Gasse, die fast menschenleer vor mir liegt. Vorbei am Studentenkarzer, von dem bereits Mark Twain geschrieben hat, und niedrigen Häusern mit Fensterläden und farbigen Türumrandungen. Eine Brezel im Wappen als Schlussstein über einer alten Tür. Die Häuser und das Pflaster sind aus der Barockzeit. All das muss vor achtzig, neunzig Jahren praktisch genauso ausgesehen haben, als Günther hier entlanglief. So groß ist die Altstadt nicht, er wird diese Gassen gekannt haben. Nur die Kleider der Menschen hatten gedecktere Farben, die Chemie hatte noch nicht so viele Farbstoffe entwickelt.

Und es waren mehr Leute in Uniformen unterwegs. Mitte der zwanziger Jahre, als die SA aufkam, gab es noch keine einheitlichen Uniformen, das weiß ich inzwischen; jeder trug, was er für angemessen militärisch hielt. In den Jahren danach bemühte sich die Führung der SA darum, die Uniformierung einheitlicher zu gestalten, und führte das Braunhemd ein, die kurze braune Hose, Halstuch und Mütze, Reitstiefel, alles braun. In den unversehrt gebliebenen Gassen lassen sich die Geister ohne große Anstrengung heraufbeschwören: Die Vorstellung, dass hier ein Pulk pöbelnder junger Braunhemden um die Ecke biegt, fällt mir leicht.

Schwieriger ist es, mir Günther inmitten dieser Gruppe vorzustellen. Ich rufe ein, zwei Jugendfotos ab, die ich von ihm kenne, sein rundes, milchweißes Gesicht, die Brille und das verschmitzte Lächeln, als läge ihm gerade ein guter Witz auf der Zunge. Das Bild von ihm mit braunem Halstuch und brauner Mütze, marschierend in der Gruppe, gelingt mir kaum.

Warum nicht? Denke ich, dass er es moralisch abgelehnt hätte? Ist es mein Impuls, ihn in Schutz zu nehmen? Ich komme zu dem Schluss: Es liegt daran, dass es einfach nicht passt. Nicht zu seinem elitären Bewusstsein, nicht zu seinem Selbstverständnis als origineller Freidenker. Er hat mir mal erzählt, er habe die Nazis schon in den zwanziger Jahren »furchtbar doof« gefunden und sich überhaupt nicht vorstellen können, dass solche Idioten jemals an die Regierung kommen würden. Mir erschien das glaubhaft. Auch, dass er in einer Pflichtvorlesung zur »Deutschen Physik« unangenehm auffiel, weil er fragte, ob denn wirklich jemand glaube, dass Moleküle sich anders verhielten, wenn sie die Grenze von Deutschland nach Belgien überquerten. Und es hatte diesen Gesprächskreis seines politisch engagierten Vaters gegeben, an dem Günther seit seinem siebzehnten Lebensjahr regelmäßig teilnahm; die meisten Mitglieder gehörten wie mein Urgroßvater zur DDP, zwei oder drei von ihnen standen anderen demokratischen Parteien nahe.

Wie passte das zur SA, dieser primitiven Schlägertruppe?

Dann denke ich an Günthers Ehrgeiz und daran, dass die Wissenschaft ihm wichtiger war als alles andere. Die Wissenschaft und die Familie. Woher wollte ich wissen, dass er nicht Seiten hatte, die ich nicht kannte – zumal als Zwanzigjähriger? Wollte er sich die Hörner abstoßen? Sich von seinem liberalen Vater abgrenzen?

Ich rufe Geo an. Er schweigt lange. Sein Schweigen hat etwas Brütendes, mein Schweigen ist eher ungeduldig, während ich durch die sonnenbeschienene Ingrimgasse laufe und mit einem Auge ein politisches Plakat wahrnehme: *Ein Volk, das solche Fußballspieler hat, braucht keine Universitäten.*

Ich erwarte eine Antwort, so als wäre mein Vater für seinen Vater verantwortlich. Irgendetwas Angemessenes. Vielleicht auch nur eine Bestätigung, dass das ja wohl eine unglaubliche Neuigkeit sei, das mit der SA. Ich meine zu spüren, wie sich bei ihm ein Gegendruck aufbaut, trotz der ruhigen Stimme, mit der er schließlich sagt, das mit der SA habe er nicht gewusst. Diese Information könne jedoch das Bild, das er von seinem Vater habe, nicht ändern.

»Wieso eigentlich nicht?«, frage ich gereizt.

Das Telefon dicht ans Ohr gepresst, erwarte ich gespannt Geos Antwort, obwohl ich vermute, dass es etwas Deeskalierendes sein wird, irgendein Dämpfer, der mich mit meiner Entdeckung womöglich als sensationslüstern dastehen lässt. Ist doch klar, er will seinen Vater schützen. Genauso wie ich ihn, meinen Vater, würde schützen wollen.

»Es beruht auf einem Gefühl«, sagt er schließlich. »Ich habe mich eine Zeitlang sehr mit der Vergangenheit meines Vaters auseinandergesetzt, und ich bin irgendwann zu dem Schluss gekommen: Der Mann war unschuldig. Bestimmte Details können an dieser Überzeugung nichts ändern.«

Ich antworte irgendwas, vermutlich wiederhole ich mich, erlaube mir, unsachlich zu sein; ich meine dieses Recht auf Emotionalität zu haben. Er lässt mich ausreden. Dann sagt er:

»Was war denn noch im Jahr 1933?«

Ich verdrehe die Augen.

Aber er meint etwas Bestimmtes. Günthers Vater, mein Urgroßvater Otto Schenck, verlor in dem Jahr seine Stelle, einen Monat nach der Machtübernahme der Nazis. Er war Vize-Rektor an einem Heidelberger Gymnasium gewesen und Ortsvorsitzender der DDP, der Deutschen Demokratischen Partei.

»Da sollten keine Gesinnungszweifel auftauchen«, vermute ich nach einer Pause.

»Ich sage es nur«, murmelt Geo.

SA? »Da hat ihm bestimmt jemand einen Jagdschein verschafft«, sagt Jürgen, tief im beigen Ledersofa versunken. Er ist Günthers Schwiegersohn, der Mann meiner Patentante Gudrun. »Das Datum zurückdatiert, so dass er als alter Kämpfer galt und in Ruhe gelassen wurde. Das haben sie mit meinem Vater auch so gemacht.«

Ich sitze mit meiner Tante, meinem Onkel, meiner Cousine und ihrem Baby im Wohnzimmer in Heidelberg-Handschuhsheim. Eine Rose steht auf dem Couchtisch, Gläser mit Champagner, Gudrun und Jürgen feiern ihren Hochzeitstag.

Jetzt sind alle betroffen. Ich frage mich, ob das an Günthers SA-Mitgliedschaft liegt oder daran, dass ich in der Vergangenheit wühle. Plötzlich habe ich das Gefühl, mein Interesse rechtfertigen zu müssen. Ich möchte ihn ja auch schützen, will ich sagen, aber dafür möchte ich erst mal wissen, was los gewesen ist.

Das Gespräch entfernt sich von Günther, wird allgemeiner: die dreißiger Jahre, die Stimmung in der Bevölkerung, die Angst. »Wenn meine Tochter in Gefahr wäre, würde ich überall eintreten«, sagt meine Cousine. Wir sind uns einig. Wir wechseln das Thema. Dann gehen alle schlafen.

Eine Szene aus meiner Kindheit. Günther hat die Delphine im Duisburger Zoo gerettet. Sie waren krank geworden, zwei waren schon gestorben, und niemand konnte ihnen helfen, bis er kam und das Wasser reinigte. Er benutzte UV-Licht und verbot dem Zoo, weiterhin Chlor ins Wasser zu schütten. Die Delphine wurden wieder gesund, und Günther kam ins Fernsehen. Wir wohnten damals in einem Reihenhaus, von dem ich kaum mehr in Erinnerung habe als das kleinkarierte Muster des Resopaltisches, an dem mein roter Hochstuhl stand. Wir machten uns zu den Nachbarn auf, meine Mutter, mein Vater und ich, denn die hatten einen Fernseher, und wir wollten doch Günther in den Nachrichten sehen. Ich saß im Schneidersitz auf dem Teppich, und als Günther kam, sah er aus, wie ich ihn aus der Bismarckstraße kannte, mit großer Brille, hoher Stirn und seiner gestreiften Fliege unterm Kinn. Er sprach ruhig und besonnen. Ich wollte nichts verpassen. Die Nachbarin scharwenzelte ständig um mich herum: »Guck mal, da ist der Opa! Guck mal, der Opa ist im Fernsehen!« Eine Weile ignorierte ich sie, dann drehte ich mich kurz zu ihr um und sagte schroff: »Günther!«

Die schon erwähnte Eigenart, dass sich in unserer Familie alle mit Vornamen ansprechen, fanden Außenstehende oft seltsam. Meinen Vater nannte ich schon immer Geo, meine Mutter Dagmar. »Hast du deine Eltern denn gar nicht lieb?«, fragte mich eine Freundin im Kindergarten, als sie mitbekam, dass ich nicht Mama und Papa sagte. Ich wusste nicht, was ich antworten sollte. Dann versuchte ich mal, Mama zu sagen, und meine Mutter schaute mich verwundert an.

Mein anderer Großvater hieß übrigens auch Günther, meine andere Großmutter Emmi. Um die beiden Günthers zu unter-

scheiden, sprachen wir vom Christelgünther und vom Emmigünther. Wenn sich die beiden Großelternpaare auf Familienfesten trafen, plauderten sie freundlich miteinander. Ansonsten
hatten sie nicht viel miteinander zu tun. Ich hatte den Eindruck,
dass beide Seiten nachsichtig und wohlwollend gegenüber der
jeweils anderen Seite waren.

Der Emmigünther duschte kalt im Garten, war preußisch
pünktlich und ging zweimal täglich mit Dixie, dem schwarzen
Langhaardackel, Gassi. Er war Hausarzt, hatte eine Praxis im
Anbau des Hauses und brachte dem Christelgünther manchmal ein Rezept in der Bismarckstraße vorbei. Emmi rauchte Zi-
garillos, sammelte Schachteln und hatte Angst vorm Zahnarzt,
weswegen sie nur noch wenige Zähne im Mund hatte – was sie
nicht vom Lachen abhielt. Wenn sie für Dixie Hühnermägen in
der Pfanne briet, zog der Geruch durchs ganze Haus.

Emmi und Günther wohnten am Stallmannshof, in einer
Sackgasse auf dem Saarnberg. Dort hatten sie ein Panorama-
fenster, durch das man über ganz Mülheim gucken konnte: die
wenigen Hochhäuser, dahinter die Flussauen, bis hin zur anderen Ruhrseite, zum Kahlenberg. Der Kahlenberg war nicht
kahl, sondern mit Wald überzogen, aus dem auf der linken Seite der Bismarckturm ragte, mit seinen Zinnen, die ich Schieß-
scharten nannte.

Christel und Günther wohnten gleich oberhalb vom Bismarckturm in einem stattlichen Backsteinhaus aus den zwanziger Jahren, das auf der einen Seite durch einen einstöckigen Anbau
noch größer gemacht worden war. Eine breite Rampe führte direkt darunter in die Garage, wo Platz für zwei Autos und jede
Menge Kisten, Ersatzreifen und Gartengeräte war. Auf beiden
Seiten des Hauses führten rote Kieswege in den Garten. Eigentlich ist es gar kein Kies, hörte ich mal jemanden sagen, es sind

fein zerkleinerte rote Backsteine. Das sah schön und vertraut aus, wie alles in der Bismarckstraße, aber es pikste, wenn man barfuß darüberlief. Ganz hinten hing die Schaukel, an einem Ast der riesigen Kastanie. Dieser Baum stand wie ein Gebäude aus Blättern dem Haus meiner Großeltern gegenüber. Dazwischen lag die Wiese mit der Hollywoodschaukel. Von hier sah man auch die Fenster der oberen Etage, wo früher einmal die Krauchs gewohnt haben – gute Freunde meiner Eltern, die auch vier Kinder hatten, allerdings etwas älter als ich. In meiner Kindheit wohnten die Behrens dort, die auch etwas mit dem Institut zu tun hatten, aber man sah sie kaum – außer manchmal nebenan, im Schwimmbad von Henny Remmen, zu dem wir durch ein Törchen im Gartenzaun Zugang hatten und wo Frau Behrens mit hoch erhobenem Kopf schwamm, damit ihre turmartige blonde Hochsteckfrisur nicht nass wurde.

Meistens machte ich eine Kerze beim Sprung ins Wasser. Mit einem Kopfsprung elegant hineinzugleiten, lernte ich nie, weil es mir zu gefährlich schien. Christel hatte mich eingehend davor gewarnt: Wenn man falsch aufkam, würde die Wasseroberfläche hart wie ein Brett. Ich weiß nicht mehr, ob sie es so ausdrückte oder ob es meine Phantasie war, dass dieses brettharte Wasser meinen Bauch aufplatzen lassen würde; jedenfalls sah ich vor mir, wie sich das Wasser, von meinem Bauch ausgehend, rot einfärbte. Diese Gruselgeschichten – wie auch jene, dass man an heißen Tagen bloß nichts Eisgekühltes trinken dürfe, da sonst ein Hitzschlag drohe – gehörten irgendwie mit dazu und taten dem Gefühl des Behütetseins keinen Abbruch. Die Bismarckstraße war im Winter gut geheizt, im Sommer wurden die Räume von dicken Wänden kühl gehalten. Es duftete zart nach Zigarettenrauch, nach Schokolade und Parfum. Erdbeeren wurden großzügig gezuckert, weil Günther meinte, dann käme das Aroma besser zur Geltung. Das fand ich auch. In der

Bismarckstraße wurde ich verstanden, verwöhnt und in Ruhe gelassen. Und der Bismarckturm stand für die Welt, wie sie sein sollte.

Als ich irgendwann mitbekam, dass es noch andere Bismarcktürme gab, in anderen Städten, irritierte mich das; für mich gab es nur den einen. Später hörte ich jemanden von der »Scheußlichkeit sämtlicher Bismarcktürme« sprechen. Ich glaube, es war mein Bruder Jost, und erschüttert musste ich feststellen, dass dieses plumpe neogotische Monument aus rustikalen Natursteinen tatsächlich nicht meinem Geschmack entsprach. In der Zwischenzeit war der Turm gesäubert worden, seine Struktur aus hellen und dunklen Steinen war deutlicher zu erkennen, wie auch der Reichsadler auf der Vorderseite, den ich als Kind nie wahrgenommen hatte. Damals war der Bismarckturm, wie die meisten alten Gebäude im Ruhrpott, einfach schwarz gewesen.

Es hatte für mich schon immer etwas Beruhigendes, wenn Menschen in meiner Nähe geistig oder körperlich arbeiteten oder auf friedliche Weise mit irgendetwas beschäftigt waren. Und das waren Günther und Christel. Günther in seinem riesigen Arbeitstrakt, der aus drei Räumen bestand: einem großen Raum mit Zugang zur Terrasse, einem Sekretariat und einem etwas erhöhten Erkerzimmer. Letzteres musste einmal ein zauberhafter Raum gewesen sein, ein Wintergarten, zu dem zwei Stufen hinaufführten, mit Blick auf die Obstbäume. Jetzt war das Zimmer vollgestellt mit Aktenwagen, Kartons und verstaubtem Büromobiliar. Ich ging nur hierher, wenn ich zwei Stufen erhöht stehen wollte, um einen Überblick über die Bücherregale und den endlos langen Konferenztisch zu haben, der mit unterschiedlich hohen Papierstapeln bedeckt war. Dazwischen lagen Aktenordner und aufgeschlagene Bücher. Die

Wand hinter dem Tisch war verhüllt von einem dunkelgrünen Vorhang, der von der Decke bis zum Boden ging. Eine raumlange Strecke perfekter Falten, makellos und geheimnisvoll. Als ginge es dahinter weiter in die Tiefe.

Das Sekretariat war separat von der Wohnung aus zu erreichen, über einen kurzen Flur, wo im offenen Regal Cognacgläser, Stoffservietten und Trinkhalme untergebracht waren. Wenn ich nicht sicher war, ob ich Günther stören durfte, nahm ich diesen Weg ins Arbeitszimmer und gelangte erst mal zur Sekretärin Fräu'n Heuer, die in ihren Faltenröcken und hochgeschlossenen Rüschenblusen stoisch am Schreibtisch ihrer Arbeit nachging. Wie überhaupt der ganze Raum mit seinem Summen und Surren ständig zu arbeiten schien. Denn außer Stahlschränken und Aktenregalen befand sich hier vor allem seine Computeranlage, die Fräu'n Heuer »Textverarbeitung« nannte. Kastenartige bernsteinfarbene Monitore mit markisenartigen Blendschutzen, so hoch gebaut, dass sie die Fenster halb verdeckten. Meterlange, an den Seiten gelochte Papierbahnen verließen unaufhörlich die Nadeldrucker und standen später als Malpapier zur Verfügung. Andere Blätter wurden dem elektronischen Aktenschredder zugeführt, der einen Wust feiner Streifen produzierte, für die es eigene Auffangbehälter gab. Alles im Sekretariat war schwer und massiv. Der Tesa-Abroller hatte eine Unterseite aus Filz und war nur mit beiden Händen hochzuheben. Auf Fräu'n Heuers Schreibtisch lag manchmal eine angebrochene Packung Bahlsen-Kekse, die meinen Blick magisch anzog, ohne dass ich mich getraut hätte, meinem Verlangen nachzugeben. Ich wollte nicht verfressen wirken.

Die Tür zwischen Sekretariat und Günthers Arbeitszimmer hing voller Karteikärtchen und stand meistens offen. Betrat man den Raum von hier, sah man meinen weißhaarigen, stets in einen silbergrauen Anzug gekleideten Großvater über Manuskripte gebeugt am Kopfende des langen Konferenztisches sitzen. Oft war Günther so sehr in seine Lektüre versunken, dass man ihn zweimal oder dreimal ansprechen musste, bis er einen bemerkte. Wenn man aber den Tisch entlangging und sich für das ein oder andere dort interessierte, vielleicht sogar Anstalten machte, etwas zu berühren, schoss er augenblicklich in die Höhe und brauste auf: »Nicht anfassen!«

Ein langer Blick voller Unverständnis, wie man auch nur auf den Gedanken kommen konnte. Erst dann das erlösende Grinsen von Ohr zu Ohr.

Günther hatte eine leise Stimme, und er baute gern lange Schachtelsätze, die mit einem Witz oder einer Provokation endeten. Nachdenken und Sprechen passierten bei ihm in Echtzeit, er verfertigte seine Sätze während des Sprechens und zog somit alles in die Länge – eine Angewohnheit, die mein Vater und meine Brüder übernommen haben, jeder auf seine Weise. Das Fenster hinter seinem Platz war von orangefarbenen Vorhängen umrahmt, die in der Abendsonne so intensiv leuchteten, dass ich den Blick kaum davon losreißen konnte.

Christels Ort war die Diele. Als Kind dachte ich, Diele sei ein anderes Wort für Wohnzimmer. Ich hatte noch nicht verstanden, dass Günther sich die repräsentativen Räume als Arbeitsbereich unter den Nagel gerissen hatte, weshalb das Wohnzimmer in der Bismarckstraße in einem dafür gar nicht vorgesehenen Raum eingerichtet worden war, der sich im Anbau befand und durch den man hindurchmusste, um zu den hinteren Schlafzimmern zu gelangen. Groß genug war die Diele auf jeden Fall. Es gab jede Menge Sessel und Teppiche und warm leuchtende Lampenschirme, hier lief der Fernseher, hier machte ich meine Hausaufgaben, hier stand der Esstisch, an dem Christel ihren Stammplatz hatte. Wenn Besuch da war, zum Beispiel jemand vom *Wildwest*, einer Gruppe alter Freunde aus Heidelberg, die sich einst als zwölf-, dreizehnjährige Jungs zu einem Fahrradclub zusammengetan hatten, saßen diese Leute auf der lindgrünen Sitzgruppe vor dem Glasbausteinfenster.

Das große Fenster der Diele ging zur Bismarckstraße raus, die relativ steil abschüssig war und auf der ab und zu eine Straßenbahn vorbeifuhr. Genau gegenüber lag, umgeben von hohen Bäumen und einem schmiedeeisernen Zaun, das Stinneshaus. Es war das größte und unheimlichste Haus, das ich kannte, und wie der Bismarckturm war es schwarz. Niemand schien darin zu wohnen; manchmal sah man jemanden hineingehen, aber diese Leute wirkten eher wie technische Bedienstete oder Hausmeister. Die Vorderansicht des Stinneshauses mit seinem riesigen halbrunden Fenster über dem von vier mächtigen Säulen getragenen Eingangsportal war so sehr mit der Bismarckstraße verbunden, dass ich es als Teil meines Zuhauses begriff. Christel hatte meistens die Gardinen geschlossen.

Der Flur hinter Christels Diele war so schmal, dass man hintereinander gehen musste; auf der einen Seite waren lauter Schränke, auf der anderen Regale mit Krimis. Inmitten der Krimis befand sich die Tür ins Kinderzimmer.

Das Kinderzimmer hieß so, weil ich dort manchmal übernachtete. Ansonsten hatte es nichts Kindliches. Christels schwarzer Flügel stand dort und eine Kiste mit alten Noten. Die Bücherregale mit Reiseführern und Kunstbänden über Pompeji und peruanische Masken wirkten ungenutzt; die kleinen Gegenstände vor den Büchern, bemalte Tonvögel oder verzierte Aschenbecher, waren alle an irgendeiner Ecke angeschlagen. Das Kinderzimmer war immer funzelig, selbst wenn man das Licht anschaltete. Auf dem Flügel stand ein Globus, der warm und bläulich leuchtete, Christel hatte ihn auf meine Bitte dorthin gestellt. Vorher hatte er auf dem Fensterbrett gestanden und war von den schweren Vorhängen verdeckt gewesen, die immer zugezogen waren.

Das Kinderzimmer hatte eine braun gestrichene Decke und zwei braun-weiß geblümte Schlafsessel, die man ausziehen konnte. Zum Einschlafen hörte ich Cassetten. Bei *Hänsel und Gretel* wurde mir so unheimlich, dass ich mich lange vor Ende der Geschichte tief unter der Bettdecke vergrub. Ich fürchtete mich vor dem Moment, da die vertraute Stimme des Erzählers die letzten Sätze sprechen und das anschließende heisere Rauschen schließlich von dem mechanischen Zurückklacken der Playtaste beendet und mich in absoluter Totenstille zurücklassen würde.

Tagsüber war ich selten im Kinderzimmer. Eigentlich nur, um heimlich Schokolade zu essen, oder wenn Christel am Flügel saß und Chopin spielte. Die Schmetterlingsbrille, die sie dann aufsetzte, stammte aus einem anderen Zeitalter, sie wirkte fremd und altmodisch damit, außerdem schnaufte sie hörbar beim Spielen. Ich betrachtete sie von der Seite, wie ihre Augen hinter den Brillengläsern konzentriert den Noten folgten, während ihre Hände zugleich suchend und sicher in die Tasten griffen und manchmal sogar über Kreuz über sie hinwegflogen. Diese ineinanderfließenden Melodien waren mitreißend und belebend, doch nie übertönten sie das heisere Rasseln, das beim Spielen aus Christels Brustkorb kam. Vielleicht stand ich zu nah, gleich hinter ihr.

Einmal blieb Günther im Flur stehen, um Christels Spiel zuzuhören; er kam näher, schaute ihr über die Schulter und strich dann mit der Hand einmal über ihren großen Busen. Er blieb noch einen Moment, dann ging er wieder. Es war eine natürliche, liebevolle Geste, ein wenig intimer als das, was ich sonst sah; nicht für meine Augen bestimmt, aber auch nicht nicht-für-meine-Augen-bestimmt. Christel schien genau dasselbe zu denken, und obwohl sie die ganze Zeit weiterspielte und den Blick nicht von den Noten ließ, spürte ich eine erhöhte Aufmerksamkeit im Raum.

Von Heidelberg bin ich nach Mülheim gekommen. Ich will noch einmal in die Bismarckstraße, auch wenn das Haus meiner Großeltern nach Günthers Tod umgebaut wurde und niemand mehr dort wohnt, den wir kennen. Meine Eltern holen mich gemeinsam am Bahnhof ab. Natürlich geht es erst mal an den Bühl – in jene hufeisenförmige Einbahnstraße am Saarnberg, in der ich aufgewachsen bin und wo meine Eltern immer noch wohnen. Rau verputzte Doppelhäuser aus der Zeit nach dem Ersten Weltkrieg, aber konzipiert in der Kaiserzeit, reihen sich aneinander. Jedes hat – in zwei Varianten – exakt dieselben Abmessungen, einen geometrischen Schmuckfries, der die nicht vorhandene Taille des Hauses betont, und individuelle Anstriche, mit denen die gutbürgerlichen Bewohner ihre Hälfte geschmacklich von der des Nachbarn abgrenzen. Meine Eltern hatten sich damals mit Schmidts, den Nachbarn, auf ein kaltes Grau geeinigt, um dem Haus einen einheitlichen Anstrich zu gönnen. Die Geschmäcker haben sich trotzdem durchgesetzt. Unsere Haushälfte, links, ist mit Efeu bewachsen, das von einem verwilderten Vorgarten hinaufrankt, während sich Schmidts Seite in äußerst gepflegtem Zustand befindet. Beim Blick von der Straße auf die baugleichen quadratischen Fenster sieht man rechts die jahreszeitliche Deko mit Kürbis, Ostereiern oder Schneemann von Schmidts, auf unserer Seite sind da immer noch dieselben weißen Leinenvorhänge, die meine Mutter vor ewigen Zeiten aus antiken Betttüchern genäht hatte. Statt einer Garage, die sie spießig fanden, haben sich meine Eltern in den siebziger Jahren für einen offenen Carport aus Holz entschieden. Braungestrichene Nut-und-Feder-Bretter verdecken auch die Sicht in den Garten, dessen üppiges Buschwerk über die Ränder und durch einige Ritzen ragt. Ein von meiner Mutter angebrachtes Emaille-Schild trägt den Schriftzug: »All Gamblers and Fancy Women must sign up with Captain before Boat leaves New Orleans.«

An diesem Schild muss vorbei, wer, wie ich, lieber von hinten das Haus betritt als von vorne. Eine breite Kopfsteinpflastertreppe führt hinunter auf die Terrasse und in den großen, abschüssigen Garten, wo je nach Jahreszeit violette und weiße Krokusse die Wiese bedecken oder die Forsythien blühen, der Goldregen und die Magnolie. Es gibt Rhododendronbüsche, geschwungene Kieswege und eine Rosenlaube; ein üppiges Beet mannshoher Nachtkerzen, deren mohnartig zarte Blüten erst in der Dunkelheit aufgehen und dann bis zum nächsten Mittag gelb leuchten.

Ich nehme all diese Schönheit, den Stolz meiner Mutter, im Vorübergehen wahr, während ich schaue, ob Dagmars »Lernstudio« im Souterrain offen ist oder die Schiebetür zum verglasten Anbau des Wohnzimmers. Der ist seit einiger Zeit zu ihrem Atelier umfunktioniert und steht voller Leinwände, Pinsel und Farben.

Ein Merkmal vom Bühl war schon immer die Verwandlung. Räume änderten ihre Bestimmung, Möbel bekamen andere Farben oder Stoffe, Bilder wurden umgehängt, manche Wand wurde eingerissen und eine andere eingezogen. Das Gästebad wurde zur Waschküche und umgekehrt, die Sauna zum begehbaren Kleiderschrank. Mein ehemaliges Kinderzimmer, dessen kleiner Balkon von den Zweigen der Kastanie überdacht war, so dass es sich darin anfühlte wie in einem Baumhaus, wurde seit meinem Auszug mehrfach umfunktioniert. Zurzeit beherbergt es einen Schreibtisch von Ikea und jede Menge Regale mit Günthers Leitz-Ordnern. Das ist allerdings nur ein Teil. Ein

Großteil ist im Max-Planck-Archiv in Berlin-Dahlem, und für den ganzen Rest wurde eine Garage in Speldorf angemietet, bis mein Vater die Zeit findet, das alles einmal zu sichten und zu entscheiden, was wegkann und was nicht. Wozu es ja jetzt bald kommen wird, meint Dagmar hoffnungsfroh – wo ich doch begonnen habe, Geo mit Fragen zu Günthers Leben zu löchern. Wenn nicht jetzt, wann dann?

Mein Vater hat einen weißen Stoppelbart, die zu langen Haare sind ebenfalls weiß. Er unternimmt Spaziergänge mit seinen Enkelinnen, schreibt meterlange Weihnachtsbriefe und führt manchmal in seiner Freizeit als Mediator verfeindete mittelständische Unternehmen wieder zusammen. Er zitiert Wordsworth, ernährt sich von den erfindungsreichen Reisgerichten meiner Mutter, schreibt politische Haikus und melancholische Sonette. Von Zeit zu Zeit übersetzt er als Nebenjob die Vorträge von Freunden ins Englische (und bekommt dafür so viel Lob, dass er die Bezahlung meistens ablehnt). In der Sprachschule meiner Mutter, die auf Business-Englisch ausgerichtet ist und die Firma Thyssen als Hauptkunden hat, übernimmt er das Training von leitenden Angestellten, die sich auf Auslandsauftritte vorbereiten wollen; donnerstagvormittags werden Aussiedler und Flüchtlinge gratis in Deutsch unterrichtet. Irgendwann meldete sich das Duisburger Arbeitsamt, sie hätten gehört, dass mit Dagmars Methoden der Akzent so gut weggeht. Seitdem wurden immer wieder Akademiker aus Osteuropa, die aufgrund ihrer starken Akzente schwer vermittelbar waren, an den Bühl geschickt. Im Sommer findet der Unterricht im Garten statt.

Vieles am Bühl finde ich toll. Unter anderem die Aufgeschlossenheit für andere Menschen, die hier herrscht. Nachbarn, Freunden, Rat- und Hilfesuchenden stehen immer die Türen offen, und meistens köchelt etwas Leckeres auf dem Herd. Diese Offenheit ist allerdings manchmal auch ein Problem für mich:

Mein Blick und meine Aufmerksamkeit zerstreuen sich, ich sehe zu viele Dinge, vor allem das, was Dagmar selbst nicht zu Unrecht als *Chaos* bezeichnet. Das Haus ist voll mit Objekten, Bildern, Büchern, Arbeitsmaterial, Spielzeug, Andenken, Blumen. Überall hängt, steht oder liegt etwas Interessantes oder Nützliches. Fotos, Zeitungsartikel, Cartoons aus dem *New Yorker*. Dinge, Sachen, Zeug. Wenn ich am Bühl bin, komme ich mir neurotisch vor, so oft springe ich auf, um die Küchentür zu schließen – die selbstverständlich eine Minute später wieder offen steht.

Jetzt ist Dagmar enttäuscht, dass ich nicht am Bühl schlafen will, sie hatte mir im Dachgeschoss schon ein Bett bereitet. Aber ich muss in Mülheim immer achtgeben, dass es nicht zum Overkill kommt. Zu viele Erinnerungen, zu viele Fragen, ein zu feines Sensorium für ausgesprochene oder eingebildete Forderungen. Zu wenig Raum für jemanden, der schon als Kind ständig auf der Suche nach Ruhe war. Deshalb hatte ich mich diesmal ganz bewusst entschieden, bei meinem Bruder Jost und seiner Familie in der Altstadt zu übernachten. Dort gibt es ein Gartenhaus mit Gästezimmer, und man kann die Tür zumachen.

Auch die Bismarckstraße bedeutete für mich Ruhe. Dort war es ordentlich, verlässlich, und ich war meistens das einzige Kind, es wurde mir zugehört, ich kam zu Wort. Und es gab dort Dinge, die es am Bühl nicht gab. Zum Beispiel teuren Orangensaft aus der Glasflasche und ausreichende Mengen an Keksen und Schokolade. Es gab sogar einen Schokoladenschrank. Der lag gegenüber der Krimiwand im hinteren Flur und übte eine starke Anziehungskraft auf mich aus. Ich kontrollierte regelmäßig, ob der Schlüssel steckte. Denn für all die Schranktüren in diesem Flur gab es insgesamt nur zwei Schlüssel, und die steckten jeweils in den zuletzt benutzten Schlössern. Mein Sport war es, den Schlüssel unauffällig in Richtung Schokoladen-schrank zu bringen. Wenn Christel gerade in der Küche war oder am Telefon sprach, machte ich mich manchmal heimlich dort zu schaffen, atmete das Geruchsgemisch aus Schokolade, Regalholz und Seife vom Seifenschrank nebenan ein. Gut war, wenn eine blaue Schachtel »Hauchdünne Täfelchen« von Lindt bereits geöffnet war, dann konnte ich einzelne Täfelchen ent-nehmen, ohne dass es zu sehr auffiel. Das Beste war eine ganze Tafel Milka-Noisette, doch an die wagte ich mich nur, wenn der lila Stapel unübersichtlich hoch war. Mit pochendem Herzen versteckte ich mich mit meiner Beute im Kinderzimmer, in der dunklen Nische hinter der Tür, bei den alten Feininger-Kalen-dern, die auf einer in den Schrank eingebauten Sitzbank mit ka-riertem Schottenmuster lagen. Im Schutz des Halbdunkels ließ ich dann die Schokolade im Mund zergehen. Wenn plötzlich jemand ins Zimmer käme, würde ich so tun, als wäre ich in die Bilder verschachtelter Kirchen und Segelschiffe vertieft. Chris-tel besaß eine ganze Sammlung Feininger-Kalender und Fei-ninger-Kataloge, und wann immer wir irgendwo eine Feinin-ger-Ausstellung besuchten, kamen neue hinzu. Der berühmte Maler war der Vater jenes alten Freundes der Familie gewesen, den Günther Don Lorenzo nannte, obwohl er eigentlich Lau-renz oder Lawrence hieß. Christel nannte ihn bei seinem Nach-namen. Ich habe den Kirchenmusiker Lawrence Feininger nie kennengelernt, er ist mit dem Auto von einer Schweizer Brücke gestürzt, bevor ich zur Welt kam.

»Der Feininger, der hat mich geliebt«, hat Christel mir mal gesagt, melancholisch und ein wenig stolz zugleich. Ich er-schrak nicht weniger, als wenn sie gesagt hätte: »Den Feininger, den hab ich geliebt.«

Bei Sätzen, die man sich merkt, merkt man sich oft den Ort mit, an dem man sie gehört hat. So weiß ich, dass diese Unterhaltung in Christels hellgelb gekacheltem Badezimmer stattfand, wo ich ihr bei der Handwäsche ihrer feinen Pullover Gesellschaft leistete. Über der Badewanne hing eine halbnasse, gepunktete Bluse, und das Feinwaschmittel, von dem ich wusste, dass es englisch *Woolite* ausgesprochen wurde, thronte blauweiß auf dem Wannenrand. Ich mochte auch die große Persiltrommel bei uns zu Hause, aber Woolite passte besser in die Bismarckstraße. Hier war alles etwas feiner als am Bühl, und das gefiel mir. Christel brachte mir bei, Seide von Baumwolle zu unterscheiden und Kaschmir von Angora, aber auch, dass es unvernünftig war, einem Kind, das sich noch im Wachstum befand, einen Kaschmirpullover zu kaufen.

»Wir sind zu arm, um billig zu kaufen.« Einer von Christels Lieblingssätzen, wenn ich sie ehrfürchtig auf die edlen Materialien ansprach. Wie dumm es doch war, bei der Anschaffung zu sparen, wo doch mindere Qualität letzten Endes viel teurer kam! Christel hatte stets Aphorismen oder *sayings* parat, anhand deren sie mir Wichtiges beibrachte. *Everything falls naturally into place*, sagte sie, wenn ich mich wegen etwas sorgte. Das wohlige Lebensvertrauen, das in diesem Satz enthalten ist, kann ich manchmal noch heute in ratlosen Momenten abrufen. Bei Missgeschicken aller Art kam ein aufmunterndes *Don't cry over spilt milk!* zum Einsatz. Das sagte Christel auch zu sich selbst, wenn sie einen Fehlkauf gemacht hatte. Fehlkäufe passierten immer wieder, denn meine Großmutter war zu höflich, den Verkäuferinnen im *Haus der Dame* zu widersprechen, wenn diese meinten, ein bestimmtes Kleid, zum Beispiel eines mit Tigermuster, stünde ihr besonders gut. Das *Haus der Dame* befand sich im Rhein-Ruhr-Zentrum, und daher stammten auch ihre strengen, beigen Alcantara-Kostüme. Sie sahen aus wie aus Leder, aber rochen nach nichts (eine Polyester-Polyurethan-Mischung, wie ich mittlerweile weiß).

Christel sagte, sie sei nie schön gewesen. Ihr Bruder, der sei schön gewesen. Aber das kann doch nicht sein, widersprach ich. Doch, und plötzlich war es ihr sehr wichtig, dass dies kein *fishing for compliments* sei, sondern dass ich verstehe, wie das war, wenn die Leute sagten: »Was für ein hübscher Junge. Und das Mädchen gar nicht! Schade, dass es nicht umgekehrt ist.« Mindestens einmal habe sie diese Sätze gehört und häufig gespürt, dass die Leute so dachten.

Dann sagte sie, ihr Bruder sei nicht nur hübscher, sondern auch musikalischer gewesen als sie. Er spielte Geige und studierte Musik am Konservatorium. Er wollte Dirigent werden. Aber dann kam der Krieg, und aus dem kam er nicht zurück. Im Flur in der Bismarckstraße, gleich hinter der Eingangstür, wo es zum Arbeitszimmer geht, hing eine Bleistiftzeichnung von ihm. Er hieß auch Günter (ohne h), wurde aber immer nur *Christels Bruder* genannt. Sie zeigte ihn im Profil. Alle sagten, er sähe Jost ähnlich, meinem kleinen Bruder. Wie dieser sah er klug und arglos aus; er blickte etwas erstaunt nach oben, als wäre ihm gerade etwas eingefallen, wonach er fragen wollte.

»Hast du eigentlich mal das Bild hier gesehen?«

Ich bin bei Jost. An der Wand hängt eine gerahmte Bleistiftzeichnung, kaum größer als eine Postkarte. Sie zeigt ein aus vielen Linien wie aus der Zeichenbewegung geformtes, schräg auf dem Hals sitzendes Gesicht, dessen runde Augen zugleich starr und lebendig, ernst und erstaunt aus tiefen Höhlen schauen.

»Das hing über der Heizung, oder?« Die Heizung in der Diele, die immer auf siebenundzwanzig Grad gestellt war. Als ich sie einmal runterdrehen wollte, stellte ich fest, dass dies nicht möglich war. Dagmar sagte damals, Günther sei halt verzärtelt.

»Das ist Günther«, sagt Jost.

»Das ist Günther?«

»Guck's dir an.«

Ich gucke, und Jost erzählt: Dass dieses kleine Bild hier hänge, habe er seiner Frau zu verdanken. Silke hatte gesagt, sie wisse zwar, dass sie keinerlei Anspruch habe, aber wenn sie sich irgendetwas aussuchen dürfte, würde sie dieses Bild nehmen. »Und ich war erschüttert«, sagt Jost, »dass ich die ganze Zeit überhaupt nicht realisiert hatte, was das für eine unglaublich tolle Zeichnung ist.«

»Von wem ist die?«

»Die ist von einem gewissen Zisla, sein Name steht hinten drauf. Ich glaube, das war ein Assistent von Günther in der amerikanischen Zeit.«

»Aber auch irgendwie unheimlich. Die Augenhöhlen. Da ist auch ein Wahn drin.«

»Wahnsinn, oder? Ich war am Anfang auch unschlüssig, ob ich sie nicht als beängstigend empfand. Aber wir haben uns dran gewöhnt, und tatsächlich könnte ich nicht mehr auf das Bild verzichten. Es bedeutet mir was.«

Man wächst mit Bildern zusammen, und irgendwann bedeuten sie einem was. Ich selber hatte mir eine kleine bläuliche Lithographie aus der Bismarckstraße ausgesucht, die ich mir zuvor nie näher angeschaut hatte. Jetzt hängt sie bei mir im Schlafzimmer: eine griechische Szene, in der eine stehende Frau einem sitzenden Gott den Becher füllt.

Über der Bücherwand, gleich hinter dem trockenen schwarzen Ast, der aus einer skulpturalen rotglasierten Vase ragte, hingen die Feiningers: drei blasse Aquarelle von Segelschiffen. Dann gab es den Bonato-Spiegel, der das in ihn hineinschauende Gesicht völlig zerlaufen ließ; er verlängerte den Kopf in einer schrägen Beule und quetschte Augen oder Mund erst übel zusammen, um sie dann nach einer minimalen Kopfbewegung maximal weit auseinanderzuzerren.

Und den Otto Pankok. Auf dem schwarz-weißen Holzdruck sah man von hinten ein Mädchen, das allein eine ansonsten menschenleere Gasse entlanggeht. Das Bild zog meinen Blick oft auf sich. Das Mädchen war natürlich ich.

Silke kommt mit den drei Mädchen nach Hause, die neun, sechs und vier Jahre alt sind und ein kleines Konzert mit selbstgebauter Bambusflöte, Minisaxophon und Tanz vorbereitet haben. Dann gibt es Erdbeeren und selbstgebackenes Brot mit Salz und Gruyère, der hier Greyerzer heißt. Als die Kinder im Bett sind, frage ich Jost, ob er in letzter Zeit mal in Wikipedia unter Günther Otto Schenck geguckt hat. Er verneint, und ich fasse den Inhalt des kurzen Artikels zusammen.

»Nur weil es in Wikipedia steht, heißt es nicht, dass es belegt ist«, sagt Jost. »SA würde mich jetzt sehr wundern. NSDAP ist was anderes. Das wissen wir.«

»Ich war aber in Heidelberg und habe im Uniarchiv nachgesehen.«

»Du hast das Schriftstück gesehen?«

»Er hat das Datum selber eingetragen.«

»Na, dann wird's so gewesen sein.«

»Im November 1933 ist er Mitglied der SA geworden.«

»Das ist flott.«

»Ich kann mir schon vorstellen«, sage ich, »dass bei Günther, wie bei den meisten, ein bisschen mehr war, als man immer so meinte.«

»Du, das ist völlig klar«, sagt Jost, »da sind ja in seinen letzten Lebensjahren so einige Geschichten an die Oberfläche gekommen.«

»Was meinst du?«

»Das war total seltsam. Ich hatte bei Günther zuletzt das Gefühl, er wollte nicht aus der Welt gehen, ohne ein wenig aufgeräumt zu haben. Das war auf jeden Fall eine Entscheidung.

Und gleichzeitig war er sich bewusst, dass bestimmte Sachen nicht gehen. Unheimlich wichtig war ihm ja diese Geschichte in Münster, während des Kriegs, zur Zeit von Rommels Wüstenfeldzug. Da ging es um ein bestimmtes Gift. Die wollten von ihm einen Nachweis, auf was für eine Weise ein Stoff durch Hautkontakt …«

»Ach, das Kontaktgift – «

»… durch Hautkontakt übertragen werden und in die Blutbahn übergehen könnte. Ich glaube, sie hatten ihm gesagt, dass es um die Aufklärung eines Mordes ging. Günther erzählte mir, dass er ziemlich bald realisiert habe, dass die eigentlich von ihm wissen wollten, wie sie das entsprechende Zeugs synthetisieren können oder was für eine Substanz sie brauchen, um selber ein wirksames Kontaktgift zu produzieren. Als er mir diese Geschichte erzählte, wartete ich die ganze Zeit, dass irgendwann die Pointe käme, dass er sie hat auflaufen lassen, dass er den Auftrag von sich gewiesen hat, dass er ihnen ein falsches Ergebnis genannt hat; und ich war überrascht, dass die Pointe eben das nicht war. Nein, er hat den Auftrag ausgeführt. Die Pointe war, dass er ihnen gezeigt hat: Ich hab erkannt, was ihr von mir wollt! Dass er sich nicht hat hinters Licht führen lassen, der große Günther, mit dem können sie das nicht machen! Das erzählte er mir mit Schalk im Nacken.«

»Dann war er aber irgendwie auch ganz betroffen«, erinnere ich mich, »als ein Dreivierteljahr später der bulgarische König Boris ermordet worden ist, oder? Der ist in sein Sportflugzeug gestiegen, um irgendwo hinzufliegen, und dieses Gift könnte, vermutete Günther, an seinem Helm aufgetragen gewesen sein.«

»Irgendwie so. Ich hab nie verfolgt, ob die Geschichte überhaupt stimmt. Mir geht es aber um was anderes: Günther sah überhaupt kein moralisches Dilemma bei der ganzen Geschich-

47

te. Er war eigentlich empört, dass man ihn für so dumm halten konnte, auf so was reinzufallen.«

Merkwürdige Mischung. Einerseits etwas loswerden wollen, zugleich dem Impuls der eigenen Eitelkeit nachgeben, so dass die Beichte nur halb gelingt. Mir fällt eine Szene aus der Bismarckstraße ein, gegen Ende, als Christel schon nicht mehr lebte. Ich besuchte Günther, wir saßen in der Diele. Ich hatte den Computer dabei und guckte meine Interview-Fetzen von Emmi durch. Zu der Zeit sprach ich viel mit meiner anderen Großmutter, bei der die beginnende Demenz gewisse Schranken beseitigt hatte, so dass sie immer häufiger freimütig von der wunderschönen Hitlerzeit plauderte. Ihre ungefilterte Begeisterung hatte etwas von Zeitreise, sie war entwaffnend und schockierend zugleich. Wenn Emmi mir mit leuchtenden Augen erzählte, wie ihr großer Bruder mit den neuen Stiefeln nach Hause kam – »aber nicht so Knobelbecher! Das waren richtig eng anliegende, echte Nazistiefel!« –, dann war sie wieder die Siebenjährige, deren Freude nichts trüben konnte. Und sie freute sich riesig, mir das alles mal erzählen zu können. Ich diskutierte nicht mit ihr, ich hörte einfach zu und schrieb auf. Ich wollte ein Projekt daraus machen, ein besonderes Buch, wie ein Klappbuch für Kinder, bei dem jede Seite dreifach geteilt wäre und aus einzeln umzuschlagenden Streifen bestünde, so dass sich zig verschiedene Kombinationsmöglichkeiten für die Rezeption des Textes ergeben würden – was meinem Konzept nach dem demenzbedingt nicht chronologischen Erinnern entsprechen würde. Günther kannte das Projekt, ich las ihm ab und zu vor, was Emmi mir erzählt hatte. Er fand es amüsant, denn er kannte ja auch Emmi und ihre Schnauze: »Die Polen kamen auf dem Acker helfen, die kamen, halfen, sammelten ihren Lohn ein, und dann gingen sie wieder. Es gibt aber auch vornehme Polen. Is' ne seltsame Rasse.«

Zu der Zeit hatte ich gedacht, es sei vielleicht interessant, für mein Projekt eine andere Frauenstimme dazuzunehmen, als Kontrast vielleicht eine intellektuelle. Ich hatte Günther nach einer Empfehlung gefragt, und er hatte mir die Nummer seiner alten Freundin Margot Becke gegeben. Die war das glatte Gegenteil von Emmi. Reflektiert und kontrolliert. Eine Chemieprofessorin, die sich wie Günther bei Karl Ziegler in Halle habilitiert hatte und seit Jahrzehnten im Aufsichtsrat von Bayer saß. In den sechziger Jahren war sie in Heidelberg die erste Rektorin einer westdeutschen Universität geworden, dieses Amt hatte sie im Zuge der Studentenunruhen 1968 niedergelegt.

Ich hatte »Tante Margot« von Familienfesten gekannt, wo wir uns aufgrund von beiderseitigem Desinteresse allerdings nie länger miteinander unterhalten hatten. Innerhalb der Familie war bekannt, dass sie mit Mädchen nicht besonders viel anfangen konnte; Jungs waren ihr lieber. Und von denen nur die besonders aufgeweckten.

Jetzt dachte ich: Es sind so viele Jahre vergangen, ich bin erwachsen und komme mit einem konkreten Anliegen auf sie zu, das sie vielleicht interessant findet. Guten Mutes wählte ich ihre Nummer und pitchte kurz mein Projekt. Dabei betonte ich, dass es mir nicht ums Verurteilen gehe, sondern darum, einfach zuzuhören und die Sachen für sich stehen zu lassen.

Stille.

Ich fragte, ob auch sie mir etwas aus der Nazizeit erzählen würde. Wenn alte Leute gebeten werden, etwas von früher zu erzählen, sagen sie ja eigentlich selten nein. Tante Margot ließ mich aber glatt auflaufen. Kaum abgemildert durch Höflichkeitsformen gab sie zu verstehen, dass sie keine Lust habe, sich mit mir zu unterhalten. Das Gespräch dauerte insgesamt anderthalb Minuten. Völlig verblüfft schaute ich den Telefonhörer an, aus dem nur noch das Tuten kam.

Ich hatte dieses Gespräch als interessante Erfahrung verbucht. Auf irgendeiner Ebene war mir der Gedanke daran wohl unangenehm, vielleicht erinnerte er mich an das eingebildete oder reale Gefälle zwischen mir und den Superintelligenten der Familie oder in unserem Umkreis, an das immerwährende Gefühl, nicht gut genug zu sein. Jedenfalls hatte ich es Günther gegenüber noch gar nicht erwähnt.

Jetzt aber, ein paar Wochen später, kam er aus der Küche, wo er sich sein »Türkenblut« gemixt hatte. Rotwein mit Sekt. Ich sagte irgendwas über das Emmi-Projekt. Da nickte er langsam und sagte nachdenklich: »Die Margot hat neulich angerufen.« Er trank einen Schluck, während ich gespannt darauf wartete, was jetzt käme. »Die hat gesagt: Hüte dich vor der Naomi.«

So ruhig und unaufgeregt, wie er das wiedergab, lief mir ein Schauer über den Rücken. Ich spürte nach, wie mich diese Worte schockierten. Dann empörte ich mich lautstark über Margots Misstrauen. Günther sagte, er habe ihre Bemerkung auch etwas eigenartig gefunden. Wir beließen es dabei.

Es hat mich damals gefreut, dass Günther mir gegenüber nicht misstrauisch war. Ich kam allerdings überhaupt nicht auf die Idee zu fragen: Wieso meinte denn Margot dich vor mir warnen zu müssen? So sehr war ich von der klaren Zuordnung meiner Großelternpaare überzeugt: Emmi und Günther die mehr oder weniger begeisterten Mitläufer, Christel und Günther die Reflektierten, die schon damals gegen die Nazis waren.

Jetzt spüre ich, um wie vieles komplizierter es in Wirklichkeit gewesen sein muss. Und wie sehr meine einfache Vorstellung vom reflexartigen Bedürfnis herrührt, Günther in Schutz zu nehmen. Ich will etwas über ihn herausfinden, doch zugleich will ich mein Bild von ihm bestätigt finden – diese Ambivalenz wird mich begleiten, wenn ich weiter nachforsche, und ich bin gespannt, wie mein Weg zwischen Recherche und Loyalität verlaufen wird. Ob ich Fragwürdiges beleuchten und zugleich dem Vertrauen, das Günther in mich hatte, gerecht werden kann?

Es gibt eine Antwort darauf, jedenfalls möchte ich das glauben: Günthers Wunsch, dass ich seine Biographie schreibe, entsprang nicht nur seiner Eitelkeit. Er kannte mein Emmi-Projekt, er kannte mich. Es war auch der Wunsch, dass aufgeräumt wird. Und er hat mir vertraut, dass ich gut damit umgehe.

»Hüte dich vor der Naomi«, wiederhole ich wie ein Mantra, nachdem ich Jost die Geschichte erzählt habe. Ich sitze auf dem schwarzen Ledersofa, das ich mit einem Berg Kinderbücher teile, Jost ist tief eingesunken in seinen Sessel und wippt mit dem Turnschuh.

»Ja, gruselig«, meint er nachdenklich. »Ich merke bei so was, dass … Also, ich meine, jede Generation hat ja dann das, was sie nicht mehr erlebt. Und mich macht es manchmal ein bisschen beklommen, dass meine Töchter diese unmittelbare Wahrnehmung von Menschen, die sich damals in Schuld verstrickt haben, nicht mehr haben werden.«

»Ja, die Leute sterben aus.«

»Lebt eigentlich vom Wildwest noch jemand?«

»Keine Ahnung. Wenn, dann müssten sie jetzt hundert sein.«

Über die Selbstverständlichkeit, mit der Jost auf den Wildwest zu sprechen kommt, muss ich schmunzeln. Wir waren alle damit aufgewachsen, dass von diesem Freundeskreis im Ton höchster Wichtigkeit geredet wurde. Der Wildwest war ein geheimnisvoller, uns Kindern nicht zugänglicher Teil im Leben meiner Großeltern. Wenn eine Reise zum Wildwest anstand, packte Christel stundenlang Koffer, und Günther tauschte seine schöne Smokingfliege, die ansonsten untrennbar zu ihm gehörte, gegen eine aus zwei Lederschnüren und einer silbernen Münze bestehende Krawatte aus. Die Geschichten, die wir vom Wildwest erzählt bekamen, spielten meistens in der Zeit vor dem Krieg, und es ging dabei um acht Freunde, die Streiche ausheckten, um ihre Lehrer zu ärgern, und seltene Begabungen wie »das absolute Gehör« oder ein fotografisches Gedächtnis hatten. Ich stellte mir so eine Art Vorstadtkrokodile vor. Auf jeden Fall war es eine eingeschworene Bande, die ihre geheimnisvollen Aktivitäten bis ins Erwachsenenalter fortsetzte. Wobei es seltsam war, dass die Jungs in Knickerbockern und Schiebermützen, die man auf winzigen Schwarz-Weiß-Fotos sehen konnte, angeblich dieselben sein sollten wie die zerknitterten alten Herren, die in Begleitung ihrer grauhaarigen und perlenbehängten Ehefrauen ab und zu in der Bismarckstraße auftauchten.

Und plötzlich frage ich mich, ob ich Günther etwas unterschiebe. Wollte er wirklich, dass »aufgeräumt wird«, oder ist es meine Art zu rationalisieren, dass ich meinen Willen als den des anderen auslege? Claus wirft mir das manchmal vor. Er sagt, ich würde behaupten, etwas sei gut für den anderen, obwohl es in Wirklichkeit vor allem gut für mich ist. Und wenn ich dann sage, dass ich nicht glaube, dass etwas, das für andere schlecht ist, für mich gut sein könne und umgekehrt, dann heißt es: *Bau du dir nur deine Naomi-Welt!*

»Wie wenn du beim Bau eines Hauses plötzlich auf die Giftmülldeponie stößt.«

Josts letzte Sätze hatte ich nur mit halbem Ohr gehört.

»Giftmülldeponie?«, schrecke ich auf. »Was war das denn jetzt wieder?«

»Nee, das ist jetzt einfach so ein Bild dafür«, erklärt Jost. »Ich kenne ganz viele Leute, bei denen du erst im Alter zu solchen Sachen vordringst. Und dass es die jetzt bald nicht mehr gibt, finde ich, ist ein echter Verlust.«

Christels lange zweifarbige Perlenkette war grün-weiß wie die Packung Reyno Lights, die immer griffbereit neben der aufgeschlagenen Fernsehzeitung lag. Ein Tischset aus orangefarbener Wolle, ein Glas milchig eingetrübter Tee markierten ihren Platz. So stellte ich mir auch das Setting ihrer Unterrichtsstunden vor, die sie zwei Mal wöchentlich bei Thyssen gab: *Conversation English* nannte sie die Kurse, in denen sie mit Abteilungsleitern und Chefsekretärinnen auf Englisch über Politik und Wirtschaft plauderte. Als Christel in den achtziger Jahren aufhörte, übernahm Dagmar ihre Kurse, natürlich mit ihrem eigenen Stil und einem ganz anderen Ehrgeiz – daraus entstand dann die Sprachschule.

Christel hatte damals einfach etwas Interessantes tun wollen, als die Kinder aus dem Haus waren, außerdem unterhielt sie sich gern. Egal mit wem. Das war ihr wichtig, dass sie da keinen Unterschied machte zwischen einem Vorstandsmitglied und einem Hausmeister. »If you can walk with kings, not losing common touch, you are a man, my son« – das brachte sie mir bei und fügte stets hinzu, die männliche Form habe nichts zu sagen, der Satz gelte genauso für Mädchen.

Unsere Gesprächsthemen, als ich älter wurde, reichten von den Pointillisten über Nick Knatterton bis zur Erziehung in französischen Klosterinternaten. Bei Gedichten von Wordsworth oder Rilke geriet Christel ins Schwärmen. Sie erzählte auch oft von berühmten Wissenschaftlern und Nobelpreisträgern, die Günther und sie gekannt hatten, oder Anekdoten, die diese berühmten Wissenschaftler und Nobelpreisträger ihr beim Tanzen, beim Tee oder bei einer Abendgesellschaft erzählt hatten. Mit Otto Hahn, dem Entdecker der Kernspaltung, hat sie besonders gern getanzt. Er erzählte ihr, wie er nach dem Anschlag auf ihn vom Krankenhaus zu Fuß nach Hause lief und sein Trenchcoat immer noch voller Blut war. Als seine Frau ihn sah, rief sie aus: *Wo der doch grad vom Schacke kommt!* Der Schacke war die beste Reinigung in Göttingen. Ein Verrückter hatte Otto Hahn mit einem Bolzenschussgerät in den Rücken geschossen, zum Glück jedoch nur das Schulterblatt getroffen.

Christel schrieb diese und andere Geschichten in ihren karierten Notizblock, während ich ihr gegenüber meine Hausaufgaben machte. Aber sobald ich fertig war, legte auch sie ihren Block zur Seite, und wir spielten Scrabble oder unterhielten uns weiter. Wir guckten Hollywoodkomödien, tschechische Märchenfilme und am Sonntagmittag Werner Höfer. Werner Höfer und Günther sahen sich erstaunlich ähnlich. Sie hatten die gleiche hohe Stirn, die gleichen glatten, weißen, nach hinten gekämmten Haare und trugen ähnliche Anzüge. Bei beiden war praktisch das halbe Gesicht von einer eckigen Brille verdeckt. Die Ähnlichkeit wurde nie kommentiert, aber beim Internationalen Frühschoppen kam Günther dazu und verfolgte die Gespräche von seinem Sessel aus, bevor er wieder ins Arbeitszimmer verschwand. Über Politik diskutierte ich vor allem mit Christel. So in dem Stil: »Wie findest du den Soundso?«

Kopfschütteln: »Der ist nix.«

»Und wie findest du den Schmidt?« Ich wusste, dass sie Helmut Schmidt mochte, deswegen fragte ich – weil ich wollte, dass sie etwas Positives sagte.

»Der Schmidt ist ein guter Mann, nur leider in der falschen Partei.«

»Aber wie kann das nur sein, dass die falsche Partei an der Macht ist?«

Großes Seufzen: »Die Mehrzahl der Menschen ist nun einmal dumm.«

Mülheim, Altstadt. Als ich am Morgen in die Küche komme, sind alle weg, in der Schule, im Kindergarten, bei der Arbeit.

Jost ist Richter am Amtsgericht. Silke ist in einer Düsseldorfer Unternehmensberatung tätig. Ich trinke einen Earl Grey und esse ein Nutellabrot. Wie immer, wenn ich hier bin, nehme ich auf dem Kinderstuhl Platz. Jost hat dies schon belustigt zur Kenntnis genommen. Ich glaube aber nicht, dass etwas Psychologisches dahintersteckt; es ist einfach schön, etwas höher zu sitzen, wie in einem Geländewagen hat man einen besseren Überblick. Die hellblaue Wandfarbe, die ich damals empfohlen habe, gefällt mir immer noch. Auf dem Klavier liegt eine silberne Querflöte. Es gibt hohe Bücherregale, ein gerahmtes Comic von Lyonel Feininger, Notenständer und eine Playmobil-Burg. Über dem Sofa hängen fünf antike goldene Holztafeln mit einer für mich unleserlichen Schrift. Ich vermute hebräisch.

Irgendwann zu der Zeit, als ich schon das *Rosa Kaninchen* gelesen hatte, erzählte mir Christel, dass Wolfgang und Marianne Jung – »Onkel Gang« und »Tante Marianne« – Nazis gewesen seien. Ich wunderte mich ein wenig, dass Christel etwas Negatives über die Wildwest-Freunde sagte – ich wusste damals noch nicht, dass der Wildwest eigentlich eher Günthers Kreis war. Zugleich fühlte ich mich ins Vertrauen gezogen. Dass meine Großeltern keine Nazis gewesen waren, war dabei für mich selbstverständlich. Wenn sie erzählten, wie dumm und fanatisch viele Leute gewesen seien, hörte ich mit großen Augen und offenen Ohren zu. Auf einer Klassenfahrt hatte sich ein besonders fanatisches Mädchen geweigert, mit Christel das Zimmer zu teilen. Diese Frau, sie hieß Anneliese, ist Jahre später aufgetaucht und hat sich entschuldigt. Das war aber gar nicht nach dem Krieg, wie ich zunächst dachte, sondern noch währenddessen: Christel und Günther lebten in Halle an der Saale, wo Günther bei Karl Ziegler im Chemischen Institut arbeitete. Es war Anfang 1943, mein Vater war noch ein Baby. Eines Abends klingelte es an der Tür, und da stand Anneliese – die während der Schulzeit nie ein Wort mit Christel gesprochen hatte. Jetzt wirkte sie völlig aufgelöst und sagte, sie seien die Einzigen, an die sie sich wenden könne. Es sei alles ganz schrecklich, sie habe herausgefunden, was mit den Juden gemacht werde. Tausende, nein Zehntausende würden in Viehwaggons nach Polen geschafft, dort in Baracken nackt ausgezogen und vergast. Christel und Günther guckten sich an. Sie sagten:»Anneliese, du warst schon immer fanatisch. Vorher warst du fanatisch für die Nazis, und jetzt bist du fanatisch gegen sie. Wie sollen wir dir denn so was glauben.«

»Und, hast du ihnen das geglaubt?«, fragt Claus mich, als ich ihm das erzähle. Ich bin ganz erstaunt über seine Frage.

»Was denn?«

»Dass sie sich das nicht vorstellen konnten?«

»Ja, eigentlich schon.«

Ich laufe den Hügel hoch, am alten Friedhof vorbei, von der Altstadt zum Kahlenberg, durch ein gepflegtes Wohngebiet, vorbei an den Instituten mit ihren Gänseblümchenwiesen, an den Tennisplätzen. Dann liegt die Bismarckstraße vor mir, unverändert holprig und geflickt, mit alten Bäumen an den Seiten, abschüssig verlaufend bis runter zum Bismarckturm, wo sie um die Ecke biegt. Meine Mutter hatte mich gedanklich darauf vorbereitet, dass das Haus selbst vollkommen verändert sei und schrecklich aussähe; sie vermeide immer, auf dem Weg in die Stadt dort entlangzufahren, weil sie sich den Anblick nicht antun wolle.

Von hier oben sieht aber alles noch so aus wie immer. Und die breite Straße ist so wenig befahren, dass ich mich kurz in die Mitte stelle, zwischen die Straßenbahnschienen, um von hier oben aus ein Foto zu machen. Links ein altes Anwesen mit riesigem Garten, der hinten in den Wald übergeht und sich vorn zur Straße mit einer steinernen Balustrade abgrenzt, die mich immer an »das alte Italien« denken ließ. Rechts, geschützt von Rhododendren und Nadelbäumen, das Haus von Henny Remmen: Eine Industriellenvilla von vergleichsweise moderaten Ausmaßen. »Der alte Thyssen hat zu seiner Tochter gesagt: Ich stelle dir ein Häuschen da hin. Das ist nun also das Häuschen!«, kommentierte Christel die Villa ihrer Nachbarin und Freundin gerne.

Direkt an Hennys Grundstück grenzte der Garten der Bismarckstraße 31, und das tut er immer noch. Ein wenig gerührt stelle ich fest, dass der Zaun auf der Remmen-Seite tatsächlich immer noch den Sichtschutz aus leicht zerfledderten Bambusmatten hat. Das neue Haus Nummer 31 liegt völlig frei, geradezu nackt da, ein paar Bäume sind gefällt worden, die früher dafür sorgten, dass es etwas vor Blicken geschützt war.

Das Haus kommt mir jetzt viel größer vor. Auf den einstöckigen Anbau, in dem Christels Diele war, wurde ein weiterer Anbau gesetzt, der genauso hoch ist wie der Rest des Hauses. Dadurch haben sich seine Proportionen völlig verändert. Es ist ein Mehrfamilienhaus, knallweiß verputzt, mit frisch angepflanzten jungen Bäumen auf der gepflasterten Einfahrt. Zwei architektonische Hinweise gibt es, dass dies kein kompletter Neubau ist, sondern auf ein existierendes Haus aufgesetzt wurde: Die Eingangstür ist geblieben und von der originalen Sandsteinumrandung eingefasst. Und daneben ist ein kleines Fenster erhalten, das aus zwei schmalen, gotisch anmutenden Steinbögen besteht.

Ich wende mich um und überquere die Straße zum Stinneshaus. Immerhin das ist mir treu geblieben, denke ich, mit seinem gigantischen halbrunden Fenster über den vier Eingangssäulen. Auch wenn die Fassade gesäubert wurde und jetzt eher hellbraun ist, nicht mehr schwarz. Das früher stets verschlossene Tor ist weit geöffnet, auf einem Schild leuchten die Namen einiger Firmen. Vermutlich Biotech. Am Zaun ist eine Tafel angebracht, die das Haus Urge, wie es offiziell heißt – im Volksmund »unser Reichtum gestattet es« –, als Industriedenkmal ausweist. Ich lese, dass es einmal dem Mülheimer Lederfabrikanten Coupiènne gehörte, der es nach dem Vorbild des Wasserschlosses, in dem seine Frau aufgewachsen war, bauen ließ, bevor er in finanzielle Schwierigkeiten geriet und es seinem Neffen Hugo Stinnes junior verkaufte.

Dann geht bei der Nummer 31 die Tür auf, und eine blonde Frau mit einem Korb tritt heraus. Ich spreche sie an. Sie will mir gerne den Garten zeigen, in dem ich meine Kindheit verbracht habe, da sei ja alles noch so geblieben, es sei herrlich, mit der alten Kastanie und den Walnussbäumen. Wir sprechen über Arthur Brocke, an den ein Stolperstein vorm Haus erinnert. »Berufsverbot August '33, Flucht in den Tod September '33.«

Sie denkt, er sei Jude gewesen. Ich erzähle ihr die Geschichte, wie sie Christel und Günther von Mitgliedern des Lions Club erzählt wurde, als sie in den fünfziger Jahren in die Bismarckstraße zogen: Brocke war Baudezernent von Mülheim gewesen, als solcher verantwortlich für den Mülheim-Essener Flughafen. Anfang der zwanziger Jahre hatte er das Haus in der Bismarckstraße 31 für sich und seine Frau und seine fünf Töchter gebaut. Brocke habe als Baudezernent mit einem Mülheimer Industriellen im Clinch gelegen, da er ihm bestimmte Bauvorhaben nicht genehmigte. Diese jahrelange Fehde, erzählten die Lions, sei 1933 entschieden worden, als die Nazis die Macht übernahmen und Brocke aus seinem Amt drängten: Sie überzogen ihn mit Klagen, nahmen ihn in Schutzhaft und erteilten ihm Berufsverbot. SA-Leute prügelten ihn bis in sein Haus, wo er sich wenig später am Gitter des Badezimmerfensters erhängte.

Es war Günthers späteres Badezimmerfenster, aber das erwähnte ich bei dieser Gelegenheit nicht.

Die blonde Frau bringt den Korb ins Auto, dann folge ich ihr in ihre Wohnung; sie wohnt im Erdgeschoss, wo ein Teil von Günthers Arbeitsbereich zu einer siebenundachtzig Quadratmeter großen Wohnung umgebaut worden ist. Ich bekomme ein Glas Wasser, darf fotografieren, auch das Schlafzimmer, in dem nichts mehr an die surrenden Computerberge erinnert, die Nadeldrucker und Fräu'n Heuers riesigen Eckschreibtisch.

Durch den Garten streife ich alleine. Von den Obstbäumen ist nur noch einer da. In Erwartung eines Gefühls berühre ich die vertraute, korkig raue Rinde; das Gefühl bleibt aus. An die anderen Bäume, an den Apfelbaum mit dem fast horizontal gewachsenen Ast, der abgestützt wurde und auf den ich mich als Kind manchmal bäuchlings legte, um vor mich hinzuträumen, erinnert nicht einmal mehr ein Baumstumpf; das kurze Gras ist dicht und unversehrt.

3

Die Chemiker

Mülheim, am Bühl. Um den Küchentisch meiner Eltern sitzen acht oder neun Leute beim indischen Curry, das meine Mutter jeden Sonntag für alle kocht. Heute bin auch ich dabei. Und Jonni, der Bruder meiner Mutter, und der fragt: »Wie willst du eigentlich über einen berühmten Chemiker schreiben, wenn du keine Ahnung von Chemie hast?«

Jonni ist Chemiker. Und er spricht nur aus, was alle denken: Wie soll ausgerechnet Naomi verstehen, womit Günther sich sein ganzes Leben lang beschäftigt hat? Mein Versagen in sämtlichen Naturwissenschaften und in Mathematik ist in der Familie bestens bekannt. Mit Schaudern denke ich daran, wie es war, wenn ich von Frau Hammer aufgerufen wurde – wie die ganze Klasse still wurde und ich mal wieder keine Antwort wusste. Ich rächte mich, indem ich unterm Tisch die schlimmsten Karikaturen von Lehrern und Mitschülern zeichnete.

Nicht, dass meine Eltern mir deswegen das Leben schwergemacht hätten. Meine Mutter sagte, ich hätte eben andere Talente. Und mein Vater bemühte sich immer wieder, allereinfachste Worte und Vergleiche zu finden, um mir etwas zu erklären. Manchmal gelang es ihm tatsächlich, und bei Bildern wie »riesiger Kochtopf«, »Birne« oder »Rosinen im Plumpudding« war ich noch voll dabei. Doch sobald er den Schritt auf die abstrakte Ebene machte, ging irgendeine Klappe bei mir zu. Im weiteren Verlauf seiner Erklärungen nickte ich dann langsam und bedeutungsvoll und hoffte, mein Vater möge mir abnehmen, dass ich ihm tatsächlich folgte. Wenn er dann irgendwann innehielt, wusste ich nie, ob er glaubte, ich habe etwas verstanden, oder ob er begriffen hatte, dass es sinnlos war.

»Hast du denn eine Vorstellung davon, was das ist: Photochemie?«, fragt Jonni.

»Hat mit Licht zu tun, oder?«

»Ja, mit Licht. Oder UV-Licht.«

Die Photochemie ist das Feld, in dem Günther Pionier war. Dabei geht es um chemische Reaktionen, die durch die Einwirkung von Licht ablaufen, so weit kann ich folgen.

Günther war schon als Kind von Lichtphänomenen fasziniert. Sobald er die Angst vorm Gewitter überwunden hatte, interessierte er sich für die seltsamen Lichterscheinungen, die für kurze Zeit zuckend am Himmel stehen blieben. Und nach einem Badetag am See stellte er fest, dass seine Haut rosa geworden war, die des Kindermädchens aber bräunlich, was weitere Fragen aufwarf. Nach der Schule studierte er in Heidelberg zunächst Physik und Psychologie, er wollte das Phänomen der Komplementärfarben besser verstehen, mit dem schon Goethe sich herumgeschlagen hatte. Nach fünf Semestern schrieb er sich, in der Hoffnung auf bessere Antworten, zusätzlich in der Chemie ein, und sie wurde sein Fach. Er promovierte und habilitierte sich bei Karl Ziegler an der Universität Halle, wo er an der Synthese von Cantharidin arbeitete, einer Verbindung, die in bestimmten Käfern vorkommt und ein natürliches Insektizid ist. Ein solches wurde dringend in der Forstwirtschaft benötigt, was Günther durch Empfehlung Zieglers den Status *uk* – unabkömmlich – eintrug und ihn vor dem Krieg bewahrte. Nach Kriegsende kam er im Rahmen der amerikanischen »Operation Paperclip« zurück nach Heidelberg. Paperclip war der Codename für die Verlegung von deutschen Wissenschaftlern in die USA oder in amerikanische Einflussgebiete. Damals waren Günther und Christel schon verheiratet, Geo und Gudrun waren auf der Welt, und so zog die Familie in das Heidelberger Haus von Christels Eltern, wo Günther im Garten ein Privatlabor aufbaute und ein Medikament namens Ascaridol zum kommerziellen Vertrieb herstellte, ein Wurmmittel, das er in Halle photochemisch synthetisiert hatte. Er erhielt einen Ruf als Professor für Technische Chemie an die Universität Göttingen und war Gründungsdirektor der Abteilung für Strahlenchemie am Max-Planck-Institut für Kohlenforschung in Mülheim an der Ruhr, das sein Doktorvater Karl Ziegler leitete. Später wurde aus der Abteilung Strahlenchemie ein eigenes Max-Planck-Institut. Günther hatte Gastprofessuren in den USA, in Frankreich und England inne; er organisierte Kongresse und war Mitglied oder Ehrenmitglied einer Reihe von Gesellschaften; er entwickelte Verfahren für die Desinfizierung von Trinkwasser durch photochemische Reaktion und beschäftigte sich mit Klimaschutz und Waldsterben. Nachdem er aus dem Institut ausgeschieden war, arbeitete er weiter von der Bismarckstraße aus, unterstützt von einer Sekretärin und einem Assistenten. Bis ganz zum Ende saß er an seinem großen Tisch und forschte.

So erlebte ich ihn als Kind. Ich wusste, dass ihm die Arbeit wichtiger war als alles andere. Und so, wie ich sein Leben heute überblicke, stand es ganz im Zeichen der Forschung. Andererseits: Es war ein Leben im zwanzigsten Jahrhundert in Deutschland – konnte man da »nur« seiner Forschung nachgehen? Geo hat mir mal gesagt, dass er seinen Vater immer als unpolitisch empfand. Was bedeutete das, wenn man in politisch bewegten Zeiten lebte? Günthers wissenschaftliche Laufbahn begann in den dreißiger Jahren. Als er sich habilitierte, herrschte Krieg. Dass er die Nazis bescheuert fand, glaube ich ihm. Wie brachte er seine SA-Mitgliedschaft damit in Einklang? War es eine rein pragmatische Entscheidung, die ihm das Leben und Arbeiten unter den Nazis leichter machte? Und wenn ja, war das ein Konflikt, der ihn beschäftigte? Oder war sein Blick deshalb so sehr auf die Forschung konzentriert, weil er mit dem Widerspruch am ehesten klarkam, indem er ihn ausblendete?

Manchmal kommt ganz plötzlich dieses Gefühl zurück, das ich hatte, als ich den Eintrag auf Wikipedia las: eine Mischung aus Fassungslosigkeit und ganz schneller Gewöhnung an den Gedanken – so als wäre ich nicht wirklich überrascht gewesen. Meine Nichte Henriette hatte die Abkürzungen SA und NSDAP wohl gar nicht registriert oder unter »Auszeichnungen« abgebucht. Als ich sie darauf ansprach, sagte sie, den Zweiten Weltkrieg würden sie erst in der neunten Klasse durchnehmen.

Günther stammte aus einer humanistisch-bürgerlichen Familie. Seine Mutter Gertrud war »staatlich examinierte Kindergärtnerin« und hatte nach Günther noch drei Kinder bekommen: Gertrud, die Traude genannt wurde, Gernot und Waltraud, die während des Ersten Weltkriegs noch als Baby an Keuchhusten starb. Günthers Vater hieß Otto Schenck und war Schuldirektor. Laut Günther hatte er, der Germanist und Altsprachler, jedoch keine Ahnung von Naturwissenschaften, er fand diese »barbarisch«. Damit meinte er wohl, wie ich mir mittlerweile zusammengereimt habe, vor allem die Umsetzung der wissenschaftlichen Errungenschaften, die der romantischen südbadischen Landschaft einige Scheußlichkeiten in Form von Fabriken am Flussufer beschert hatte. Auf jeden Fall stand für meinen Urgroßvater Otto das Schöngeistige in der Rangordnung höher, und bis zu Günthers Studieneintritt hoffte er, aus seinem Sohn würde doch noch ein tüchtiger Germanist werden.

Günther lernte die Instrumente, die auch sein Vater spielte und dessen Vater vor ihm: Klavier, Orgel und ein Streichinstrument, in Günthers Fall das Cello. Später kamen noch Saxophon und Klarinette hinzu. Zusätzlich besorgte er sich noch ein Akkordeon, das, wie Fotos belegen, so groß war, dass er fast dahinter verschwand, und das er bei Wanderungen oder Festen immer dabeihatte. An seinem Gymnasium lernte er Griechisch und Latein, jedoch kein Englisch. Nach dem Abitur besorgte ihm ein Onkel ein Praktikum bei Brown-Boveri, wo er das Elektroschweißen lernte. Dort erlebte Günther »erstmals Lichtbögen, die in ihrem Gleißen alle Farben des Spektrums enthielten, auch die unsichtbaren, Infrarot und Ultraviolett«.

So steht es in seinen Aufzeichnungen, dabei kommt es mir so vor, als sei dieser Satz in der Diele in der Bismarckstraße gefallen: Günther mit einem Glas Tee in der Hand und mit begeistertem Gesichtsausdruck – und ich, auf meinem Stammplatz am großen Tisch, wie ich so einen Lichtbogen mitten in der Diele vor mir sehe, eine Mischung aus Feuerwerk und flüssigem Regenbogen.

Neben Familienüberlieferungen, Gesprächen mit Zeitzeugen und meinen eigenen Erinnerungen sind die Aufzeichnungen, die Günther in den letzten zwei Lebensjahrzehnten anfertigte, die Hauptquelle für das, was ich über ihn weiß. Ich besitze eine Reihe von Ausdrucken, meist sind es zwei oder drei zusammengetackerte Seiten, die er beispielsweise als Beigabe zu einem Weihnachtsbrief geschickt oder mir einfach irgendwann überreicht hat.

Später habe ich die Blätter eingescannt und in einen Ordner übertragen, in dem auch die Abschriften früherer Tonaufnahmen gesammelt sind und die Scans, die Geo mir immer mal wieder schickt, wenn er etwas Interessantes in Günthers Akten findet. Zurzeit telefonieren wir häufig, Geo und ich, manchmal stundenlang. Ich glaube, ich hatte noch nie so viel Kontakt mit meinem Vater wie jetzt, da ich an einem Buch über *seinen* Vater schreibe.

Neulich machte Geo sich Gedanken über seine Rolle in meinem Projekt. Ob er so was sei wie Robinsons Freitag, der Eingeborene vom Dienst? Oder vielleicht eher: ein Büro für Zeitreisen?

Jemanden, der ein Büro für Zeitreisen ist, stelle ich mir Dalíartig mit einem Telefonhörer als Arm vor und Schubläden, die aus dem Bauch ragen. Per Skype führt Geo mir seinen Arbeitsplatz am Bühl vor, in der ersten Etage, in der sogenannten Bibliothek, die vor Jahren in Josts ehemaligem Kinderzimmer eingerichtet wurde. Sie hat einen runden Eichentisch und blau gestrichene Bücherregale bis unter die Decke. Geos Arbeitsgeräte: Notebook, iPad, iPhone, Scanner. Außerdem ein rotes Notizbuch und ein paar klassische Büro-Utensilien, besonders wichtig: eine Schere. Dahinter Stapel über Stapel von Büchern. Ein aufgeschlagener Aktenordner. Und das elf Zentimeter dicke, in graues Leder gebundene Familien-Stammbuch, das bis ins fünfzehnte Jahrhundert zurückreicht. Neben dem Fenster das Bild von Günther, das ich irgendwann mal mit Acrylfarben auf einen Hemdenkarton gemalt habe.

Günther lässt seine Aufzeichnungen mit seiner Geburt beginnen, es geht um älteste Geruchs- und Geschmackserinnerungen, um die ersten Experimente, um Erinnerungen aus dem Ersten Weltkrieg, in denen sein Vater eine Rolle spielt. Mir ist aufgefallen, dass er manche Ereignisse mehrmals beschrieben hat, wobei die späteren Versionen kürzer und prägnanter sind, so als hätte er um die wirkungsvollste Form gerungen. Material ist also vorhanden. Privates und Berufliches. Politisches dagegen kommt kaum vor. Gerade aus der Nazizeit gibt es sehr wenig.

1933 schrieb sich Günther an der Heidelberger Universität ein. Ungefähr zur gleichen Zeit begann seine Mitgliedschaft in der SA. Es war das Jahr, in dem die Nazis an die Macht kamen und bereits im März ihre Partei für Neueintritte schlossen, weil es zu viele Aufnahmeanträge gab; das Jahr, in dem die Bücher verbrannt wurden; das Jahr, in dem mein Urgroßvater Otto seine Stellung als stellvertretender Rektor eines Heidelberger Gymnasiums verlor, weil er der falschen Partei, der DDP, angehörte. Während des Studiums gab es drei folgenreiche Begegnungen. Günther lernte Christel kennen, in einer Vorlesung von Karl Jaspers, die sie als philosophisch interessierte Abiturientin besuchte. (Das heißt, eigentlich waren sie sich Jahre vorher schon einmal begegnet, da seien sie aber halbe Kinder und »noch nicht zündfähig« gewesen, wie Günther sagte.) Sein erstes wissenschaftliches Vorbild wurde Hans Kautsky, ein genialer Wiener Exzentriker, dessen Experimente zu Fluoreszenz- und Phosphoreszenz-Phänomenen Günther faszinierten und in seiner Ausrichtung zur Photochemie bestärkten. Und schließlich machte er die Bekanntschaft von Karl Ziegler, der als Dozent am Chemischen Institut bei Karl Freudenberg tätig war. Ziegler war unter den Studenten eine Art Berühmtheit. Bereits in den zwanziger Jahren hatte er über Freie Radikale geforscht, womit er an vorderster Front der Wissenschaft stand. Günther war tief beeindruckt von Zieglers Geistesgegenwart und den klaren Ratschlägen, die er seinen Studenten erteilte. Er wünschte ihn sich als Lehrer, nicht nur seiner wissenschaftlichen, sondern auch seiner persönlichen Qualitäten wegen. Ihn beeindruckte die Tatsache, dass Ziegler kein Mitglied der Nazipartei war, wofür dieser in der gleichgeschalteten Heidelberger Universität stark angefeindet wurde; bereits 1934 war er wegen seines »demonstrativ freundlichen Umgangs« mit einer jüdischen Familie denunziert worden, und als Freudenberg ihn zum ordentlichen Professor berufen wollte, verhinderte dies die Studentenschaft.

Als Ziegler Heidelberg verließ und Professor in Halle wurde, wollte Günther ihm unbedingt dorthin folgen. Zu der Zeit hatte er eine Assistenzstelle bei Ernst Müller, der Professor für Anorganische Chemie war. »Müllerchen«, wie er genannt wurde, hielt große Stücke auf Günthers analytische Fähigkeiten und lud ihn regelmäßig auch privat zur Teestunde in kleiner Runde ein. Er stellte ihm in Aussicht, innerhalb eines Jahres promovieren zu können, und zwar mit einer Arbeit über Hydrazin, eine explosive Verbindung, die später zur Grundsubstanz für Raketentreibstoffe wurde. Günther kommentierte das Angebot in seinen Erinnerungen mit dem Satz: »Mir wurde unheimlich.«

Schade, denke ich, dass er das nicht weiter ausgeführt hat. Was genau war ihm daran nicht geheuer? Ob er damals schon etwas von der späteren Bedeutung des Hydrazins ahnte?

»Ich glaube nicht, dass offen darüber gesprochen wurde«, sagt Geo. »Aber es wird ihm schon klar gewesen sein, dass Hydrazin für die Wehrwirtschaft von Interesse sein musste.«

»Meinst du, Günther hatte da ethische Bedenken? Die Aussicht, so schnell Karriere zu machen, muss doch auch etwas Verführerisches gehabt haben.«

»Also, ich habe ja selber Chemie studiert. Und wenn ich mir das so vorstelle …« Geos Stimme verebbt nachdenklich, und ich stelle mir vor, dass er jetzt gedanklich da ist, wo er studiert hat, im sonnigen Kalifornien. Der grüne Campus der UCLA, die Jakarandabäume mit den roten Blüten.

»Angenommen, du bist ein ganz normaler Student. Du hast eine gutbezahlte Assistenzstelle. Und dann stellst du fest, deinem Professor ist ein Jahr deiner Arbeit an explosiven Stoffen so viel wert, dass er dir sogar eine Promotion nachschmeißt. Da kann dir schon mal unheimlich werden.«

»Außerdem reizte mich Halle, wegen Ziegler«, lautet der letzte Satz in Günthers Aufzeichnungen zum Thema Müllerchen.

Ziegler belächelte zwar noch Günthers Interesse an photodynamischen Phänomenen (»Des Teufels Großmutter fluoresziert auch!«), aber er nahm ihn in seine Gruppe auf und verschaffte ihm die ersehnte Promotionsstelle. Am Anfang arbeitete Günther in Halle auch noch als Musiker, bis er von einem Bratschisten angezeigt wurde, weil er auf einer Hochzeit Operettenstücke des jüdischen ungarischen Komponisten Emmerich Kálmán gespielt hatte: Kamerad, ich muss dich melden.

Das war 1937. Damals bereitete ein Forstschädling namens »Nonne« große Sorgen. Ein wirksames natürliches Insektizid war bekannt: ein Naturstoff namens Cantharidin, der in bestimmten Käferarten vorkommt, unter anderem in einer, die aufgrund ihrer voll ausgebildeten Flügel »Spanische Fliege« genannt wird. Dieser Naturstoff ist ein Reizgift und hochwirksam – übrigens auch als Aphrodisiakum, wie in der Bismarckstraße gerne erzählt wurde. Schon Karl der Große hat es benutzt, und Napoleons Truppen soll es beim Ägyptenfeldzug zum Verhängnis geworden sein. In den achtziger Jahren gab es, wie ich von meinem Bruder Toby weiß, in Fernsehzeitschriften Beate-Uhse-Annoncen, in denen neben dem »großen Überraschungspaket« auch Spanische Fliege beworben wurde.

Weil Cantharidin in den für ganze Wälder benötigten Mengen nicht zu bekommen war, sollte Günther als Dissertationsprojekt an einer Synthese des Stoffes arbeiten. Kurz nachdem er seine Arbeit aufgenommen hatte, musste er sie bereits unterbrechen: Er wurde eingezogen, um am »Anschluss« des Sudetenlandes teilzunehmen, den Hitler durch seine Drohungen, die Tschechoslowakei anzugreifen, erpresst hatte. Nach dem Münchner Abkommen besetzte die Wehrmacht in den ersten

Oktobertagen 1938 das Gebiet, in dem sich die wichtigsten Industrieanlagen des Landes befanden, beispielsweise der Motorenhersteller Škoda. Günther war einer derjenigen, die dafür rekrutiert wurden, als Fahrer eines Lastwagens. Er erzählte später manchmal, wie chaotisch der Einmarsch verlaufen und wie wenig die Wehrmacht darauf vorbereitet gewesen sei. Im Nachhinein fällt mir auf, dass er wieder alles Politische ausklammerte. Es ging darum, wie sie irgendwelche Lastwagen aus zivilen Betrieben in Tarnfarben anmalten und dass viele der eiligst mobilisierten Männer kaum Auto fahren konnten, was zur Folge hatte, dass unterwegs jede Menge Unfälle passierten. Der Höhepunkt war dann die Geschichte seiner schlagartig aussetzenden Erinnerung, für ihn auch deshalb bemerkenswert, weil er ansonsten ein Elefantengedächtnis besaß: Am ersten freien Tag war Günther in ein Kaffeehaus in Eger gegangen (seit 1945 heißt es wieder Cheb, aber er nannte es immer noch so) und hatte über die Cantharidinsynthese nachgedacht, die in Halle auf ihn wartete. Und plötzlich fiel ihm ein, wie es funktionieren könnte, photochemisch, mit irgendwelchen Sensibilatoren.

»Ab diesem Moment setzt meine Erinnerung aus«, sagte er. »Ich weiß nicht mehr, wie ich Ziegler telegraphiert habe oder wie ich dann zurück nach Halle gekommen bin. Meine Erinnerung setzt erst im Labor wieder ein.«

Es blieb Günthers einziger militärischer Einsatz. Denn Ziegler erwirkte bei den vorgesetzten Behörden, dass Günther *uk* gestellt wurde, unabkömmlich für die kriegswichtige Forschung. Weswegen Günther manchmal sagte, er verdanke Ziegler sein Leben.

Noch im selben Monat trat er in die NSDAP ein. »Einer von uns sollte in dem Verein sein«, habe Ziegler zu ihm gesagt. Das Datum wurde, wie zu dieser Zeit Usus, zurückdatiert auf den

1. Januar 1937, den Stichtag, an dem die Partei Eintritte wieder zugelassen hatte.

Auch Ziegler hat sich mit dem »Verein« arrangieren müssen, denn seine Berufung an die Martin-Luther-Universität in Halle erfolgte erst nach einem Besuch im Berliner Reichsamt für Wirtschaftsausbau, bei dem über den Vierjahresplan gesprochen wurde. Und das Heereswaffenamt wurde ein wichtiger Geldgeber für das Chemische Institut. Im Gegenzug spendete Ziegler der SS jeden Monat einen bestimmten Betrag. Obwohl er damit offizielles Fördermitglied der SS war, galt er weiterhin als politisch unzuverlässig. Deshalb sollte er über kurz oder lang an ein Forschungsinstitut abgeschoben werden, wo er keine Studentenkontakte hätte und weniger ideologischen Schaden anrichten könnte. Als am renommierten Kaiser-Wilhelm-Institut in Mülheim die Leitungsposition vakant wurde, berief man ihn dorthin. Das war 1943. Ziegler nahm gerne an, denn dort hatte er weitaus mehr Möglichkeiten zur Forschung als an dem vergleichsweise winzigen Institut in Halle.

Günther steckte zu der Zeit mitten in seiner Habilitationsarbeit. Da tauchte ein Vermerk auf, er sei zur Habilitation nicht zuzulassen, 1935 habe er sich in Heidelberg während einer Werbeveranstaltung für die »Deutsche Physik«, auch »Arische Physik« genannt, öffentlich über diese lustig gemacht. Ziegler gelang es, die Sperre aufheben zu lassen – was gar nicht so schwer war, da die sogenannte Deutsche Physik, die unter anderem Einsteins Relativitätstheorie ablehnte, mittlerweile selbst unter linientreuen Nationalsozialisten in Verruf geraten war. Günthers Habilitation stand nichts mehr im Wege. Ziegler war zwar nach Mülheim gegangen, fungierte aber in Halle weiter als Leiter, da zu Kriegszeiten so schnell kein Nachfolger zu finden war. Um das Institut in Halle nicht zu vernachlässigen, machte Ziegler Günther zu seinem Stellvertreter. »Es gibt in Deutschland nur zwei Chemiker«, sagte Ziegler, der sehr charmant sein konnte. »Der andere sind Sie.«

Ich frage meine Brüder, was sie darüber denken, wie sich Günther und Ziegler mit dem System arrangiert haben. »Ich denke, Günther hat immer geguckt: Welche Optionen habe ich«, sagt Toby.

»Also meinst du, es war eigentlich okay, dass er in die SA und in die Partei eingetreten ist?«

»Du, sonst hätte er seine ganze Forschung überhaupt nicht machen können.« Er schaut mich überrascht an. Ich bin ebenso überrascht.

Jost sagt: »Natürlich ist es kein Ruhmesblatt. Es ist keiner umgebracht worden, wenn er nicht in die SA oder in die Partei eintrat. Andererseits, guck mal. Du befindest dich in einem Land, das einen Weg geht, den du nicht gut findest. Willst du dich jetzt aus der Forschung ausklinken?«

»Ich denke nur: Wenn tausend oder fünftausend Wissenschaftler gesagt hätten, ich mache hier nicht mit, dann hätten sich die Nazis darauf einstellen müssen«, überlege ich laut. »Dann hätten sie es schwerer gehabt. Insofern kann man den Einzelnen doch einen Vorwurf machen. Dieser ausgeleierte Satz: Stell dir vor, es ist Krieg und keiner geht hin. Ist der Gedanke jetzt okay, oder ist er zu banal?«

Jost überlegt. »Der Gedanke ist okay«, sagt er. »Und er ist zu banal.«

Es gibt einen Historiker der Universität Halle, Henrik Eberle, der ein dickes Buch über die Geschichte seiner Uni im Nationalsozialismus geschrieben hat. Ziegler widmet er darin ein oder zwei Seiten, sogar mit Foto. Auf den Ziegler-Seiten wird auch Günther zweimal erwähnt. Ich rufe Eberle an. Beim

Namen Schenck weiß er sofort Bescheid und gibt freundlich Auskunft. Wir sprechen über Günthers Mitgliedschaft im NS-Dozentenbund. Als ich ihn um seine Einschätzung bitte, sagt er: »Das war völlig normal, da waren sie alle drin. Man schätzt, achtzig Prozent der Nachwuchskräfte, genau ist es nicht mehr nachvollziehbar. Und auch Ziegler war ja nicht so unschuldig, wie es gerne heißt. Immerhin bestimmte die Rüstungsforschung das Profil des Instituts.«

Auf meine Frage, wie es sein kann, dass sich Günthers Kollegin Margot Becke damals offenbar ohne NS-Mitgliedschaften promovieren und habilitieren konnte, sagt er, bei Frauen habe man seltsamerweise nicht so darauf geachtet. »Da war die Parteimitgliedschaft nicht so wichtig. Da gab es einige, die ohne durchkamen. Bei Männern nur ganz wenige.«

Nach dem Gespräch mit Eberle beschließe ich, nach Halle zu fahren, das weniger als eineinhalb Zugstunden von Berlin entfernt liegt. Mein Eindruck von der Stadt: ein Apfel, den ich auf dem Markt kaufe, eine Kirche mit vier Türmen, Historisches aus verschiedenen Epochen, dazwischen Plattenbauten mit quadratischen Fenstern, Kaufhof, Thalia, alte Straßenbahnen. Ich teile die Stadt auf in Dinge, die schon da waren, als Günther hier lebte, und die anderen, die später kamen. Den herausgeputzten Gebäuden wasche ich die bunte Farbe herunter, die Barockgiebel mit Goldverzierung stelle ich mir grauer vor.

Eberle hat mir gesagt, wo ich das alte Chemische Institut finde, das leer steht und von wild wachsenden Bäumen umstanden ist. Es ist ein graffitibemalter Backsteinbau aus der gleichen Zeit wie die Kunstakademie in Düsseldorf, an der ich studiert habe, aber bescheidener, nur dreistöckig und mit normalen, zweiflügeligen Fenstern, von denen manche durch Sperrholzplatten geschützt sind.

Acht Jahre lang hat Günther hier gearbeitet, von 1937 bis zum Ende des Krieges. Hier ist das Foto entstanden, das ich in einer Broschüre der Max-Planck-Gesellschaft gefunden habe: Es zeigt Ziegler und Günther in einem Labor inmitten von Schläuchen und Gestänge, etwas gespenstisch im Unterlicht: Die weißen Kittel über den Anzughosen sind hell beleuchtet, ihre Körperhaltung vorsichtig, zurückhaltend, was für mich Gefährlichkeit der Substanzen suggeriert. Die konzentriert blickenden Gesichter liegen im Schatten. Ziegler damals schon mit Schnäuzer, schon nicht mehr jung. Günther ziemlich jung, mit Brille und einen Kopf kleiner. Und bereits mit dieser unbezweifelbaren Autorität, die zunächst ganz still daherkommt. Ein Leichtes, mir vorzustellen, wie er ausgeflippt ist, als sich damals zwei Laborantinnen den Spaß erlaubten, einem gutaussehenden Kollegen heimlich etwas von der synthetisierten Spanischen Fliege ins Getränk zu mischen. Sie hatten nicht kapiert, dass die Substanz ganz erheblich verdünnt werden musste. Der Laborant trug starke Verätzungen der Speiseröhre davon, dazu eine schmerzhafte Dauererektion, die punktiert werden musste.

Jost hat mir die Geschichte mit dem entsprechenden Mitgefühl erzählt. Christel und Günther, die 1939 geheiratet hatten, wohnten zu der Zeit in der halleschen Nordstadt. Als ich Geo fragte, weiß er die Adresse, ohne überlegen zu müssen: Moltkestraße 5. Kurze Verwirrung, weil Geo sich so sicher ist, Google Maps aber keine Moltkestraße in Halle kennt. Sie wurde nach dem Krieg in Fischer-von-Erlach-Straße umbenannt. Ich fahre mit der Straßenbahn ein Stück aus der Innenstadt hinaus. Laufe dann, vom iPhone geführt, durch eine schöne Wohngegend mit Kopfsteinpflaster und gepflegten Villen vom Anfang des vorigen Jahrhunderts. Meine Hoffnung auf eine Zeitreise steigt, hier scheint viel Historisches unversehrt. Aber als ich von dem begrünten Zierplatz mit Café und Kastanie in die Fischer-von-

Erlach-Straße einbiege, ist die Enttäuschung da: kahle Mietswohnungen aus den sechziger Jahren, kaum etwas ist erhalten, selbst der Asphalt ist neu, und die wenigen Bäume sind nicht alt genug, um Zeugen zu sein.

Immerhin, Zieglers Wohnung existiert noch, das Haus liegt ein paar Straßen weiter, an der efeuberankten Fassade des Gründerzeitaltbaus erinnert ein Schild an ihn: »Hier wohnte von 1936 bis 1945 Karl Ziegler, Nobelpreisträger für Chemie 1963.« Ich kehre in einen nahe gelegenen Gasthof ein, der mit seiner hundert Jahre alten Tradition wirbt und jetzt das Pech hat, an einer vielbefahrenen Ausfallstraße zu liegen. Ich bin der einzige Gast und unterziehe Einrichtung und Dekoration einem kritischen Blick. Hing das Landschaftsgemälde damals schon so? Hat Günther an diesem runden Holztisch gesessen, mit Kollegen, hat sein Blick beim Zuhören, beim Sprechen, auf diesen Butzenscheiben, diesem Kachelofen geruht, oder war er auf das ihm servierte Süppchen konzentriert? Das ist mein Dauertraining, dieses Hineinversetzen. Plötzlich für einen Moment die andere Zeit so stark zu empfinden, dass man sich ihr näher fühlt als der Gegenwart.

Das Stadtarchiv öffnet erst am Nachmittag. Ich schließe meine Tasche ein und darf dann in einem schönen Saal mit weißen Säulen die historischen Telefonbücher einsehen. Ich weiß nun, dass Günther ab 1941 ein Telefon besaß. Trotz der Frakturschrift bewirkt die konkrete Nummer den Effekt, den ich im Gasthof vergeblich suchte: als müsste ich nur den Hörer abnehmen und könnte in der Vergangenheit anrufen.

Dann finde ich etwas Unerwartetes heraus: Er hat den Telefonanschluss von einem gewissen Otto Bovensiepen übernommen, der bis zum Jahr von Günthers Einzug unter derselben Adresse gemeldet war. Mein routinemäßiger Check bei Google ergibt einen langen Wikipedia-Eintrag: Bovensiepen war der

Polizeichef von Halle und ging 1941 nach Berlin, wo er Chef der dortigen Gestapostelle wurde. Die Vorstellung, dass Günther, damals siebenundzwanzigjährig, die Wohnung dieses Mannes übernommen hat, setzt verschiedene Gedanken in Gang. Zum einen schießt mir durch den Kopf: Das war bestimmt keine schlechte Wohnung. Zum anderen: Na und, das heißt nichts. Vermutlich hat jemand im Chemischen Institut gewusst, dass da eine Wohnung frei würde, und Günther den Tipp gegeben. Überall in Deutschland wurden in dieser Zeit Wohnungen und Häuser frei. Herrschaftlicher Wohnraum war in jeder deutschen Stadt günstiger zu haben als jemals zuvor oder später – wenn man auf der richtigen Seite stand. Ist es angemessen oder ist es unfair zu bemerken, dass Christel und Günther eher auf der »richtigen« Seite standen, auch wenn sie sich bei dem Gedanken vielleicht nicht wohl gefühlt haben? Wer war es, der von der Situation profitierte? Günther, der unpolitische Wissenschaftler? Günther, der SA-Mann, der Parteigenosse? Es fällt mir schwer, dieses Wort zu schreiben, Parteigenosse, aber ich habe es schwarz auf weiß; seine Mitgliedsnummer: 5 069 439. Hat er je davon erfahren, dass sein Vormieter nach seinem Umzug die Deportation der jüdischen Bevölkerung Berlins organisierte?

Ein weiterer überraschender Fund im Stadtarchiv ist die Adresse, an der Günther vorher gewohnt hat: Bevor er 1941 mit Christel in die Moltkestraße zog, war er vier Jahre lang in der Großen Märkerstraße 13 gemeldet. Und die befindet sich gleich um die Ecke, am Marktplatz.

Erfreut stelle ich fest, dass dieser spätmittelalterliche Straßenzug praktisch komplett historisch erhalten ist. Es handelt sich um eine lange Reihe repräsentativer Wohnhäuser aus dem Barock und aus dem neunzehnten Jahrhundert. Einige sind saniert, andere grau und narbig. Aber neben nahezu jeder Tür hängt eine Tafel mit Lebensdaten und Verdiensten eines berühmten Gelehrten. Die meisten waren Theologen, Philosophen, Rechtswissenschaftler und Mediziner. Auch ein Meereskundler ist dabei und ein Pädagoge namens Otto Nasemann. Ihre Lebensdaten liegen zwei, drei Jahrhunderte zurück. Haben bereits zu Günthers Zeiten Schilder an diese Menschen erinnert? Oder erst, seitdem Halle mit der Sanierung der Altstadt an Wettbewerben teilnimmt?

Während ich über das Kopfsteinpflaster gehe, immer latent fürchtend, ausgerechnet die Nummer 13 durch einen Plattenbau ersetzt vorzufinden, versuche ich, diese Häuser mit Günthers Augen zu sehen. Als ich fast am anderen Ende der Straße angelangt bin, stehe ich endlich vor dem Haus, das ich gesucht habe: eine mächtige Stadtvilla, deren klassizistisch gegliederte Fassade mit strengen Halbsäulen und Zierornamenten in einheitlichem Dunkelbraun gestrichen ist. Am Mauerpfosten neben dem Eingangstor hängt ein Piktogramm, das Falschparkern mit Abschleppen droht, darüber ein Messingschild: Jüdische Gemeinde zu Halle (Saale).

Ich klingele. Als ich mich schon wieder abwenden und weitergehen will, ertönt der Türsummer. Mit einem Anflug von Abenteurergeist durchquere ich den kleinen Hof bis zu dem eleganten, von ionischen Säulen getragenen Eingangsportal, das mittig ins Haus führt.

Das Treppenhaus ist geräumig, Wände und Treppe sind vor etlichen Jahrzehnten einmal in einem intensiv leuchtenden Flaschengrün lackiert worden und haben jetzt genau jenen abgeblätterten Charme entwickelt, den man in Berlin kaum noch findet. Der dunkle Handlauf des Treppengeländers zeigt den pompösen Geschmack der Gründerzeit. Zur Mitte hin sind die Holzstufen so ausgetreten, dass ich sicher bin: Dies sind die Stufen, über die Günther seine Wohnung erreicht haben muss. Nur die Milchglasfenster mit ihrem Muster aus kleinen sechseckigen Sternen scheinen neu zu sein.

Im ersten Stock hängt ein Vitrinenkasten mit Mitteilungen auf Deutsch und Hebräisch, auf dem Boden steht ein Stapel Kartons mit Palmensymbol und der Aufschrift »Aviv Matzot«. Die Tür ist angelehnt, und ich betrete einen breiten Flur mit welligem Linoleumboden. Der stammt offensichtlich aus DDR-Zeiten. Zu beiden Seiten gehen Türen ab; die ersten Büros, in die ich neugierig hineinblicke, sind pragmatisch mit Metallschreibtischen und alten Eichenschränken eingerichtet. Die Spitzenvorhänge vor den Fenstern wecken Assoziationen an Osteuropa. Und tatsächlich, der Mitarbeiter hinter dem Computer spricht mit russischem Akzent. Viel Zeit hat er nicht, jemand sitzt ihm gegenüber, ein älterer Mann mit weißer Kippa. Trotzdem beantwortet er meine Frage nach der Geschichte dieses Hauses geduldig: Vor dem Ersten Weltkrieg gehörte es einem Spirituosenfabrikanten. 1918 hat es die jüdische Gemeinde gekauft, denn die Synagoge lag ganz in der Nähe, am Jerusalemer Platz, wo die Märkerstraße beginnt. 1937 wurde das Haus zwangsverkauft, an die Witwe eines Industriellen.

»Oh«, ist alles, was mir dazu einfällt.

»Immerhin wurde es auf diese Weise nicht zerstört«, fährt der Sachbearbeiter fort, »in der Nacht vom 8. auf den 9. November 38.« Ich nicke und denke daran, wann ich realisiert habe, dass »Kristallnacht« ein Euphemismus ist, kein offizieller Begriff – relativ spät. Lange nach BAPs »Kristallnaach«, wovon ich auf Partys nur den Refrain mitsingen konnte.

Anfang der fünfziger Jahre habe die jüdische Gemeinde das Haus dann wiederbekommen, erfahre ich noch, dann wendet sich der Mitarbeiter wieder dem Computerbildschirm zu.

»Warum interessieren Sie sich?«, fragt der Mann mit der Kippa. Seine Frage klingt nicht misstrauisch, sondern eher so, als freue er sich über mein Interesse. Einen kurzen Moment lang überlege ich, einfach die Wahrheit zu sagen, dass mein Großvater nämlich 1937 hier einzog und also zu den ersten Mietern der neuen Besitzerin gehört haben muss. Aber dann weiche ich aus und verabschiede mich.

Ich laufe die letzten Meter der Großen Märkerstraße dorthin, wo die Synagoge gestanden haben muss. Sie wurde in der Pogromnacht zerstört. Einhundertvierundzwanzig Juden aus Halle wurden in dieser Nacht ins KZ Buchenwald verschleppt.

Wie hat Günther diese Nacht verbracht? War er mit Christel in der Wohnung, haben sie zu Abend gegessen, das Radio lauter gestellt, um das Grölen nicht zu hören, das Klirren von Fensterscheiben? Haben sie vorsichtig aus dem Fenster geschaut, resigniert den Kopf geschüttelt und leise über die »Scheißnazis« geredet? Das Wort kannte ich von Christel, die eigentlich so vornehm war, dass sie niemals »Scheiße« sagte. 1938 war sie zweiundzwanzig, Günther drei Jahre älter, und sie hatten sich gerade zum zweiten Mal verlobt, nachdem sie sich zwischenzeitlich aufgrund ihrer häufigen Streits entlobt hatten. Die Synagoge, die in der Nacht im November zerstört wurde, lag nur hundert Meter entfernt.

Was bedeutet es, dass Günther fast nichts zu dem notiert hat, was um ihn herum geschah? Immer wieder wünsche ich mir, es wäre anders gewesen. Aber ich muss mich an die wenigen Aufzeichnungen halten, die ich über diese Zeit habe. Die ergiebigste ist da tatsächlich die Kontaktgift-Episode, von der Jost neulich gesprochen hatte. Günther schreibt, er sei »zu einem strengst geheimen Auftrag in die Hautklinik nach Münster befohlen« worden. Auch Ziegler habe nicht gewusst, worum es ging, aber immerhin genug, um ihm zu sagen, er müsse diesen Auftrag leider annehmen, sonst könne er nichts mehr für ihn tun. Günther fuhr also nach Münster und bekam vom Oberarzt eine irre Geschichte über einen Diplomaten erzählt, der in Kairo auf mysteriöse Weise vergiftet worden sei – dieser habe nach dem Besuch in einem Haus (»Freudenhaus?«, fügt Günther in Klammern hinzu) seinen Hut genommen; möglicherweise habe sich auf der Hutkrempe ein Gift befunden. Und er, Günther, solle nun klären, ob so eine Vergiftung durch die Haut möglich sei, und wenn ja, wie.

Günther bestellte Chemikalien und machte eine Reihe von Versuchen mit Tieren. In seinen Notizen ist von »Schlepperflüssigkeiten« die Rede, von »Azo-Farbstoffsynthesen«, von Filtrierpapier, das auf die rasierte Mäusehaut gelegt wurde, und von einer »diazotierten Lösung B, die dann das bekannte Kongorot bildet«. Irgendwann griff er zu der großen Flasche Strychnin im Reagenzienregal, stellte eine Schlepperflüssigkeit her und nahm sich ein rasiertes Mäuschen vor. »Ich pinselte es wie sonst ein und wartete. Das Mäuschen saß und guckte. Ich wartete. Es rührte sich nicht. Da wollte ich es erschrecken und schlug mit der Hand auf den Tisch. Es sprang hoch, streckte alle viere von sich und war mausetot. Der nächsten Maus ging es ebenso, mehr war nicht nötig.«

Günther holte den Oberarzt und führte ihm die Sache an einem weiteren Mäuschen vor. »Soll ich nun auch noch das Ferkel vergiften?«, fragte er. »Aber bedenken Sie: dann können Sie es nicht mehr essen.«

Nein, sagte der Oberarzt, mehr sei nicht nötig. Er könne sich jetzt abmelden und sein Geld abholen. Günther war froh, wie er schreibt, »die eisige Atmosphäre des Misstrauens zu verlassen, in der jeder im anderen einen Nazi oder Spitzel vermutete«. Und der Text endet, wie Jost es in Erinnerung hatte, mit der Pointe, dass Günther von dieser bescheuerten Geschichte mit dem vergifteten Diplomaten kein Wort geglaubt habe. »Vermutlich wurde ich nur zur wissenschaftlichen Entwicklung eines neuen Mordverfahrens konsultiert, an dem weder die Münsteraner noch ich Mittäter sein wollten.« Ich bin enttäuscht, dass sich die Sache offenbar mit dieser Feststellung für ihn erledigt hatte.

Ich habe Dr. Neumüller, einen ehemaligen Doktoranden und guten Freund meines Großvaters, gefragt, ob sie sich manchmal über die Nazizeit unterhalten haben.

»Na, er war schon jemand, der die Leute auch in Schutz nahm«, sagte Neumüller etwas zögernd auf meine Frage. »Er sagte: Gut, das mag ja alles sein, aber sieh mal, der hat dies und das erfunden.«

Das passt, denn natürlich fällt mir auf, dass Günther sich in seinen Aufzeichnungen meistens ganz sachlich äußert und keine Verurteilungen ausspricht. Das hätte er durchaus tun können, zum Beispiel in Zusammenhang mit dem Nobelpreisträger Richard Kuhn, der zu Günthers halleschen Zeiten Direktor des Kaiser-Wilhelm-Instituts für medizinische Forschung und »Führer« der Deutschen Chemischen Gesellschaft war. Günther hatte Kontakte zum Institut Kuhns und geht in seinen Erinnerungen auf dessen Forschung ein. Hätte es ihm nicht eine pointierte Bemerkung wert sein können, dass Kuhn bereits 1933 seine jüdischen Mitarbeiter entließ und Vorlesungen während des Kriegs mit »Sieg Heil!« begann? Geo meint zwar, Kuhns Verhalten in der Nazizeit – unter anderem soll er Menschenversuche gebilligt haben – sei erst später bekannt geworden; 2005 entschloss sich die Gesellschaft Deutscher Chemiker, die Richard-Kuhn-Medaille nicht mehr zu vergeben. Ich denke aber, es ist davon auszugehen, dass Günther wusste, wer unter seinen Kollegen Nazi war und wer eher nicht – und ich frage mich, warum er sich später nicht häufiger oder klarer von diesen Leuten abgegrenzt hat. Wollte er, mit seinen verschiedenen Mitgliedschaften im Glashaus sitzend, nicht den ersten Stein werfen? Haben ihn diese Dinge einfach nicht genug interessiert, um darüber etwas zu notieren? Oder ist es unrealistisch von mir, zu hoch gegriffen, mehr nach außen gerichtete Distanzierungen zu erwarten? Welche Unterlassungssünden werde ich mir mal vorwerfen lassen müssen?

In den frühen sechziger Jahren habe sein Vater ihn auf einem Empfang in der Kohlenforschung einmal beiseitegenommen, erzählt Geo, als Professor Butenandt, der damalige Chef der Max-Planck-Gesellschaft, den Saal betrat. Da war es Günther wichtig, ihm zu sagen: »Das war ein richtiger Nazi.«

Nach Kriegsende wurde Deutschland unter den Alliierten in vier Zonen aufgeteilt. Halle lag in der russischen Zone, doch im Frühsommer war die Stadt noch von den Amerikanern besetzt, die hier im April 1945 einmarschiert waren. Im Juli sollten die Alliierten ihre jeweiligen Besatzungszonen beziehen, deshalb beeilten sich die Amerikaner, ihre »Operation Paperclip« auf den Weg zu bringen. Dabei ging es darum, interessante deutsche Wissenschaftler und Ingenieure zu identifizieren und in die USA zu bringen, aber auch, naturwissenschaftliches Personal und Anlagen aus der sowjetischen Zone in amerikanisches Einflussgebiet zu schaffen. Hunderte von Familien packten innerhalb von achtundvierzig Stunden ihre Koffer und wurden mit Sammeltransporten in den Westen gebracht. »Deportiert« heißt es bei Eberle, was vermutlich die ostdeutsche Sicht reflektiert; es wurde natürlich keiner gezwungen, die Wissenschaftler hatten die Wahl. Und auch Günther und Christel entschieden sich, wenig überraschend, gegen Stalin und für den Westen. Wer wohin kam, wurde am Reißbrett entschieden oder nach pragmatischen Gesichtspunkten – und da sie in Heidelberg bei ihren Eltern unterkommen konnten und keine Wohnung benötigten, ging es wieder zurück in die Stadt, in der sie sich in einer anderen Zeit das erste Mal begegnet waren. In Heidelberg war das amerikanische Hauptquartier und ein wichtiges Zentrum der Forschung.

So haben sie dann weitergeforscht, denke ich und habe so ein vages Bild im Kopf, von Männern in weißen Kitteln, die, wie in einen Dornröschenschlaf versetzt, vollkommen bewegungslos – in ihren Labors, vor ihren Schreibtischen, mit ihren Geräten – von einem Ort zu einem anderen verschoben werden. Man bräuchte die Unterlage, auf der sie stehen, nur kurz anzuheben und auf einer anderen Stelle der Landkarte wieder abzusetzen.

Anstatt des Raketenprogramms von Hitler wurden nun also die Raketenprogramme der Amerikaner vorangetrieben oder die der Sowjets – die ihre eigenen Rekrutierungspläne hatten und übrigens wesentlich rabiatere Methoden anwandten.

Ist es egal, für wen man forscht, Hauptsache, die Forschung geht voran? Und wie haben es die Befreier mit ihren Werten vereinbart, nützliche Wissenschaftler für die eigenen Zwecke einzuspannen und großzügig zu übersehen, womit diese vorher beschäftigt waren?

Ich frage Jost, wie er die »Operation Paperclip« moralisch einordnet. Das Vorhaben der Amerikaner, mit den Wissenschaftlern keine allzu schlimmen Kriegsverbrecher oder überzeugten Nazis in die USA zu holen, wurde ja bereits 1946 aufgeweicht, als es um Spitzenforscher wie Wernher von Braun ging, der nachweislich in Verbrechen verstrickt gewesen war.

»Alle Deutschen, die zu der Zeit etwas Wichtiges in Deutschland gemacht haben, haben mit den Nazis zusammengearbeitet«, sagt Jost. »Du kannst aber nicht alle Deutschen hinter Gitter bringen. Warum also nicht Kriegsverbrecher einspannen für etwas, was man für die richtige Sache hält? Oder umgekehrt, aus Sicht der Wissenschaftler, die sich zuvor mit dem System arrangiert haben: Warum nicht weiterforschen, wenn die Pest weg ist?«

»Meinst du wirklich Kriegsverbrecher?«, frage ich.

»Na ja, die meisten dieser Paperclip-Wissenschaftler waren, vermute ich, keine von Brauns, sondern eher Leute wie Günther«, sagt Jost. »Also nicht unschuldig, aber auch keine Kriegsverbrecher. Von Braun war ja kein Kriegsverbrecher, weil seine Raketen weiter flogen als die der Gegner, sondern weil er den Einsatz Tausender KZ-Häftlinge veranlasste, deren Lebensbedingungen er kannte und die er teilweise persönlich im KZ aussuchte. Von denen zehn- bis zwanzigtausend nicht überlebt haben.«

Marianne Jung – meine »Tante Marianne« – hat mir mal von ihrem Vater Bruno Fugmann erzählt, der während des Krieges Wehrwirtschaftsführer war und Vorstandschef der Hüttenwerke Rheinhausen. Als der Krieg verloren war und die Amerikaner kamen, habe er mit dem Schlimmsten gerechnet und beschlossen, sich gemeinsam mit ihr das Leben zu nehmen: »Er rief mich in Berlin an und sagte: Tochter, das Dritte Reich ist am Ende, komm her, wir sterben. Ich hab die Zyankalikapseln im Ring. Ich bin daraufhin losgefahren zu meinem Vater, ein Motorradfahrer hat mich mitgenommen. Das alles hatte mein Vater organisiert. Wir sind also quer durch Deutschland gefahren, und ich hatte nur drei Sachen dabei: meine Doktorarbeit, meine Olympus-Schreibmaschine und den Motorradfahrer, an dem ich mich festgehalten habe. Als wir in Rheinhausen ankamen, war es zu spät. Die Brücke rüber nach Duisburg war gesprengt. Da hat mein Vater telegraphiert: Es gibt noch geheime Wege. Gehe zu Bergmann soundso, der führt dich durch den Stollen unterm Rhein durch. Sechshundert Meter bin ich unterm Rhein durchgekrochen. In der Zwischenzeit waren die Amerikaner schon in meinem Elternhaus. Mein Vater war nur deshalb noch am Leben, weil er mit dem Sterben auf mich warten wollte. Die Amerikaner haben ihn gefragt: Wer sind Sie und was machen Sie hier? Da hat er sich wohl gesagt, was soll ich jetzt lügen. Ich bin der Chef von der Hütte hier. Die Amerikaner fragten: Wollen Sie die Hütte für uns weiterführen? Und als ich nach Hause kam, bereit, mich umzubringen, da stand mein Vater schon in Diensten der USA.«

Für Christel und Günther bedeutete das Angebot der Amerikaner, über Nacht ihren Haushalt aufzulösen. Und sie waren mittlerweile nicht mehr zu zweit: Während des Krieges waren Geo und Gudrun auf die Welt gekommen. Ein Sammeltransport war organisiert worden, aber Günther wollte nicht mit dem Zug fahren. Im Auto würden sich viel mehr wichtige Dinge mitnehmen lassen – sowohl ein Auto als auch die nötigen Papiere mussten allerdings noch aufgetrieben werden.

Also schickte Günther Christel zu der zuständigen amerikanischen Militärstelle, eine entsprechende Erlaubnis zu erwirken. Christel trug ihr bestes Kostüm, tailliert mit weißer Bluse. Hohe Schuhe trug sie sowieso, denn sie war so klein, dass alle ihre Schuhe hohe Absätze hatten. Der Offizier war ein junger Kerl, der seine Stiefel auf den Schreibtisch gelegt hatte. Nicht unfreundlich, bot er Christel einen Stuhl an, aber sie blieb stehen. Sie werde sich erst setzen, sagte sie, wenn auch der Offizier sich ordentlich hingesetzt habe. Was dann auch geschah. Er nahm sogar sein Kaugummi aus dem Mund. Offensichtlich war er ein wenig eingeschüchtert von Christels mehr oder weniger einwandfreiem britischem Englisch. Damit hatte er nicht gerechnet. Christel erhielt alle gewünschten Bescheinigungen,

Passierscheine mit Stempel und Unterschrift und Tankberechtigungen. Zusätzlich einen kleinen Vorrat Koffeinschokolade und Fleischbüchsen, als Währung für alle Fälle.

Währenddessen gelang es Günther, ein Auto zu besorgen. Für achthundert Mark kaufte er einem Kollegen seinen Hanomag ab. Es war ein ziemlich altes Auto, außerdem war es kaputt, aber er vertraute auf seine technischen Kenntnisse. Mit Hilfe des Kollegen schob er den Wagen bis zur Moltkestraße, wo er nachts, während Christel das Meissener Porzellan im Garten vergrub, im Licht der einzigen noch funktionierenden Straßenlaterne in Ruhe schrauben und löten konnte.

In seinen Erinnerungen heißt es: »Die Fahrt verlief quasi reibungslos. Die Bescheinigung des amerikanischen Generals erwies sich als außerordentlich hilfreich, denn der Wagen blieb insgesamt viermal liegen, wovon wir dreimal amerikanische Hilfe in Anspruch nehmen konnten. Und in Heidelberg gelang es mir noch einige Zeit lang, mit Hilfe der Bescheinigung gratis zu tanken.«

Bei der vierten Autopanne in der Nähe des Frankfurter Ostbahnhofs waren keine Amerikaner in der Nähe, so dass Günther eine andere und seitdem immer wieder praktizierte Strategie entwickeln musste: Rollentausch. Christel sollte sich um den Wagen kümmern, er selbst um die Kinder. Auf diese Weise konnte Christel auf die Hilfe von Männern rechnen und Günther auf die Hilfe von Frauen.

»Bald kam ich ins Gespräch mit zwei neugierigen Schwestern«, schreibt er, »die sich rührend um die hustenden Kinder kümmerten. Wir wärmten uns unweit der Unfallstelle in deren Haus auf, wo ich auch noch mit selbstgebackenem Apfelkuchen bewirtet wurde, die Art, die mit Zuckerguss überzogen ist und einen Hauch nach Zimt schmeckt. Christel, die zunächst eine ganze Weile mit dem zu flickenden Reifen an der Straße stand, wurde schließlich von einem orthopädischen Schumacher bis zur nächsten Autowerkstatt mitgenommen. Er wartete dort mit ihr, bis der Reifen geflickt war, und brachte sie dann zu uns zurück. So dass also die Weiterfahrt nach Heidelberg aufgenommen werden konnte.«

Geo war damals drei Jahre alt. Eine seiner allerfrühesten Erinnerungen stammt von dieser Fahrt: Es war dunkel im Auto, sie wurden angehalten. Der Schein einer Taschenlampe geisterte durchs Auto. Ein schwarzer Soldat beugte sich hinunter ans Fenster und schaute ins Wageninnere. Er sagte irgendwas, bekam von Christel eine englische Antwort. Und dann gab er Geo Schokolade.

Christel und Günther zogen mit den Kindern in das kleine Reihenhaus von Christels Eltern in der Beethovenstraße in Handschuhsheim. Das war selbst in der unmittelbaren Nachkriegszeit ein liebliches Viertel am Rande von Heidelberg. Es gab kleine Parks, und mitten im ehemaligen Dorfkern die Tiefburg, umgeben von Wassergraben und Wohnhäusern aus der Barockzeit. Die südliche Bergstraße führte hinunter zum Neckar, dahinter lag die Altstadt.

Im Dachgeschoss von Günthers Schwiegereltern war eine Flüchtlingsfamilie aus Stettin eingezogen. Elise Frommhold, Christels Mutter, war allein. Von ihrem Mann Karl hatte sie seit acht Monaten kein Lebenszeichen, von Christels Bruder Günter seit drei Jahren nicht. Die letzte Feldpost war aus Russland gekommen.

Karl stand ein paar Monate später plötzlich vor der Tür. Er war in nächtlichen Märschen vom Westen der Sowjetunion in Richtung Deutschland gelaufen, bis es für ihn sicherer wurde. Um seine Schuhe hatte er Seile gebunden, damit sie nicht auseinanderfielen. Jetzt schaute er gleich nach, ob seine dicken wollenen Schlafsocken noch im großen Schrank lagen. Er setzte sich in seinen Sessel, zog die Socken über und schlief ein. Er schlief so tief und fest, dass Elise sich sorgte, er sei tot, und Günther ihm seinen Rasierspiegel vor den Mund hielt, um sie durch das Beschlagen des Spiegels vom Gegenteil zu überzeugen.

Christels Bruder blieb verschwunden. Elise ging weiterhin zu den Sammelplätzen, wo die Heimkehrer ankamen, und zeigte ihnen das Foto ihres Sohnes, in der Hoffnung, jemand wisse etwas über ihn.

»Heidelberg war voller Flüchtlinge und Kriegsversehrter«, erzählt Geo, und bei der Erinnerung nimmt sein Gesicht einen gepeinigten, mitfühlenden Ausdruck an, so dass ich unwillkürlich an den Vierjährigen denke, der er damals war. »Menschen, denen Gliedmaßen fehlten, Männer ohne Beine, die von Frauen im Korbkinderwagen über die Straße geschoben wurden. Ein Mann ohne Nase zog mit seinem Leiterwagen oft die Beethovenstraße entlang. Pferdefuhrwerke klapperten durch die Straßen, und die Menschen kamen mit Schäufelchen aus den Häusern, in der Hoffnung auf Rossbollen. Die waren als Dünger begehrt.«

Günther war frustriert, weil er die Entnazifizierung abwarten musste, ehe er wieder arbeiten durfte. Wie sollte er da seine Familie versorgen? Eines Abends traf er auf der Neuenheimer Brücke einen alten Kollegen, Philipp Hack, mit dem er in seiner Studienzeit in einer Dixieland-Band gespielt hatte. Die Amerikaner hatten ihn mit schweren Verletzungen aus einem Konzentrationslager befreit, jetzt hatte er eine Big Band und bot Günther einen Job als Alt-Saxophonist und B-Klarinettist an. Günther hatte 1935 bei einer Polizeibehörde für Hack gebürgt, der als Altkommunist wegen einer Denunziation in Schutzhaft genommen werden sollte. Und Hack hatte es ihm nicht vergessen. Also machte Günther für gutes Geld sechs Abende pro

Woche im amerikanischen Hauptquartier Musik: Glenn Miller, Cole Porter, Duke Ellington. Und transportierte nachts die übrig gebliebenen Sandwiches im Saxophonkoffer nach Hause.

Die unsäglichen hygienischen Bedingungen der damaligen Zeit führten dazu, dass viele Menschen unter Würmern litten, und das brachte Günther auf eine Idee. Als er in Halle an der Synthese des Cantharidin gearbeitet hatte, führten seine Versuche auch zu anderen interessanten Entdeckungen. Unter anderem hatte er einen Naturstoff namens Ascaridol synthetisiert. Ascaridol ist ein ätherisches Öl, das in einem mexikanischen Kraut vorkommt – und dessen hauptsächliche medizinische Anwendung es war, »Askariden« zu töten, Spulwürmer. Nun musste er nur noch herausfinden, wie er dieses Wurmmittel in größeren Mengen herstellen konnte.

Für die Herstellung von Ascaridol brauchte Günther Sauerstoff, Sonne, Spinat und durchsichtige Glasflaschen. Außerdem eine Grundsubstanz namens Alpha-Terpinen und als Lösungsmittel Ethanol. Ich habe das folgendermaßen verstanden: Ascaridol entsteht aus der Reaktion von Sauerstoff und Alpha-Terpinen. Weil Sauerstoff aber ein durchsichtiges Gas ist und Alpha-Terpinen eine durchsichtige Flüssigkeit, passiert erst mal gar nichts, weil kein Licht absorbiert wird. Um eine Reaktion herbeizuführen, muss ein Sensibilisator hinzugefügt werden – ein Stoff, der andere Stoffe im Licht zu einer Reaktion bringt, die ohne ihn nicht stattgefunden hätte. An dieser Stelle kommt der Spinat ins Spiel, denn das grüne Chlorophyll absorbiert das rote Licht der Sonne besonders gut. Der Spinat gibt dann die Lichtenergie weiter an den Sauerstoff, der in einen angeregten Zustand versetzt wird und endlich mit dem Alpha-Terpinen reagieren kann. Und dann hat man Ascaridol.

Alpha-Terpinen gab es in der Chemikalienhandlung zu kaufen, aber Günther stellte es selber aus Terpentin her, weil er es in großen Mengen und in besonders reiner Form haben wollte. Die Beschaffung durchsichtiger Glasflaschen gestaltete sich da schon mühseliger, da musste er eine ganze Zeit lang durch die Umgebung tingeln, bis er genügend großbauchige Weißglasflaschen zusammenhatte. Und was den Spinat anging, so war dieser in der Nachkriegszeit viel zu wertvoll, denn man konnte ihn essen. Also wich er auf Brennnesseln aus, die gab es an jeder Straßenecke.

Im Garten des Hauses in der Beethovenstraße standen nun also die Glasbehälter mit den Substanzen, um im Sonnenlicht zu reagieren und Ascaridol hervorzubringen, das dann im Keller des Hauses in Gelatinekapseln gefüllt wurde, zwischen Regalen mit Tannenhonig und der Holzbank, auf der Christels Vater manchmal eine Gans schlachtete. Günther gründete die Firma Dr. Schenck GmbH und stellte einen Chemiker als Mitarbeiter ein. Das Medikament wurde erfolgreich an fünftausend Schulkindern getestet und bekam die amtsärztliche und pharmakologische Zulassung: Er konnte nun Apotheken und Grossisten mit Ascaridol-Schenck beliefern.

Für den Vertrieb brauchte er ein Auto. Autos waren schwer zu bekommen, ebenso Treibstoff. Deshalb besorgte er sich einen Holzvergaser. Das war ein Lieferwagen mit offener Ladefläche und einem schwarzeisernen Holzgasgenerator auf der Pritsche, rechts hinter dem Führerhaus, der aussah wie ein übergroßer Mülleimer. Da warf man oben das Brennholz rein, das dann durch Erhitzen Holzgas entwickelte, und das trieb den Motor an. Benötigt wurden fünfzehn Kilo Holz auf hundert Kilometer. Auf der Suche nach Holz griff Günther immer wieder auf alte Stühle zurück, die nicht mehr zu reparieren waren. Heidelberg war heil geblieben, aber in Mannheim war so viel zerstört worden, da lagen nicht nur Steine auf den Straßen, sondern alles Mögliche, Stuhlreste, Möbelreste. Auf seinen Vertriebstouren machte er also immer wieder Schlenker in zerstörte Gebiete, um Tankholz zu sammeln. Auch Günthers Schwester Traude, die Chirurgin am Mannheimer Krankenhaus war, sammelte Holz für ihn; alle staunten, was in ihren kleinen hellblauen Fiat Topolino reinpasste, wenn man die Fenster offen ließ.

Als Günther wieder einmal auf Vertriebstour war, passierte in der Beethovenstraße ein schreckliches Unglück: Sein Mitarbeiter Herr Misselhorn zündete sich, obwohl dies streng verboten war, inmitten all der Chemikalien eine Zigarette an. Sofort ging die ganze Anlage in einem explosionsartigen Feuer auf. Die Flammen schlugen bis über das Haus.

Herr Misselhorn lebte noch einige Tage, bevor er im Krankenhaus seinen Verbrennungen erlag. Als Christel und Günther ihn auf der Intensivstation besuchten, sagte er, er wisse, er sei selber schuld. Herr Misselhorn war noch jung gewesen und immer etwas wortkarg. Mit dem mittlerweile fünfjährigen Geo hatte er sich gut verstanden, und als Gudrun krank war, hatte er aus Draht und Glyzerin ein Gerät gebaut, mit dem er große, schillernde Blasen machte, die bis vor ihr Zimmer schwebten. Jetzt wurde sein Leichnam nach Hamburg gebracht.

Eine Woche später hielt der Leichenwagen vorm Haus in der Beethovenstraße. Er war bis oben hin gefüllt mit durchsichtigen Glasflaschen, die die Familie Misselhorn für Günther gesammelt hatte. Trotz des Todes ihres Angehörigen war ihnen offensichtlich bewusst, dass durch seinen Fehler mit einem Schlag auch die Existenzgrundlage einer Familie vernichtet worden war. Als er den Wagen mit all den Glasflaschen sah, ging Günther wortlos ins Haus und setzte sich in einen Sessel. Christel schaute nach ihm und sah ihn weinen, zum ersten Mal.

Günther baute eine neue Produktionsstätte in einer verlassenen Schokoladenfabrik auf und stellte zwei Chemiker und eine

Laborantin ein. Abends machte er weiter bis in die Nacht hinein Musik, da die finanziellen Bedürfnisse der Familie stetig stiegen. Sie hatten gerade ihr drittes Kind bekommen: einen Jungen namens Ulrich, der von allen nur Billi genannt wurde. Außerdem war Günthers jüngerer Bruder Gernot aus amerikanischer Kriegsgefangenschaft zurückgekehrt und begann sein Jurastudium. Es war seit Jahren abgemachte Sache zwischen Günther und seinen Eltern gewesen, dass er als älterer Bruder, der nicht in den Krieg hatte ziehen müssen, dem jüngeren das Studium finanzieren würde.

Drei kleine Kinder, eine neue Produktionsanlage und sechs Nächte in der Woche Musik im Casino – all das war für Christel und Günther nur durchzuhalten mit viel Pervitin. Das war eine Art Crystal Meth, ein Methamphetamin, das in irgendeinem Chemielabor erfunden worden war und viel von Bomberpiloten benutzt wurde, damit sie länger wach blieben. Pervitin gab es als Tabletten, es wurde geschnupft und gespritzt, je nachdem, was gerade aufzutreiben war. Es machte wach und hellte die Stimmung auf. Allerdings muss es auch halluzinatorische Wirkung gehabt haben, denn Christel war fest davon überzeugt, dass Günther sich einmal in einem Winkel von weniger als fünfundvierzig Grad zum Boden bewegt hatte, ohne zu fallen.

Geos fünfter Geburtstag fiel in diese Zeit. Der Tag begann harmonisch und endete furchtbar. Es gab in Heidelberg einen Glasbläser. Das war ein Mann, der mit Glas zaubern konnte und zu dem Geo seinen Vater schon manchmal begleitet hatte. Auch an diesem Tag fuhren sie gemeinsam hin. Er bekam nun von ihm das schönste Geschenk, das er sich vorstellen konnte – eine kleine Destillierkolonne aus Glas. Geo war außer sich vor Freude, den ganzen Tag lang. Abends war er immer noch so aufgekratzt, dass er bei Tisch viel lauter sprach als sonst und gar nicht merkte, dass dies seinen Vater störte. Er merkte es erst, als Günther aufsprang und ihm eine Tracht Prügel verabreichte. Es war das erste Mal, dass so etwas vorkam. Und nicht das letzte Mal.

Als Günther mit dem Vertrieb seines Wurmmittels nicht mehr nachkam, verkaufte er die Lizenz für Ascaridol-Schenck an die Mannheimer Firma Knoll, die später von BASF gekauft wurde. Dass da jemand ganz allein, ohne Anbindung an eine große Firma oder ein Institut ein Medikament professionell auf den Markt gebracht hatte, hatte zur Folge, dass er jede Menge Angebote von Chemie- und Pharmaunternehmen bekam. Otto Bayer, der damalige Forschungschef der Bayer AG, war besonders scharf darauf, Günther zu gewinnen. Doch der zierte sich. Als Bayer merkte, dass er mit finanziellen Anreizen nicht weiterkam, sagte er: »Denken Sie nur, was Sie erreichen können, wenn eine ganze Abteilung der besten Chemiker nach Ihren Vorgaben arbeitet!« Günther schwieg lange und sagte dann: »Dass ich ein guter Forscher bin, weiß ich. Aber ob ich auch die anderen Eigenschaften habe, die für so eine Position nötig sind, da bin ich mir nicht sicher.«

1950 war er sich sicher: Er bekam einen Ruf an die Uni Göttingen und nahm ihn an. Endlich, nach dem ganzen Stress der Nachkriegsjahre, konnte er sich wieder ganz seiner wissenschaftlichen Arbeit widmen. Endlich konnte er wieder forschen, ohne die Ergebnisse kommerziell verwerten zu müssen. In dieser Zeit las er alles, was Wissenschaftler vor ihm zum Thema des Lichts und anderer Strahlen geschrieben hatten. Seine bisherigen Durchbrüche bei der Synthese von Naturstoffen wie Cantharidin oder Ascaridol hatte Günther erzielt, indem er Licht als Initiator chemischer Reaktionen eingesetzt hatte. Doch was war mit den chemischen Wirkungen anderer Strahlungsarten, zum Beispiel Röntgen- oder Gammastrahlen, die nicht nur wie Licht absorbiert werden und Reaktionen veranlassen, sondern in der Lage sind, Atombindungen aufzutrennen? Bisher beschäftigte sich die Photochemie ausschließlich mit Licht, inklusive Infrarot- und Ultraviolettlicht. Doch schon Wilhelm Conrad Röntgen etwa hatte sich Gedanken über die Vergleichbarkeit der von ihm entdeckten elektromagnetischen Wellen mit dem sichtbaren Licht gemacht. Daran wollte Günther anknüpfen – und mit diesem Ansatz sollte er in den nächsten Jahren zu einem Wegbereiter der Strahlenchemie werden.

Zunächst musste er aber anfangen, etwas aufzubauen. Das Chemische Institut in Göttingen war völlig heruntergekommen. Die Labors waren primitiv und übelriechend. Ein säuerlicher Geruch ging von ihnen aus und zog hinaus auf den Bürgersteig der Hospitalstraße. Günther mit seinem hypersensiblen Geruchssinn nahm ihn bereits einige Straßenecken zuvor wahr. Die Missstände im Institut waren stadtbekannt, bei seiner Erwähnung erntete man mitfühlende Blicke. Dabei war bis zum endgültigen Abriss des Gebäudes in den sechziger Jahren noch gar nicht klar, wie viel Quecksilber dort im Boden versickert war: Offenbar hatten Generationen von Chemiestudenten das Quecksilber fallen lassen, dessen kleine, hochgiftige Perlen in die Ritzen des Fußbodens gelaufen waren.

Der Dekan der naturwissenschaftlichen Fakultät hatte den Professoren gesagt, dass sie Geld bei amerikanischen Stellen beantragen konnten. Man möge doch Anträge in der Größenordnung von fünftausend Mark stellen. Das war kurz nach der Währungsreform eine Menge Geld. Zu der Zeit begleitete Geo seinen Vater manchmal zum Auto, wenn es weiter weg geparkt war. Er spürte, dass es ihm schwerfiel, über etwas anderes als über seine Arbeit nachzudenken, also stellte er ihm vor allem Fragen zur Chemie. Bei einer dieser Gelegenheiten erzählte ihm Günther von der Sache mit dem wissenschaftlichen Antrag. »Schön und gut«, sagte Günther zu Geo, »aber mit fünftausend Mark kriege ich gar nichts in Gang. Ich brauche wesentlich mehr. Ganz egal, was der Dekan gesagt hat, ich mache einen vernünftigen Vorschlag, was ich mit dem Geld anstellen will, und beantrage fünfzigtausend.« Das Ergebnis war, dass alle Professoren fünftausend bekamen, und Günther bekam vierzigtausend Mark. Er stockte damit die Ausstattung des Laboratoriums auf, und weil das Geld trotzdem nicht reichte, gab er sein Privatgeld hinzu, nämlich das, was er für die Lizenz seines Wurmmittels bekommen hatte. Bis auf sein laufendes Gehalt war das praktisch alles, was er besaß.

Nicht nur die Politik war unwichtig, wenn es um die Forschung ging, denke ich – auch das Geld. Wie meinte Christel? Günther sei zwar ein netter Spinner, aber ein Spinner sei er doch.

Göttingen war noch voller Flüchtlinge, so dass es ein knappes Jahr dauerte, bis die Universität ein Haus für sie fand und die Familie Schenck in den Hainholzweg zog, in eine Gegend, wo fast nur Professoren wohnten, vor allem Natur- und Geisteswissenschaftler. Will-Erich Peuckert, Friedrich Gogarten, Siegfried Kähler – allein zu ihren direkten Nachbarn finde ich im Internet lange Einträge. Auch Werner Heisenberg wohnte mit seiner Familie gleich um die Ecke. Und nach dem Astronomen Paul ten Bruggencate, der manchmal mit seiner Frau auf ein Glas Wein vorbeikam, ist ein Mondkrater benannt.

Das Haus war ein großes, ockerfarben gestrichenes Doppelhaus, in dem auf jeder Seite zwei Familien wohnten. Anders als heute gab es keine abschließbaren Wohnungstüren, sondern es war alles offen. Schencks hatten die obere Etage auf der linken Seite. Im Erdgeschoss wohnte Professor Peuckert, ein renommierter Völkerkundler, der sich während des Dritten Reichs neun Jahre lang in einem Dorf im Sauerland versteckt hatte, weil er die Rassenideologie der Nazis nicht teilte. Seine junge Frau war etwas etepetete, und so zogen die Peuckerts bald aus, weil Schencks ihnen zu viel Krach machten: drei kleine Kinder, eine Mutter, die Klavier spielte, und ein Vater, der regelmäßig erst nachts nach Hause kam und häufig im Morgengrauen wieder aufbrach!

Günther hatte seine Arbeitszyklen schon immer danach ausgerichtet, wann die besten Bedingungen zum Denken bestanden: Vor allem nachts, wenn es still war, wenn alle schliefen, wenn er ganz allein war. Und als junger Professor bekam er zu spüren, was die von Humboldt formulierte und seitdem zum Prinzip erhobene »Einheit von Forschung und Lehre« den Wissenschaftlern abverlangte. Im Institut musste er für Studenten und Kollegen zugänglich sein, und als er in den Jahren 1952 und 1953 als Dekan fungierte, kamen noch verwaltungstechnische Aufgaben hinzu, die für ihn besonders uninteressant waren. Für die eigentliche Arbeit war abends oder nachts Zeit.

Er mietete sich in der Nähe der Uni ein Arbeitszimmer, dessen Fenster zu den hohen Fachwerkhäusern der Altstadt hinausgingen. Dort saß er umgeben von Büchern und Papieren, während der zarte Duft von Gänsebraten durch die Tür zog, denn Frau Dobrinth, die Vermieterin, stammte aus Pommern und war darauf spezialisiert, Gänse zuzubereiten. Sie bekam Aufträge von allen möglichen Leuten und ließ die Gänse bei niedriger Temperatur stundenlang im Ofenrohr. Günther beklagte sich oft, dass er nichts von dem guten Gänsebraten abbekam, und als das Jubiläum von Frau Dobrinths vierhundertster Gans anstand, sorgte er dafür, dass die Feierlichkeiten bei Schencks im Hainholzweg stattfanden. Kurz zuvor hatte Günther einen Plattenspieler angeschafft. Seine allerersten Schallplatten waren die *Brandenburgischen Konzerte* von Bach.

Christel war ein bisschen einsam. Sie hatte ihre Kinder und viele Bekannte, aber ihr Ehemann war ständig abwesend und in einer Umgebung, die von bedeutenden Wissenschaftlern und ihren oft ebenso gut ausgebildeten Ehefrauen nur so wimmelte, fühlte sie sich nicht richtig zugehörig. Ihre Dolmetscherausbildung in Englisch und Französisch war in diesen akademischen Kreisen nicht der Rede wert. Sie äußerte den Wunsch, Tennis zu spielen, zumal der schönste Tennisclub der Stadt schräg gegenüber dem Haus lag, am Rande der Schillerwiese. Viele Nachbarn waren Mitglieder, auch die Heisenbergs. Aber die Idee mit dem Tennisspielen gefiel Günther gar nicht. Er arbeitete den ganzen Tag, und seine Frau wollte sich auf dem Tennisplatz vergnügen? Dabei womöglich andere Männer kennenlernen? Nein.

Um sich weiterzubilden, besuchte Christel an der Universität Vorlesungen in Kunstgeschichte, Psychologie und englischer Literatur. Nach einer Vorlesung kam sie mit einer Frau ins Gespräch, die wie sie in der letzten Reihe saß. Frau Wilde war die Ehefrau des Psychologieprofessors, der die Vorlesung gehalten hatte. Sie stellten fest, dass ihre Ehemänner sich kennen müssten, denn beide waren zur selben Zeit an der Uni in Halle tätig gewesen, während des Kriegs. Als Christel am Abend das Gespräch darauf brachte und ein Treffen zu viert vorschlug, hatte Günther kein Interesse. Wilde sei Nazi gewesen, sagte er.

Als ich jetzt nachschaue, was dieser Kurt Wilde auf dem Kerbholz hatte, bin ich etwas empört über Günther, denn augenscheinlich ähneln Wildes Stationen seinen eigenen: SA 1933, NSDAP 1937, NS-Dozentenbund. Seine Unlust auf die gesellschaftliche Verpflichtung hat ihn mit zweierlei Maß messen lassen, vermute ich und füge Günther einen kleinen Minuspunkt hinzu. Bis ich noch mal mit dem Historiker Eberle telefoniere und erfahre, dass Wilde »Führer« des dortigen Dozentenbunds war, und wie es aufgrund einiger dokumentierter Denunziationen seinerseits scheint, ein besonders engagierter. So schwenke ich wieder um, entschuldige mich innerlich bei Günther und stelle mir vor, wie er missbilligende Blicke auf sich zog, wenn er mal wieder zu spät zu einer Versammlung kam. Schließlich kam er sein Leben lang fast immer zu spät, meist weil es ihm schwerfiel, sich von seiner Arbeit loszueisen. Bei meiner Recherche komme ich mir manchmal arg wankelmütig vor, es ist mir peinlich, wie schnell ich meine Urteile aufgrund einer Information fälle und aufgrund einer zweiten revidiere, nur um es dann abermals zu ändern. Ich höre etwas, bin empört, bekomme eine weitere Information, bin besänftigt, werde nach der nächsten Information wütend, erfahre noch etwas, das mich versöhnt, und so weiter.

Günthers größtes Problem in der Göttinger Zeit war die noch fehlende Akzeptanz für seine Ideen. Er war auf öffentliche Mittel angewiesen, aber seine Forschungsanträge wurden immer wieder ohne Begründung abgelehnt. Dann fand er heraus, wer die Gutachter waren – und stutzte. Es handelte sich um die Professoren Freudenberg und Wittig aus Heidelberg. Freudenberg schätzte er sehr, aber nun gut, der war mittlerweile uralt. Wittig jedoch hielt er für einen hervorragenden Wissenschaftler. Und auch der stand Günthers Arbeit kritisch gegenüber.

Also schrieb er dem Kollegen einen Brief: »Sehr geehrter, lieber Herr Professor Wittig, ich habe den Eindruck, wir stehen möglicherweise beide vor einem Problem. Denn irgendwann wird sich herausstellen, dass einer von uns recht hat. Und dann wird der andere beschädigt. Könnten wir es nicht unter Kollegen so machen, dass Sie einmal nach Göttingen kommen und nach Ihrem Belieben mit mir und meiner Mitarbeiterschar darüber sprechen, was wir hier vorhaben? Wenn wir auf dem falschen Wege sind, wäre es sehr nützlich, korrigiert zu werden. Wenn wir auf dem richtigen Weg sind, können wir uns beide freuen.«

Wittig war einverstanden, er nahm sich zwei Tage Zeit für seinen Besuch in Göttingen. Aber bereits nach einem Tag war er auf Günthers Seite und bot sogar an, den Antrag mit ihm zusammen neu zu formulieren. Von diesem Moment an wendete sich das Blatt. Günthers Ansehen in der Deutschen Forschungsgemeinschaft wuchs schlagartig. Dann wurde festgestellt, dass verschiedene Forscher in Deutschland Anträge stellten, die mit energiereicher Strahlung und ihrer Wirkung zu tun hatten, das Thema lag offenbar in der Luft. Das hatte auch mit dem Kalten Krieg und dem Aufrüsten der Weltmächte zu tun; es gab ein Atomministerium, es gab das Gefühl, nicht genug zu wissen über die Gefahren und vor allem die Chancen, die mit Strahlung verbunden waren. Nach einer internen Veröffentlichung verschiedener Anträge geschah dann etwas für Günther völlig Verblüffendes: Einige Wissenschaftler zogen ihre Anträge zurück, um einen großen Wurf zu ermöglichen: ein Institut für Strahlenchemie. Sie erwarteten, dass alle von der Kooperation mit einem solchen Institut profitieren würden. Alles, was Rang und Namen hatte, schien das Institut haben zu wollen, und Günther sollte es leiten. Um sich darauf vorzubereiten, suchte er das Gespräch mit vielen Experten und fuhr ein Jahr lang mit seinem Opel Rekord quer durch Deutschland und die angrenzenden Länder. Er sprach mit der Fraunhofer-Gesellschaft, mit dem nordrhein-westfälischen Staatssekretär Leo Brandt, der sich sehr für die Forschung starkmachte, und mit »Atomminister« Franz Josef Strauß. Schließlich kam die endgültige Finanzierungsentscheidung durch die Atomkommission. Blieb noch die Frage, wo das Institut entstehen sollte. Frankfurt und auch München standen zur Debatte. Auf dem Rückweg von Frankfurt nach Göttingen fuhr Günther dann in Mülheim vorbei, um sich Rat bei seinem früheren Mentor Karl Ziegler zu holen. Der hatte zwar ein ganz anderes Fachgebiet, aber er war ein Universalist und idealer Gesprächspartner. Nach Kriegsende hatten sich ihre Wege getrennt, doch sie waren in Kontakt geblieben. Ziegler fand Günthers Konzept interessant. Vielleicht sah er auch die zunehmende politische Bedeutung der Atomenergie. Jedenfalls machte er Günther einen ganz unerwarteten Vorschlag: Warum nicht die Strahlenchemie in Mülheim errichten, als Abteilung innerhalb des Instituts für Kohlenforschung?

Geld war genug vorhanden: Zieglers Institut war durch die Erfindung des Niederdruckpolyethylens, das die kostengünstige Herstellung von Plastik ermöglichte, enorm wohlhabend geworden und konnte sich die vorübergehende Unterstützung einer angegliederten Abteilung leisten. Eineinhalb Millionen Mark könne er bereitstellen. Platz war ebenfalls vorhanden, einige ans Institut angrenzende Grundstücke hatte das Institut gerade erworben. Und Ziegler sprach es ganz offen an: Er hatte gesundheitliche Probleme und Interesse daran, einen verlässlichen Stellvertreter um sich zu wissen. Jemanden, der ihn vertreten könnte, so wie Günther es schon in Halle getan hatte. Auch für den großen Laborneubau, der ihm mit seiner Berufung an das Mülheimer Institut versprochen worden war und den er in den nächsten Jahren unbedingt verwirklichen wollte, bräuchte er jemanden, der Planung und Konzeption übernahm.

Günther schlief zwei Nächte darüber. Das Angebot war wirklich verlockend. Für ihn war Ziegler der größte lebende Chemiker, es wäre großartig, weiter von ihm zu lernen. Er war Ziegler dankbar dafür, dass er ihn vor dem Fronteinsatz bewahrt hatte. Hier war nun die Möglichkeit, seinerseits etwas für Ziegler zu tun. Vielleicht dachte Günther auch, dass die Nähe zu dem in Machtstrukturen erfahrenen Ziegler für ihn einen gewissen Schutz bedeuten würde. Denn schließlich würde er sich in Zukunft genau in der Position befinden, die er zuvor immer vermieden hatte: der des Managers, der sich auch auf politischem Parkett zurechtfinden musste. *Dass ich ein guter Forscher bin, weiß ich. Aber ob ich auch die anderen Fähigkeiten besitze, die in einer solchen Situation nötig sind, da bin ich mir nicht sicher.* Ziegler dagegen war beides – ein großer Forscher und eine erfolgreiche, durchsetzungsstarke Führungspersönlichkeit.

Günther schreibt in seinen Aufzeichnungen, er habe Ziegler gedankt für sein Vertrauen – und dann eine andere Lösung vorgeschlagen, bei der Ziegler gar nicht so viel Geld für ihn ausgeben müsste. Denn ihm waren ja schon Fördergelder zugesagt worden. »Wenn Sie nun das Geld geben würden, würden die öffentlichen Mittel entfallen, und das wäre ja schade.« Stattdessen sollte das Institut zunächst als eine finanziell selbstständige Abteilung innerhalb der Kohlenforschung gegründet und dann später in ein selbstständiges Institut umgewandelt werden. Natürlich erst nach Zieglers Emeritierung. Auf diese Weise könne es die Fördergelder entgegennehmen, und die Kohlenforschung müsse nur eine relativ kleine Starthilfe leisten, zweihundertfünfzigtausend oder dreihunderttausend Mark. Ziegler sei natürlich trotzdem vorerst der Chef. Und Günther wollte sich auch gerne, wie gewünscht, um die Konzeption des neuen Laborbaus für die Kohlenforschung kümmern. Eine Win-win-Situation, auch für die Max-Planck-Gesellschaft. Ziegler war einverstanden.

Christel hingegen war nicht besonders hingerissen von dem Mülheim-Plan. Und auch die Kinder nicht. Mülheim, das Ruhrgebiet, der Schmutz, die schlechte Luft, die Hässlichkeit der im Krieg zerstörten und vom Ruß gleichgemachten Städte mit ihren nahtlosen Übergängen und den schwarzkörnigen Ablagerungen auf den Fenstersimsen. Das Ruhrgebiet der fünfziger Jahre war das Gegenbild all dessen, was sich Göttinger oder

Heidelberger Bürger vom Leben erhoffen konnten. Jeder, der von dem geplanten Umzug erfuhr, war voll des Mitleids. Als der Umzug dann konkret wurde, wurde Günther das Gemaule zu bunt, und er bot seinen Kindern jeweils fünfzig Pfennig an, wenn sie etwas Positives über Mülheim zu sagen wüssten. Von nun an hagelte es wunderbare Entdeckungen: die hügelige Landschaft, die herrlichen Ruhrauen und ein richtiger Fluss! Ein Wasserbahnhof! Und wer hat schon mal von einem Gymnasium mit echten Segelflugzeugen gehört?

Dass es in Mülheim zwei Max-Planck-Institute gab, wusste ich schon als Kind. Ich kannte ihre Namen: die »Strahlenchemie« und die »Kohlenforschung«. Günther hatte die Strahlenchemie geleitet, doch in der Zeit, an die ich mich erinnere, arbeitete er schon von der Bismarckstraße aus, mit Fräu'n Heuer und manchmal mit einem Assistenten und noch weiteren Sekretärinnen als Verstärkung. Im Institut machten währenddessen drei Professoren die Arbeit, die Günther vorher alleine gemacht hatte. Christel sagte das lachend. Sie klärte mich auch auf, dass er nicht nur Direktor dort gewesen sei, sondern Gründungsdirektor. »Der Erbauer«, hieß es. Das hörte sich ehrfurchtgebietend an; andererseits kam es mir seltsam vor, denn »Erbauer« musste ja irgendwie mit Bauen zu tun haben, und körperlich arbeitend konnte ich mir Günther nicht vorstellen.

Die Strahlenchemie und die Kohlenforschung, das waren auch konkrete Häuser in dem Karree zwischen Tennisplätzen, Margarethenplatz und Leonard-Stinnes-Straße. Zunächst ein graues, historisches Gebäude mit Säulen, Verzierungen und in Stein gemeißelter Schrift über dem Portal, das in einen modernen, verglasten Anbau überging. Dann ein Hochhaus mit vielen Balkonen, der Laborbau, den ich immer als hässlich empfunden habe, als brutalen Fremdkörper in harmonischer Wohngegend.

Das flachere Gebäude, das direkt dahinterlag – schmutzig weiß und so an die Steigung der Stiftstraße geschmiegt, als wollte es sich hinter den Hügel ducken –, wirkte zweckmäßig und uncharmant, es hätte auch eine Schule sein können. Und ausgerechnet das war die Strahlenchemie. Es irritierte mich, dass Günthers Gebäude so wenig attraktiv war, wo doch ansonsten alles im Umkreis meiner Großeltern schön war. Wir fuhren aber sowieso meistens nur daran vorbei, Christel und ich, wenn wir zum Büdchen wollten, um Zigaretten und Bahlsen-Kekse zu kaufen.

In der Strahlenchemie wurde Grundlagenforschung gemacht. Was genau dabei herauskam, war mir höchst unklar. Aber ich war stolz darauf, dass junge Wissenschaftler von überall her gekommen waren, aus Ungarn und den USA, aus Kanada, aus Ägypten, aus Israel, Österreich und Korea – weil sie gemerkt hatten, dass dort etwas Besonderes passierte. In der Strahlenchemie gab es über hundert Quecksilberlampen, hörte ich, die in wassergekühlte Geräte getaucht waren und Tag und Nacht leuchteten – manche farblos, andere gelb, rot oder blau. Gase stiegen von ihnen auf. Es gab eine Kobaltquelle (ich stellte sie mir vor wie einen blau strudelnden Dorfbrunnen), bedeckt mit Bleiplatten und umhüllt von einem riesigen Betonbunker, um vor der Gamma-Strahlung, die sie produzierte, zu schützen. Und gleich nebendran gab es eine Quelle für Beta-Strahlung: den sogenannten Van-de-Graaff-Elektronenbeschleuniger, der mir als quer liegende Tonne beschrieben wurde, in der ein riesiges Gummiband unermüdlich im Kreis herumlief und sich so elektrostatisch auflud wie meine Haare, wenn ich mir meinen Nickipullover über den Kopf zog – nur millionenfach stärker, so dass Blitze erzeugt wurden, die man erforschen konnte.

Zwischen Christels Skulpturen auf dem Heizungssims in der Diele stand ein kleiner Block aus glasklarem Kunstharz, mit wunderschönen weißlichen Verästelungen, die aussahen wie ein Dornbusch ohne Blätter oder ein ganz fein verästelter Blitz. Es war tatsächlich ein Blitz, erzählte Günther mir; im Institut war bei einer Führung ein Elektronenstrahl darauf gerichtet worden, und weil Plexiglas zwar durchsichtig ist, aber nicht so durchlässig wie die Erdatmosphäre, blieb der Blitz darin stecken. Ich war froh über dieses konkrete anschauliche Bild, denn ansonsten gab es an Vorstellbarem eigentlich nur die Geschichte von dem Rosenduft, der in Günthers Gruppe durch photochemische Reaktionen synthetisiert wurde, woraufhin ganz Mülheim zwei Wochen lang nach bulgarischer Rose geduftet haben soll.

Was Karl Zieglers Kohlenforschung machte, war etwas leichter vorstellbar. Das Institut hieß so, weil es tatsächlich mal um Kohle gegangen war; unter anderem wurde dort ein Verfahren zur Herstellung von Benzin aus Kohle entwickelt, das Deutschland im Zweiten Weltkrieg unabhängig von ölliefernden Ländern machte. Bahnbrechend war dann später die Forschung, durch die das Institut die Grundlage für praktisch alles legte, was aus Plastik war. Aber auch der entkoffeinierte Kaffee wurde dort erfunden und so wohlklingende Dinge wie Flüsterasphalt.

Karl Ziegler ist ein Mülheimer Held. Das städtische Gymnasium in Mülheim hieß Karl-Ziegler-Schule und wurde unpassenderweise »KZ« abgekürzt. Als Schüler wussten wir, dass Ziegler Nobelpreisträger war. Manche wussten auch, wofür er den Preis bekommen hatte: für das Polyethylen. Das ist natürlich ungenau, korrekter müsste es heißen: für die geglückte Polymerisation von Äthylen bei Normaldruck.

Polyethylen. Ich konnte das Wort bereits als Kind einwandfrei aussprechen und ließ es ab und zu beiläufig fallen. Ich wusste: Polyethylen ist ein Kunststoff, aus dem Bierkästen oder

Jogurtbecher oder Plastiktüten gemacht werden. Fast alles aus Plastik, was billig und praktisch ist. Zahllose Alltagsgegenstände sind aus Polyethylen, Polypropylen oder verwandten Stoffen, und sie alle beruhen auf Zieglers Polymer-Technologie. In der Industrie wird es in Form von Rohren, Leitungen und Folien verarbeitet. Es hat unzählige Sachen verbilligt und ermöglicht. Es war eine Erfindung, die die Welt veränderte.»Und an der sie jetzt zugrunde geht«, führte mein Bruder Jost den Satz einst trocken fort, woran ich seitdem immer wieder denken muss, wenn ich den gesammelten Plastikmüll in die gelbe Tonne werfe.

Denn längst ist klar, dass der Segen des Polyethylens, wie oft bei großen Erfindungen, nicht ohne entsprechenden Fluch zu haben war. Der Stoff ist langlebig und biologisch nicht abbaubar. Er versprödet im Licht, bildet kleinste Schnipsel und hat furchtbare Vergiftungen in der Tierwelt zur Folge. Achtundachtzig Prozent der Meere sind voller Müll, und allein der Müllteppich im Nordpazifikwirbel soll zweimal so groß sein wie Deutschland.

Kunststoffe gab es seit Anfang des zwanzigsten Jahrhunderts. Bakelit, woraus die altmodischen schwarzen Telefone waren, gilt als erster Kunststoff. Dann gab es Buna, eine in den dreißiger Jahren in Deutschland entwickelte Nachahmung von Kautschuk mit Hilfe von Butadien und Natrium. Auch Polyethylen gab es schon lange vor Ziegler, etwa seit Anfang der dreißiger Jahre. Aber es war nach einem anderen Verfahren hergestellt, und die Herstellung war aufwendig und teuer. Erst Zieglers Niederdruck-Polyethylen ermöglichte die massenhafte Herstellung billiger Endprodukte und läutete das Zeitalter von Plastik ein. Geo erklärt die Bewunderung für Zieglers Erfindung so: »Da hatte es seit fast zwanzig Jahren ein interessantes Produkt gegeben, das für den Markt zu teuer war, weil es nur unter Drücken hergestellt werden konnte, wie sie allenfalls in der tiefsten Tiefsee herrschen. Und dann kommt einer, dem gelingt das Gleiche am Strand!«

Eigentlich erstaunlich, denke ich jetzt, dass ein Mensch, der die Welt so sehr verändert hat, nicht ebenso berühmt ist wie der Erfinder der Glühbirne. Es gibt noch nicht mal einen YouTube-Film über ihn oder eine Folge der *Sendung mit der Maus*.

Ziegler war nicht nur ein genialer Chemiker, er hatte auch einen hervorragenden Geschäftssinn, und er konnte leidenschaftlich streiten. 1953 meldete er die Erfindung zum Patent an. Kaum zwei Jahre später produzierte die Firma Hoechst die ersten zweihundert Tonnen. 1957 begann die Massenproduktion und damit der weltweite Siegeszug von Plastik. Ein sagenhafter Geldstrom floss nach Mülheim, zum Institut für Kohlenforschung, das bald, wie man sagte, seine Ausgaben von den Zinsen bestreiten konnte. Gleichzeitig führte Ziegler gemeinsam mit seinen Mitarbeitern unzählige Prozesse, weil überall Kunststoffprodukte nach seinem Verfahren hergestellt und dabei seine Patente verletzt wurden. Es war wie bei David und Goliath: Das »kleine« Institut in Mülheim verklagte internationale Industriekonzerne wie Esso, Monsanto, Dow Chemical – und gewann so gut wie alle Prozesse.

Anfang der sechziger Jahre gab es ein Chemiebuch, dessen Autoren dafür bekannt waren, dass sie in ihren Randbemerkungen zum Wissensstoff gelegentlich Anekdoten erzählten. So hieß es im Kapitel über Niederdruck-Polyethylen, Professor Ziegler habe mit seinem Patent neunzig Millionen Mark verdient. Darüber regte sich Ziegler wahnsinnig auf. Die halbe Stadt wusste, dass er vor Wut kochte, und manche sagten: »Na klar regt der sich auf, es war doch viel mehr!«

In der Bismarckstraße wurden gern solche Anekdoten erzählt, vor allem von Christel. Und gleich nach den Feininger- und den Otto-Hahn-Anekdoten kamen die Ziegler-Anekdoten.

Es ging dabei um ein Ehepaar, das meinen Großeltern mal nah, mal weniger nah zu stehen schien; mal sprach man von Karl und Maria, mal von Ziegler und Frau. Der Respekt ihnen gegenüber stand nie in Frage, aber zugleich war da eine gewisse Distanz. Zieglers waren ein Paar aus einer anderen Zeit, mit anderen Sitten, einer anderen Sprache. Wenn von ihnen die Rede war, ging es um Sparsamkeit, um Sittenstrenge oder um den Umgang der Eheleute untereinander.

Auch Zieglers Art, das Institut zu führen, war manchmal Thema. Heute würde man sie vielleicht als »Feudalherrschaft der Wissenschaftselite« bezeichnen. Die Kaiser-Wilhelm-Gesellschaft, aus der nach dem Krieg die Max-Planck-Gesellschaft hervorging, hatte ihre Institute traditionell nicht an Themen, sondern nach Persönlichkeiten ausgerichtet. »Geniale Forscherpersönlichkeiten« sollten vollkommen freie Hand bei der Entwicklung und Führung ihres Institutes haben, um auch ungewöhnliche Wege abseits des Forschungskonsens beschreiten zu können. Dieses Prinzip war noch immer wirksam, vor allem bei der Kohlenforschung, die ohnehin eine Sonderstellung einnahm, weil sie als eine Stiftung privaten Rechts konstituiert, also juristisch unabhängig von der Max-Planck-Gesellschaft war und über eigenes Vermögen verfügte. Ziegler war ein Fürst mit eigenem Reich. *Nach Gutsherrenart.* Dieser Ausdruck fiel auch, und er hatte für mich damals nichts Negatives, im Gegenteil: Bei den entsprechenden Anekdoten schwang Bewunderung mit. Nach dem Nobelpreis sei Ziegler von einem amerikanischen Journalisten gefragt worden: *What's your organization?* Er habe stolz geantwortet: *No organization!*

Am Anfang, als Christel und Günther gerade nach Mülheim gezogen waren, kamen Zieglers manchmal abends herüber in die Bismarckstraße, tranken eine Flasche Wein und erzählten Witze. Ziegler kannte unzählige. Weil er bei etwas anrüchigen

Witzen in Gegenwart von Damen nicht die aktive Rolle des Erzählers übernehmen wollte, flüsterte er seiner Frau etwas ins Ohr, die daraufhin mit Christel in ein anderes Zimmer ging, um ihr dort den Witz zu erzählen. Wenn sie wieder zurückkamen, schaute Ziegler sie schon erwartungsvoll an und rief: »Ist der nicht gut?« Dann wurde gemeinsam gelacht. Als Christel einmal Frau Ziegler auf einem Ball fragte, warum sie nicht tanze, erzählte die ihr, sie habe irgendwann am Anfang ihrer Ehe etwas gemacht oder gesagt, das ihrem Mann nicht gefiel, worauf er gesagt habe, er werde nie wieder mit ihr tanzen. Und Ziegler hielt Wort. Selbst bei der Nobelpreisverleihung in Stockholm habe er nicht mit seiner Frau getanzt, hieß es. Umgekehrt war bekannt, dass Maria ihren Mann in der Öffentlichkeit maßregelte, etwa wenn er, der sehr groß war und lange Beine hatte, mit dem Stuhl kippelte. Dann rief sie quer durch den Raum: »Karl, kipple nicht!«

Über der Tür von Günthers Arbeitszimmer hing Zieglers Porträt: aufwendig gerahmt und doch irgendwie unpersönlich, wie ein graues Porträtfoto aus einem Lexikon. Es zeigte einen etwas altmodisch und distanziert in die Ferne schauenden Mann. Er hatte Geheimratsecken, ein Glanzlicht auf der Stirn und einen kurzgeschorenen Schnäuzer. Lange Zeit verstand ich nicht, warum mein Großvater diesem Mann, der doch nicht zu unserer Familie gehörte, einen Ehrenplatz in seinem Arbeitszimmer einräumte. Ich hegte ein latentes Misstrauen gegenüber Ziegler, ohne dass ich konkret hätte sagen können, woran das lag. Ebenso latent und undeutlich war mein Gefühl, dass Günther irgendwie unrecht getan worden war.

Irgendwann hatte ich mitbekommen, wie Geo ihn fragte, warum er das Bild nicht abhänge. Ich verhielt mich still, um kein Wort von Günthers Antwort zu verpassen. »Weil ich ihn immer noch für einen der größten Chemiker des Jahrhunderts halte«, sagte er. »Alles andere hat damit nichts zu tun.« Ziegler war Günthers Mentor gewesen, warum hätte er dessen Bild abhängen sollen? Und was war »alles andere«?

An dem Institut, das Günther unter der Schirmherrschaft Zieglers gegründet hatte, arbeitet heute kaum noch jemand, der ihn gekannt hat. Es heißt jetzt Institut für chemische Energiekonversion. Professor Wilke, Nachfolger Karl Zieglers als Leiter der Kohlenforschung, erzählt mir, dass das heutige Institut genau die Ausrichtung habe, die Günther immer vor Augen gehabt habe. Ziel der Forschung sei es, Wasser mit Hilfe von Licht und in Gegenwart von Katalysatoren zu zersetzen und auf diese Weise Wasserstoff zu gewinnen. »Was natürlich die sauberste Energie ist, die man haben kann. Der Wasserstoff. Wenn man den verbrennt, kommt nur Wasser raus. Und diese Ausrichtung, diese Vision, geht letzten Endes auf Ihren Großvater zurück.«

Wilke hatte Günther als Direktor der Strahlenchemie vertreten, als dieser 1967 eine Gastprofessur an der University of Notre Dame in Indiana annahm. Und nur kurze Zeit nach der Rückkehr aus den USA schied Günther aus »seinem« Institut aus, nachdem er es nur einige Jahre lang geleitet hatte. Warum? Als Grund dafür wurde mir immer die seltene Schilddrüsenkrankheit genannt, die ihn seit Jahren gequält hatte und die zunächst als unheilbar galt. Es hatte mit rätselhaften Symptomen begonnen, die ihn mit der Zeit immer dramatischer beeinträchtigten. Er, der einst als Klarinettist seinen Lebensunterhalt mit Musikalität und Fingerfertigkeit verdient hatte, konnte sich nun nicht mal mehr seine Smokingschleife binden. Er fror ständig und trank so stark dosierten Tee, dass Leute, die aus Versehen aus seiner Kanne tranken, glaubten, man wolle sie vergiften.

Günther suchte alle möglichen Spezialisten auf, aber erst während seines USA-Aufenthaltes konnte eine konkrete Diagnose gestellt werden: Hashimoto-Thyreoiditis, eine Krankheit, von der man bis dahin angenommen hatte, sie beträfe nur Frauen unter vierzig. Günther konnte nun behandelt werden, doch es ging ihm erst besser, als er die Leitung der Strahlenchemie nicht mehr innehatte.

Günther Wilke ist fast neunzig Jahre alt, als ich ihn kontaktiere, und fährt, wie ich höre, immer noch regelmäßig mit seinem kleinen Mercedes bei der Kohlenforschung vor. Seine Nummer finde ich im Telefonbuch. Mit Rücksicht auf sein Alter bringe ich mein Anliegen am Telefon langsam und deutlich vor, doch er wirkt wach und aufgeräumt, und keine drei Minuten später sind wir verabredet. Ich erinnere mich vage, dass er nicht unbedingt zu Günthers Freunden gezählt hat, aber gerade das interessiert mich. Mein Vater hat mir erzählt, dass Wilke nach Günthers Tod einen Kondolenzbrief geschrieben habe, in dem er bedauerte, dass sie sich »aufgrund des unterschiedlichen intellektuellen Stils« nicht nähergestanden hätten.

Also laufe ich wieder den Kahlenberg hinauf, von der Innenstadt kommend, an den Straßenbahnschienen entlang. Kurz vor der Biegung, nach der es steiler wird und der Bismarckturm die Bäume des dahinterliegenden Waldes überragt, kommt auf der linken Seite »Blumen Kocks«. Der Laden ist seit meiner Kindheit unverändert, wobei der grüne Schriftzug vermutlich noch aus den fünfziger Jahren stammt. Hier hat Christel immer ihr »Wägele«, einen beigefarbenen Audi 50, schräg über beide Parkplätze gestellt. Ich wartete meistens im Wagen, während sie drinnen mit Herrn Kocks plauderte und ihre knallroten, glänzenden Flamingoblumen kaufte, die mir mit ihren fiesen, lang herausstehenden Blütenstielen äußerst suspekt waren.

Jetzt kaufe ich ein paar Tulpen für den Professor. Ich frage Herrn Kocks, ob er sich an meine Großmutter erinnert. Natürlich. »Und an *ihn* erinnere ich mich auch«, fügt Kocks lächelnd hinzu. In der Hoffnung auf eine interessante Erinnerung schaue ich den alten Floristen aufmunternd an. Aber da kommt nichts mehr, außer dem Hinweis, dass er immer noch manchmal das Institut mit Blumengestecken beliefere. Günther hatte Christel in ihren letzten Lebensjahren regelmäßig eine Rose mitgebracht. Die stand dann auf dem Flügel oder auf dem Tisch in der Diele. Da hatte dann wohl sein weißer, leicht verrosteter und vorn und hinten zerbeulter Mercedes-Kombi vorher schräg auf dem Zweierparkplatz gestanden.

Professor Wilke wohnt wenig mehr als hundert Meter von der Bismarckstraße entfernt in einem niedrigen Bungalow aus den frühen siebziger Jahren, der hinter hohen Büschen kaum zu sehen ist, so dass ich gleich zweimal daran vorbeilaufe. Beim dritten Mal fällt mir dann der gutgekleidete alte Herr auf, der aus der Haustür tritt und sich ohne Probleme bückt, um eine eingerollte Zeitung vom Boden einzusammeln.

Der Empfang ist freundlich, ich überreiche Herrn Wilke meinen Tulpenstrauß, bewundere die klare Architektur mit dem Steinboden, der hölzernen Decke und einer Lichtkuppel im Eingangsbereich. Während er in die Küche geht, um eine Kristallvase zu finden, schaue ich mir die gerahmten Graphiken an, die am weiß getünchten Mauerwerk hängen, dann nehmen wir Platz auf der Sitzgruppe im Salon, und ich lege mein iPhone neben mich, denn ich darf unser Gespräch sogar aufzeichnen.

Wir beginnen zu reden, und es stellt sich heraus, dass er meinen Namen falsch verstanden hat. Er hat gedacht, ich sei die Enkelin von Professor Fink. Ich erschrecke. Keine Ahnung, wer Professor Fink ist, aber der freundliche Empfang galt offenbar nicht mir.

»Nein, ähm, von Schenck«, sage ich schnell. Ich enttäusche Leute ungern. »Günther Otto Schenck.«

Ein Moment der Irritation. Blitzschnelles Neueinschätzen der Situation. Es dauert eine Sekunde, dann hat er sich wieder gefasst. Schenck habe er natürlich auch gut gekannt, sagt er, sie seien ja Nachbarn gewesen im Institut, und er habe ihn ja sogar gebeten, seine Vertretung zu übernehmen, als er für ein Jahr in die USA gegangen ist. »Da sind wir auch ein wenig aneinandergeraten. Weil das Personalbudget erheblich überzogen war. Ich habe an ihn nach Amerika geschrieben und ihn gebeten, schnellstmöglich zurückzukommen und sich darum zu kümmern. Da hat er geantwortet, er müsse sich um die Vertretung seiner wissenschaftlichen Ergebnisse in den USA kümmern.«

»Er ist also nicht zurückgekommen.«

»Nein. Und das war sehr zu seinem Nachteil. Die Unterlagen habe ich heute noch im Safe.«

»Was war denn da los?«

Er macht ein nachdenkliches Gesicht. Dann lacht er: »Es ging die kuriose Geschichte: Der Postbote kommt nicht mehr – es besteht die Gefahr, dass er eingestellt worden ist.«

Ich lache mit und frage mich, wie das wohl aus Günthers Sicht gewesen ist. Komme ich hier meinem diffusen Gefühl auf die Spur, ihm sei irgendwie unrecht geschehen? Oder hatte er tatsächlich die Kosten nicht im Griff, ist ihm da etwas aus dem Ruder gelaufen? Sicher nicht völlig abwegig. *Dass ich ein guter Forscher bin, weiß ich. Aber ob ich auch die anderen Fähigkeiten besitze, die für solch eine Aufgabe nötig sind?*

Lag es also gar nicht an der Hashimoto-Krankheit, dass Günther die Strahlenchemie nur ein paar Jahre lang leitete – sondern an einem überzogenen Personalbudget? War das der Grund für seine spätere Distanz zu Karl Ziegler? Erstaunt stelle ich fest, dass das, was Wilke hier andeutet, mich nicht schockieren, sondern eher erleichtern würde. Wenn Günther tatsächlich Mist gebaut hatte, könnte ich das viel eher akzeptieren als ein Unrecht, das nie aufgeklärt worden ist.

»Er war ein hervorragender Wissenschaftler, das muss ganz klar gesagt werden«, sagt Wilke versöhnlich. »Ein Visionär. Und diese Visionen haben ihn natürlich hier und da über die Stränge schlagen lassen. Aber obwohl wir da anderer Meinung waren, hat er uns in gar keiner Weise gestört.«

Gestört? Ich denke daran, dass das Unterbewusstsein angeblich keine Negationen versteht, und merke, wie bei mir genau das hängenbleibt: Da hat er uns gestört.

Als ich Wilkes Haus verlasse, dämmert es bereits. Ich laufe die Leonhard-Stinnes-Straße bis zum Ende, zu den Instituten am Margarethenplatz. Im Laborhochhaus brennt hinter einigen Fenstern noch Licht. In dem dahinterliegenden weißen Gebäude, der ehemaligen Strahlenchemie, auch. Die Zeit scheint stehengeblieben, der Anblick ist mir vertraut, die Architektur, der Himmel, die Straßenlaternen. Die Gänseblümchenwiese und der geflickte Asphalt der Straße. Nur die parkenden Autos sind modern, und die Belegschaft im Institut hat gewechselt.

Mit ein paar Leuten der alten Belegschaft habe ich in letzter Zeit gesprochen. Von Günthers ehemaligen Doktoranden leben nur noch wenige, und die sind auf Universitätsstädte in aller Welt verteilt. Professor Samir Farid von der University of Rochester hat Günthers Pionierleistungen auf drei für mich fast verständlichen Seiten zusammengefasst und mir via Skype eine irre Geschichte von einer auf Günthers Anweisung von der Polizei gesperrten Autobahn erzählt – um zu illustrieren, welches Standing Wissenschaftler damals in der Gesellschaft genossen haben. Jack Saltiel, Professor in Florida, hat mir einen wissenschaftlichen Streit erläutert, bei dem Günther zunächst das Nachsehen hatte, er, Saltiel, jedoch nachweisen konnte, dass beide Parteien recht hatten.

Der einzige von Günthers Doktoranden, der noch in Mülheim lebt, ist Dr. Otto-Albrecht Neumüller, langjähriger Herausgeber des Römpp-Chemielexikons. Ich habe ihn als Kordhose und Pullover tragenden Gast in der Bismarckstraße in Erinnerung, tief eingesunken in einen Sessel in Günthers Arbeitszimmer. Auf meinen Anruf hat er geradezu enthusiastisch reagiert; dass sich ein echter Schenck-Ableger bei ihm melde, sei ja fast wie eine Auferstehung! Er habe meinen Großvater sehr verehrt, »und manchmal, ja, da hab ich ihn sogar richtig geliebt«.

Hocherfreut waren auch die von mir kontaktierten »Wasserträger«. So nannte Günther die nichtakademischen Mitarbeiter: Laboranten, Glasbläser, Werkstattleiter, Feinmechaniker, Sekretärinnen, Pförtner, Hausmeister, Einkäufer – all jene also, die das Institut am Laufen hielten. »Wasserträger« wurde als Ehrenbezeichnung verstanden, und so war es auch gemeint. Nach Günthers Ausscheiden aus dem Institut hielten sie sich gegenseitig die Treue – die Wasserträger vergaßen nie seinen Geburtstag, und Günther spielte Akkordeon, wenn einer von ihnen pensioniert wurde.

»Es gab die Akademiker, und es gab den Rest der Welt«, erklärt mir Fräu'n Heuer, Günthers Sekretärin, die wundersamerweise noch lebt und deren hohe, etwas kindliche Stimme mich sekundenlang in die Kindheit zurückversetzt. Aber warum hat sich Günther bei den Wasserträgern so wohl gefühlt? Er habe ihre Arbeit geschätzt, sagt mein Vater, doch ich denke, es gab noch andere Gründe. Ich hatte Günthers Unkonventionalität immer als eine Stärke wahrgenommen – jetzt wird mir klar, welche Kehrseite sie hatte. Er war nämlich für das Konventionelle nicht besonders begabt. Und eckte deshalb in seiner Peergroup an. Die staatsmännische Souveränität von Führungspersönlichkeiten, die auch in der Lage sind, Kritik an sich abperlen zu lassen, ging ihm völlig ab. Sicher fühlte er sich im Labor, an seinem Schreibtisch, in der Familie, hinter seinem Akkordeon. Und bei den Leuten, die ihn einfach mochten und bewunderten – wie den Wasserträgern.

Herr Stachelhaus, der Chef-Einkäufer (dessen Aufgabe es war, alles zu besorgen, was das Institut brauchte, von Büroklammern bis zu Großgeräten), sagte mir, vor Professor Schenck habe er nur autoritäre Knacker gekannt. Professor Schenck sei eine riesige Überraschung für ihn gewesen, er habe ihm die Möglichkeit gegeben, sich zu entfalten, und wenn einer einen Fehler machte, habe er gesagt: *Jetzt sehen Sie mal zu, wie Sie die Kuh vom Eis kriegen.* Als Günther vorzeitig aus dem Institut ausschied, »nach diesen unsäglichen Vorgängen«, habe Stachelhaus ebenfalls gekündigt, wie einige andere Wasserträger auch. Aus Protest. Weil sie das ein Unding fanden, was da gelaufen sei.

Wie was gelaufen sei?

Stachelhaus sprach von einer »merkwürdigen Emeritierung« und davon, »dass sich bestimmte Leute nicht erinnerten, was Ihr Opa alles Gutes für sie getan hatte«. Das klang rätselhaft. Fräu'n Heuer hatte schon »Untersuchungen« erwähnt, die sie empört hätten, weil es um den Verdacht der Veruntreuung gegangen sei – zu meinen, der Chef hätte sich bereichert! »Wenn die gewusst hätten, wie der gehandelt hat! Der hat ja immer wieder versucht, Leuten privat über eine kritische Phase hinwegzuhelfen. Bei euch zu Hause hat das dann garantiert gefehlt, davon bin ich überzeugt.« Und, seufzend: »Er hatte es auch nicht leicht. Er musste ja machen, was Karl der Große sagte. Denn Karl der Große hat gesagt: Das Grundstück, auf dem die Strahlenchemie steht, gehört mir.«

Geo ist der Einzige, der mir sagen kann, was damals eigentlich passiert ist, doch er drückt sich schon seit Monaten um eine klare Antwort herum. Mal spricht er von einer »Gemeinheit«, mal von »dieser Sache«. Oder er sagt, bei Günthers Entscheidung für Mülheim müsse er an Robert Frosts Gedicht »The Road Not Taken« denken. Einmal kommt so ein Halbsatz bei mir an (»Zieglers möglicherweise große Schattenseiten«), den Geo auf meine Nachfrage gleich wieder zurücknimmt. Er wolle niemanden an den Pranger stellen, auch Günther habe das nicht gewollt. Als ich ihm dann von dem Gespräch mit Wilke erzähle, ist er zunächst still. Dann sagt er, dass für die Familie immer festgestanden habe, dass Günther wegen seiner Krankheit von der Leitung der Strahlenchemie entbunden wurde. Aber auch, dass es am Institut Krach gegeben hatte. Über Jahre hinweg, das meiste aber unter der Oberfläche. Und dann sagt er, dass die ganzen sechziger Jahre für Günther traumatisierend gewesen seien. Dass er das Jahrzehnt überlebt habe, sei fast ein Wunder.

Ich erschrecke, und dann fällt mir nichts Besseres ein als: »Immerhin ist er fast neunzig geworden. Christel hat mal gesagt, Günther sei ein Stehaufmännchen.«

Geo nickt. Und dann erzählt er mir endlich, wie damals gleich nach der euphorischen Gründung der Strahlenchemie Günthers Abstieg begann, weil er das Pech hatte, bei einem Streit zwischen Ziegler und der Max-Planck-Gesellschaft zwischen die Fronten zu geraten. Dass es Probleme gab, wurde offenkundig, als kurz nach Baubeginn des Gebäudes für die Strahlenchemie ein Baustopp verhängt wurde. Ziegler sagte Günther, die Max-Planck-Gesellschaft habe eine »kleine Kommission« eingesetzt, um die wissenschaftliche Begründung der Strahlenchemie noch einmal sorgfältig zu prüfen. Acht Monate lagen die Arbeiten brach. Günther wurde nicht in die Vorgänge einbezogen, aber er versuchte, sich einen Reim auf die Geschehnisse zu machen. Er erfuhr, dass die Max-Planck-Gesellschaft Ziegler die Fördermittel fast komplett gestrichen hatte. Wegen ihrer Lizenzeinnahmen benötige die Kohlenforschung keine öffentliche Förderung mehr. Ziegler war außer sich: Das sei widersinnig, sagte er, sie würden für ihren Erfolg bestraft! Und in einem Nebensatz: Schenck (dessen Strahlenchemie weiter gefördert wurde) habe ja wohl erfolgreich Gelder umgeleitet. Das war vielleicht halb scherzhaft gemeint, aber Günther war nicht zum Lachen zumute.

Hat Ziegler also aus Groll über die Entscheidung der Max-Planck-Gesellschaft die Strahlenchemie bestraft? Geo sieht das so: Ziegler drehte den Spieß um, jetzt sollte die Max-Planck-Gesellschaft bestraft werden, und an der Strahlenchemie war sie wirksam zu treffen. Seine Gegner sollten sehen, dass er es ernst meinte – dass ein Streit um *sein* Geld für sie sehr teuer werden konnte. Mit anderen Worten: Er instrumentalisierte Günthers Strahlenchemie, um seine eigentlichen Interessen durchzusetzen.

Wenn es so war, hat Günther das durchschaut? Ich erinnere mich an die Aussage eines Freundes: *Der Günther glaubt immer, alle seien seine Freunde.* Fest steht, dass er Ziegler vertraut und darauf gehofft hatte, die mächtige Position seines Förderers würde auch ihn schützen. Und nun wurde ihm schmerzhaft klar, dass Gegenwind aus der Richtung kam, aus der er ihn am wenigsten erwartet hatte – und dass er auf sich allein gestellt sein würde. Die Wissenschaftler an der Strahlenchemie spürten, dass etwas nicht stimmte, doch Günther behielt das Ausmaß seiner Sorge für sich. Er wollte sie nicht weiter verunsichern und suchte stattdessen immer wieder das Gespräch mit Ziegler; doch die Distanz blieb. Einmal besichtigten die beiden den halbfertigen Rohbau der Strahlenchemie, und Ziegler ließ ihn beiläufig wissen, dass das Gelände der Stiftung Kohlenforschung gehöre und dass die Max-Planck-Gesellschaft keinen Zugriff darauf habe. Er könne den Neubau jederzeit abreißen und stattdessen Parkplätze errichten lassen, wenn er wolle.

Günther war schockiert. Ziegler konnte ihm jederzeit den Teppich unter den Füßen wegziehen und ließ ihn das spüren. Und auf einmal war klar: Für Ziegler war er, Günther, mitschuldig an der Streichung der Fördermittel, *guilty by association*. Das Verhältnis war vergiftet.

»Ich habe mir einen Dackel gewünscht und einen Bernhardiner bekommen«, scherzte Ziegler einmal im Kreise seiner Freunde, aber so, dass Günther es hören konnte. Das Gebäude der Strahlenchemie wurde mit Verzögerung gebaut, doch als es fertig war, ließ Ziegler keine Einweihungsfeier machen. Sang- und klanglos wurde der Betrieb aufgenommen. Günther bemühte sich trotzdem weiter, und zweimal sah es für ihn so aus, als könnte sich die Situation entspannen. Einmal, als Karl Ziegler Ende 1963 gemeinsam mit Giulio Natta den Nobelpreis bekam – vielleicht würde das den Pegel des Zorns senken. Und dann 1964, als im Streit zwischen Ziegler und der Max-Planck-Gesellschaft eine Einigung greifbar schien. Das hatte jemand aus der Münchner Generalverwaltung angedeutet. Als sich dann auch diese Hoffnung zerschlug, begriff Günther, dass er dauerhaft unter Druck bleiben würde, und veränderte seine Ziele. Er selbst würde keine Zukunft in dieser Konstellation haben, nun wollte er nur noch dafür sorgen, dass die Strahlenchemie »am Leben bleibt«, wie er Geo sagte. Das wollte er erreichen, indem er anfing, sie personell so aufzustellen, dass sie zukunftsfähig bliebe, auch wenn er bald nicht mehr da wäre. Zu diesem Zeitpunkt war seine Krankheit schon ausgebrochen. Keiner konnte ihm sagen, was genau es war. Heute weiß man, dass Hashimoto häufig mit Dauerstress zusammenhängt.

In diese Situation hinein kam das Angebot der Gastprofessur in Indiana, und so überraschte Günther die Familie mit der Frage: »Wollen wir uns ein lieber Haus kaufen oder alle zusammen ein Jahr nach Amerika gehen?« Die Entscheidung war einstimmig. Wilke übernahm kommissarisch die Verwaltung des Instituts, und die Familie zog 1967 geschlossen in die USA, inklusive Dagmar, der Freundin meines mittlerweile erwachsenen Vaters, die später meine Mutter werden sollte. Um die prüden Amerikaner nicht zu verschrecken, galt sie offiziell als Günthers Sekretärin.

Günther hatte einen blau-weißen VW-Bus gekauft und von Bremerhaven aus nach New York verschifft. Bevor er seine Gastprofessur antrat, fuhren sie vier Wochen die Ostküste entlang, zu den Pennsylvania Dutch und in alle möglichen Universitätsstädte, wo Christel mit den Kindern in Museen ging und Günther Leute besuchte, die er von Kongressen kannte.

Die Familie genoss die USA-Zeit sehr, weil sie den Vater sonst nicht so oft für sich hatte, und für Günther war es eine Auszeit von den Sorgen am Institut. Geo und Dagmar entschlossen sich während dieses Jahres, dort zu studieren. (Fünf Jahre lang sollten sie bleiben; 1970 kam ich in Santa Monica zur Welt.) Günther freundete sich in Indiana mit dem Leiter des Fachbereichs Chemie an, Ernest Eliel, einem Enkel des Kaufhof-Gründers Leonhard Tietz, der 1939 als letzter jüdischer Schüler das Abitur in Köln gemacht hatte und über Amsterdam, London und Havanna schließlich nach New York ausgewandert war. Seine Frau Eva hatte Deutschland bereits 1932 verlassen und sich geschworen, nie wieder einen Fuß in ihre alte Heimat zu setzen. Die Freundschaft der Familien, die bis heute andauert, bewirkte, dass sie doch wieder nach Deutschland reiste.

Es war ein gutes Jahr, und Günther kehrte mit der Gewissheit zurück nach Deutschland, dass seine Krankheit einen Namen hatte und behandelbar war. Doch zu Hause in Mülheim holten ihn die Sorgen ein. Ein Gerücht machte offenbar seit einiger Zeit die Runde: Die Schencks hätten sich mit dem Geld der Strahlenchemie nach Amerika abgesetzt. Und im Institut sah sich Günther mit heftigen Anschuldigungen konfrontiert: Er habe einen Schaden von einer Million Mark verursacht, hieß es zunächst, doch das war unhaltbar. Es stellte sich heraus, dass schlicht eine große Zahlung von Fördergeldern zu spät eingegangen war. Die Personalkosten waren tatsächlich überzogen worden, aber um einen Bruchteil der behaupteten Summe, nämlich sechzigtausend Mark (die Ziegler schließlich beglich). Dennoch war Günthers Ruf angegriffen, zumal der Verdacht der Untreue im Raum gestanden hatte und weiter untersucht wurde.

Das waren die Untersuchungen, von denen Fräu'n Heuer gesprochen hatte.

Aus einem Brief des damaligen Chefjuristen der Max-Planck-Gesellschaft geht hervor, dass er meinem Großvater empfahl, gerichtlich gegen die Kohlenforschung vorzugehen. In einem späteren Brief legt derselbe Herr ihm nahe, Günther möge doch seine Darstellung der Vorgänge im Archiv der Max-Planck-Gesellschaft hinterlegen, »sonst ist davon auszugehen, dass die Geschichtsschreibung auf eine Weise geschieht, die nicht in Ihrem Sinne sein kann«.

Beides hat Günther nicht getan. Vielleicht aufgrund seiner Lebensstrategie, nach vorne zu schauen, das Negative eher auszublenden. Vielleicht, weil er seine Energie brauchte, um wieder gesund zu werden. Fräu'n Heuer erzählte mir, dass er kaum je kommentierte, was im Institut über ihn geredet wurde. Seiner Meinung nach war Verteidigen oder Erklären sinnlos. In seinem Handorakel von Baltasar Gracián sind passende Kapitel angestrichen. *Warten können. Den glücklichen Ausgang im Auge behalten.* Und so blieb er bei seiner in den Augen anderer irrationalen Treue Ziegler gegenüber.

Geo erzählt, er habe als Jugendlicher einmal mitbekommen, wie sein Vater sehr offen mit einem Besucher über ganz aktuelle Arbeitsergebnisse sprach. Als der Besucher weg war, habe er ihn gefragt: »Meinst du nicht, der könnte dich reinlegen, wenn du dem das alles erzählst?« »Meinen könnte ich das schon«, habe Günther geantwortet. »Aber ich tue es nicht.« – »Warum nicht?« Die Antwort, so Geo, habe nur aus einem Wort bestanden: »Seelenhygiene.«

1968 schied Günther krankheitsbedingt aus der Strahlenchemie aus. Er war vierundfünfzig Jahre alt. Er blieb wissenschaftliches Mitglied der Max-Planck-Gesellschaft und forschte von nun an im Arbeitszimmer in der Bismarckstraße weiter, mit Zieglers Porträt über der Tür. Im Exil, meinten viele. Doch er selber fühlte sich vielleicht sogar befreit. Wasserreinigung war jetzt sein großes Thema. Zwanzig Jahre lang engagierte er sich gegen das vorbeugende Chloren des Trinkwassers, das hartnäckig von Politik und Industrie propagiert wurde, bis es schließlich durch die Novellierung der Trinkwasserverordnung am 1. Januar 1991 endlich verboten wurde. (In Amerika ist es heute noch üblich.) Er übernahm verschiedene Vorsitze, unter anderem den der Gesellschaft für Lichtforschung, die heute Gesellschaft für Photobiologie heißt. Er organisierte einen großen Photobiologie-Kongress und machte Reisen, die er mit seinen wissenschaftlichen Interessen verband. Christel begleitete ihn nach Japan und Warschau, nach Schottland, Neapel und Hawaii (die Blumenketten aus rosa und hellblauem Plastik hingen zeitweise an einem Haken gegenüber dem Schokoladenschrank). In den Achtzigern forschte Günther über das Waldsterben und fand heraus, dass durch Kohlefilter nicht nur Schadstoffe, sondern auch Nutzstoffe in der Luft reduziert werden. Und er entwickelte ein Gerät namens Mehrkammer-Photoreaktor, das die Bestrahlung von Wasser mit UV-Licht effektiver macht. Bis an sein Lebensende arbeitete er jeden Tag und oft auch nachts. Noch mit neunundachtzig hatte er einen Beratervertrag mit einem Unternehmen der Wasserbehandlungsbranche. Und er hinterließ Patente, die nach ihrem Verkauf so viel wert waren, dass sie seine Schulden decken konnten – die unter anderem durch die Patentgebühren entstanden waren.

Das Aquarell aus Günthers Arbeitszimmer, das ihn als Zwölfjährigen mit einer Spule in der Hand zeigt, hängt heute bei mir zu Hause, neben dem Klavier, auf dem nur selten jemand spielt und auf das ich trotzdem nicht verzichten mag. Wenn mein Blick das Bild im Vorbeigehen streift, schaue ich meinem Großvater ins Gesicht, die ruhigen blauen Kinderaugen sind auf den Betrachter gerichtet.

Lock eyes, sagen die Amerikaner.

Was es mit der Spule auf sich hat, weiß ich mittlerweile, Billi hat es mir erzählt: Als Junge war Günthers großes Vorbild Manfred von Ardenne, der nur ein paar Jahre älter war als er und vorzeitig die Schule verlassen hatte, um wissenschaftlich zu arbeiten und Bücher zu veröffentlichen. Zu der Zeit, als seine Eltern einen Lörracher Maler mit den Kinderporträts beauftragten, las Günther gerade Ardennes Buch mit der Anleitung zum Bau eines Radios. Seltsamerweise bemerke ich erst jetzt, nachdem Billi mir das erzählt hat, dass der Maler ihm außer der Spule noch andere Requisiten beigegeben hat. Im Hintergrund sind ein Stapel Bücher zu sehen und ein geometrisches Gebilde, das ein selbstgebasteltes Oktaeder sein könnte.

Literatur, Mathematik, Technik. Eigentlich ist der Aufbau wie bei den sakralen Bildern, denke ich, auf denen die Heiligen mit den ihnen wichtigen Gegenständen dargestellt sind, mit Schlüssel, Lilie, Kreuz oder Schwert. Oder, bei Märtyrern, dem Todeswerkzeug. Vermutlich ist die Mode der ikonographischen Attribute irgendwann aufs Bürgertum übergeschwappt, und man musste weder Märtyrer noch Heiliger sein, sondern es reichte irgendeine Besessenheit.

Was wäre es bei mir? Vielleicht ein Bleistift? Ich wollte immer alles aufzeichnen. Früher dachte ich manchmal: Egal, was passiert, auch wenn ich ins Gefängnis komme (das Schlimmste, was ich mir vorstellen konnte): Hauptsache, ich habe Bleistift und Papier. Heute denke ich: Hauptsache, der Akku meines Computers ist geladen.

Für Günther war es die Hauptsache, dass sein Denken nicht beeinträchtigt wurde. Deshalb nahm er auch keine Schmerzmittel, als er sich das Bein gebrochen hatte; deshalb trank er maßvoll, aß maßvoll; sein Schlaf war ihm heilig. Ungute Gefühle vermied er. Seelenhygiene.

Als damals am Institut die Untersuchungen gegen Günther liefen, waren Geo und Dagmar in Los Angeles. Maria Ziegler besuchte sie dort. Über *die Sache* sprachen sie nicht, aber Geo verstand Frau Zieglers Besuch als Zeichen, dass das Private unberührt davon sei. Wenig später richtete Karl Ziegler auf die Initiative seiner Frau ein Stipendium für Gudruns Medizinstudium ein.

Als Ziegler 1973 starb, unterbrach Günther seinen Amerikaurlaub, um zur Beerdigung nach Mülheim zu reisen.

4

Die frühe Zeit

Ich war in dem Alter, in dem mir mein gelbgrüner Pulli mit den Löwen passte, den ich auch auf den Passfotos für den Kindergarten anhatte. Günther feierte seinen sechzigsten Geburtstag, und in der Bismarckstraße wimmelte es von Gästen, überall im Garten standen Grüppchen fremder Menschen. Die Hollywoodschaukel und die Terrasse waren mit Lampionketten geschmückt. Manchmal beugten sich fremde Damen zu mir hinunter und sagten etwas, worauf ich nichts zu antworten wusste.

Irgendwann rief Günther ganz aufgeregt: »Die Wasserträger kommen!« Er lief eilig mit seinem Sektglas über den Kiesweg, am Rosenbeet entlang, und ich hinterher – denn schon marschierte feierlich eine Gruppe von Leuten in den Garten hinein. Die beiden Männer, die ganz vorne liefen, trugen über den Schultern einen geschwungenen Holzbalken, an dem seitlich an Gliederketten Holzeimer baumelten. Günther stand ganz vorne, um sie zu begrüßen, ich stand neben ihm. Die Holzeimer, in denen übrigens gar kein Wasser war, wie ich gesehen hatte, wurden feierlich auf dem roten Kies abgestellt. Jemand hielt eine Rede; dabei ging es um ein riesiges Geschenk, das auf einer Schubkarre angekarrt worden war und nun auf einem flugs ausgeklappten Campingtisch abgestellt wurde. Endlich wurde das gelbe Tuch weggezogen – und der »Schenkomat« kam zum Vorschein. Das war ein Spielautomat, an dessen Rädern statt Bildern von Äpfeln oder Birnen Fotos von Angehörigen und Kollegen angebracht waren. Wenn man oben einen Groschen reinwarf, drehten sich die Fotos blitzschnell unter Geklingel und Geratter. Alle, die irgendwie dazugehörten, waren mit einem Bild vertreten: Geo und Dagmar, Gudrun und ihr Mann Jürgen, Billi und seine Frau Ulrike. Natürlich Christel und Günther. Aber auch Fräu'n Heuer und Herr Berger, Günthers weißhaariger Fahrer, der im Sommer immer den blauen Mercedes einseifte. Dazu alle möglichen Anzug-, Bart- und Brillenträger, die ich nicht kannte. Von mir war kein Bild dabei, weswegen mir der Schenckomat, der dann viele Jahre im Schlafzimmer in der Bismarckstraße stand, letztlich immer etwas fremd blieb.

Günthers Arbeitszimmer war für das Fest umfunktioniert worden. Auf dem Konferenztisch war ein Buffet mit vielen Schüsseln und Platten aufgebaut. Unter anderem lag da ein sehr großes, rötliches Stück Fleisch, das seltsam dick und rundlich, fast wellenartig geformt war. Es lief vorne etwas spitzer zu als am hinteren Ende, wo die Oberfläche immer pickeliger wurde. Fasziniert betrachtete ich es. Mir wurde gesagt, dass dies Zunge sei. Die schlimmstmögliche Antwort. Später hat irgendwann einmal meine Neugier überwogen, und ich probierte unter dem frohlockenden Blick von Günther, der als größter Feinschmecker in der Familie galt, ein Stück Zunge. Etwas so Zartes hatte ich tatsächlich noch nie gegessen. Danach hat sich wieder mein Ekel durchgesetzt.

Ich saß im Schneidersitz unter dem Tisch, aß Wackelpeter und betrachtete das ruhige Geschiebe der Hosenbeine und Frauenwaden ums Buffet herum. Registrierte jene, die, oft breitbeinig, besonders lang an einem Fleck verweilten, und solche, die mehrfach wiederkehrten und dabei etwas Tänzelndes hatten.

Dann ging ich in der Wohnung spazieren. Die drei unverschämt hohen, gelben und hellbraunen Buttercremetorten, die in der Durchreiche zur Terrasse standen, waren immer noch nicht angeschnitten. Aber eigentlich war mein Ziel die Diele und dort insbesondere der Geschenketisch, der bereits am Vortag eingerichtet worden und mittlerweile sicher weiter angewachsen war.

Vorm Glasbausteinfenster saßen ein paar fremde Leute, die mich nicht weiter beachteten, so dass ich mich in Ruhe dem sorgsam zusammengestellten Berg von Grußkarten, Pralinenschachteln und verpackten Geschenken zuwenden konnte. Ich berührte die eine oder andere besonders schöne Schleife. Dann entdeckte ich ein Geschenk, an dem sich bereits jemand zu schaffen gemacht hatte; der Tesafilmstreifen klebte nicht mehr richtig. Es war eine Cassette darin.

Genau wie die Märchencassetten, die ich zum Einschlafen hörte, nur schwarz. Aber mit den gleichen zwei Löchern und den kleinen weißen Zacken, die, wenn man sie mit dem Zeigefinger drehte, unten eine bräunlich schimmernde Schlaufe zum Vorschein brachten. Wenn ich das Rädchen in die andere Richtung drehte, zog sich die Schlaufe langsam wieder in die Cassette zurück, aber das Hineinziehen ging nicht so gut wie das Herauslaufenlassen.

Ich saß auf dem Teppich, mitten in einem Gewirr aus federleichtem, grau glänzendem Band, als ich entdeckt wurde. Plötzlich standen Leute um mich herum, es setzten Beschuldigungen ein, und ich kassierte die erste Ohrfeige meines Lebens (seltsamerweise erinnere ich mich nicht mehr, von wem). Die Cassette wurde mir weggenommen und ich weinte. Selbst Christel schaute mich enttäuscht an. Unter den Umstehenden waren ganz vorne und besonders außer sich: Onkel Gernot und Tante Lotte. Gernot war Günthers Bruder. Von ihm stammte offenbar die Cassette, und sie hatte eine sehr wichtige Aufnahme enthalten, die extra für Günthers Geburtstag gemacht worden war.

Ich hatte diesen Vorfall vollkommen vergessen und bin erst jetzt wieder daran erinnert worden, durch den Sohn von Gernot und Lotte. Klaus Schenck ist Oberstudienrat in Tauberbischofsheim, nun hat er von meinem Günther-Projekt gehört und mir einen Brief geschrieben: Obwohl er Günther kritisch gegenüberstand – der ihn wohl oft seine »Minderwertigkeit« hat spüren lassen, wie Klaus es ausdrückt –, bietet er mir bei der Sammlung von Informationen seine Hilfe an. Seine Sicht auf Günther sei geprägt durch seine Erziehung in den Sekundärtugenden einer Beamtenfamilie, schreibt er in seiner ausladenden Schrift, also einer mir vermutlich fremden Sicht.

Es stimmt, die Gernot-Familie hatte am Bühl und in der Bismarckstraße ein beamtenhaftes Image. Lotte hatte allerdings auch etwas Schräges an sich, sie sprach schnell und mit tiefer Stimme, hatte rot geschminkte Lippen und trug eine braune (später graue) Lockenperücke, der man ansah, dass es eine Perücke war. Dies musste damit zu tun haben, dass sie früher einmal Schauspielerin in Mannheim gewesen war. Als ich eine Phase hatte, in der ich Schauspielerin werden wollte, beriet Tante Lotte mich und gab mir den Tipp, *Das Käthchen von Heilbronn* auswendig zu lernen. Onkel Gernot war meistens im Hintergrund, er wirkte still, aber deshalb nicht weniger streng. Wenn er angesprochen wurde, sprach er schnell, als wollte er es möglichst rasch hinter sich bringen. Manchmal suchte ich nach Familienähnlichkeiten; Günther sah er überhaupt nicht ähnlich, eher Otto, Günthers Vater, von dem im Arbeitszimmer in der Bismarckstraße ein dunkles Ölporträt hing, das ihn mit dünnen Lippen und goldenem Zwicker zeigte.

Ich telefoniere mit Klaus. Er spricht mit starkem Dialekt und ebenfalls rasend schnell, so dass ich immer wieder nachfragen muss, was ihm weder etwas auszumachen scheint noch ihn zur Zügelung seines Tempos veranlasst. »Wir haben auf Günther eine andere Sicht als ihr«, warnt er nochmals, und ich versichere, dass er mir gegenüber kein Blatt vor den Mund nehmen müsse.

Sein Vater habe die Genialität des Erstgeborenen von Anfang an akzeptiert, beginnt Klaus, aber dessen raumgreifende Dominanz habe sich als Schatten auf seine Seele gelegt. Das habe man eigentlich nie bemerkt – nur ein einziges Mal: an Gernots fünfzigstem Geburtstag: »Mein Vater hielt eine Tischrede auf meine Mutter. Er sprach frei, gedanklich differenziert, und als er erneut etwas von meiner Mutter erzählen wollte, rief Günther: *Wir wollen auf Lotte trinken!* Mein Vater schrie: *Lass mich wenigstens an meinem Geburtstag ausreden, ein einziges Mal will ich ausreden, wenigstens an meinem Geburtstag …* Dann nahm er sein zum Anstoßen gefülltes Glas und schmiss es an die Wand. Nur dieses eine Mal hatten wir alle Einblick in die Seele meines Vaters, aber auch, in welcher Weise Günther die jüngeren Geschwister unterdrückte, an die Wand presste, ihnen den Atem nahm.«

Er hält inne. Es ist, als wäre das Sektglas gerade an meiner Wand zerschellt, hier im Berliner Arbeitszimmer.

»Die jüngeren Geschwister, Traude und Gernot, haben ein Bündnis geschmiedet gegen die Günther-Tyrannei«, fährt Klaus fort, und es hört sich so an, als hätte er viel über dieses Thema nachgedacht, als seien die Formulierungen lange in ihm gereift und würden möglicherweise nun zum ersten Mal herausgelassen – oder sprach er öfter darüber? Ich schäme mich ein wenig, dass ich ihn zugleich analysiere, seine Sprache, die starke Mundart, wobei mich sein anspruchsvoller, in rasendem Tempo vorgebrachter Satzbau auch beeindruckt, und dass er keine Scheu vor Emotionen hat, vor Pathos; damit wirkt er offen und verletzlich. Er selber, sagt er, habe in Günthers Gegenwart nichts zustande gebracht, war zu blöd zu allem.

Das Gefühl kenne ich, versichere ich wahrheitsgemäß und überlege, ob ich ein Beispiel anführen soll. Aber Klaus ist schon wieder ganz woanders. Günther sei ein Egomane gewesen, »genial begabt, ein Barbar, der nicht mit Messer und Gabel umgehen konnte – bis er Christel begegnete! Aus unserer Sicht verdankt er alles Christel, sie verwandelte den Wilden in einen Menschen, sie machte ihn für Außenstehende erträglich.«

Moment mal. Nicht mit Messer und Gabel? Klaus hält überrascht inne. Natürlich meine er das nicht wörtlich, aber, na ja, so gut wie wörtlich, dieses Schlingen, dafür sei er doch sein Leben lang bekannt gewesen! »Der hat ja wahnsinnig geschlungen, unglaublich, alles in sich reingefressen, so zack zack zack, da blieb nichts übrig!«

Ich weiß schon, was er meint, ich habe diese Bilder auch im Kopf: Günther, wie er, in der Diele stehend, einen von Christels großen Champagnertrüffeln im plötzlich aufgerissenen Mund versenkt; seine schweigsam über den Teller gebeugte Haltung. Aber mir wäre nie eingefallen, etwas davon mit einer Wertung zu versehen. Obwohl ich es bei jedem anderen schrecklich gefunden hätte. Ich fand dann Günthers verständnislose Blicke eher lustig, wenn Christel ihn sanft ermahnte oder sich bei anderen für sein Schlürfen entschuldigte. Er konterte dann mit einer wissenschaftlichen Erklärung, wonach der beim Schlürfen zusätzlich mit der Speise verbundene Sauerstoff den Geschmack erst richtig zur Geltung brächte. Und alle anderen standen als Banausen da.

Ob ihm noch irgendwelche Geschichten aus der Kindheit einfallen, frage ich Klaus.

Von den Brüdern? Nein. Sie waren vier Jahre auseinander und hatten keine Gemeinsamkeiten. Gernots Wunsch, nicht aufzufallen, ging so weit, dass er sich unterm Bett versteckte, wenn Besuch kam – während Günther die Gäste mit seiner Brillanz unterhielt.

Jetzt bedauere ich es, mich nie für Onkel Gernot interessiert zu haben. Dabei war es doch eine von Christels Lehren gewesen, sie hatte es sogar als einen Sport bezeichnet, beim Smalltalk herauszufinden, was an einem anderen Menschen besonders sei – denn jeder Mensch habe etwas, das ihn besonders mache.

Gernot war Richter gewesen, fällt mir jetzt ein. Familienrichter.

Auch seine Mutter, Lotte, habe unter Komplexen gelitten, sagt Klaus jetzt, sie hatte ja nicht studiert und fühlte sich nie gleichwertig unter den anderen beiden Frauen: Christel war die Dame von Welt, Traude die selbstständige Ärztin.

»Nein, die drei Familien von Traude, Gernot und Günther haben letztlich keine Gemeinsamkeiten aufgewiesen, außer der Verwandtschaft«, fasst er zusammen. »Die Traude-Familie protzte mit nicht vorhandenem Geld, sie lebte ein Großtuer-Leben, was wir, besonders aber mein Vater, aus tiefstem Herzen ablehnten. Die Günther-Familie war die Familie der Hochbegabten, der Schlauen, zu denen man aufschauen konnte, mit denen man aber keine Gemeinsamkeit hatte: eine chaotische Welt, nicht durchschaubar, nach eigenen Regeln funktionierend, aber nicht vorhersehbar, beängstigend, weil es keine Orientierung, keine klaren Regeln wie Pünktlichkeit, Berechenbarkeit gab. Und dann wir, die Gernot-Familie, das komplette Gegenteil: Pünktlichkeit, Verlässlichkeit, Klarheit, Berechenbarkeit und damit viel Geborgenheit in klaren Strukturen, so wuchsen wir auf, so wurden wir erzogen. Acht Uhr Frühstück heißt acht Uhr und nicht acht Uhr fünf! Jedes Versprechen muss eingehalten werden, geplant wird über Wochen, Monate, und die Planung wird exakt verwirklicht.«

Darin liegt aber auch eine Brillanz, denke ich, diese komplexe Rhetorik herauszuschießen. Klaus hat nicht nur dieselben großen Ohren wie Günther und Gernot (Schenck-Ohren, wie er sagt), er ist auch ein Forscher, sein Forschungsprojekt ist er selbst, so kommt es mir vor. Ich bin ihm dankbar, dass er mich auf all das aufmerksam macht, und sage ihm das. Da verstummt er plötzlich, als sei ihm die Munition ausgegangen und als merke er zugleich, dass er sie gar nicht mehr braucht. Kurz schweigen wir. Dann erinnert sich Klaus noch an das eine Mal, wo Günther ihn lobte. Es hatte etwas mit Computern zu tun, da hatte Günther Anerkennung durchblicken lassen. Als er davon erzählt, redet er etwas langsamer.

Zum Schluss kommt er auf die von mir damals zerstörte und anschließend von seinem Vater liebevoll rekonstruierte Cassette zu sprechen, die sich heute in seinem Besitz befindet. Er verspricht mir, den Inhalt auf CD zu brennen. Denn darauf habe sich etwas befunden, das für mich sicher von großem Interesse sei: Die Uroma, Günthers und Gernots Mutter, erzähle neunzig Minuten lang aus »der frühen Zeit« – der Zeit, in die Günther zu Pfingsten 1913 hineingeboren wurde.

Bis ich zehn Jahre alt war, hatte ich nicht nur zwei Großelternpaare, sondern auch eine Uroma. Ich wusste, dass sie Gertrud hieß, aber es wäre mir nie eingefallen, sie anders als Uroma zu nennen. Die Uroma war klein, weißhaarig und hatte einen echten Buckel. Der Buckel war in einer perfekten Rundung geformt und stand doch so unpraktisch hinten raus und war so ungewöhnlich, dass ich mich fragte, aus was für einem Material er sei. Knochen? Fleisch? Etwas anderes? Es war mir unbegreiflich, wie so eine Verformung entstehen konnte, aber fragen wollte ich auch nicht. Ich fand, die Uroma sah Günther ähnlich, beide hatten ein rundes Gesicht mit einem geheimnisvollen Grinsen, das immer so aussah, als amüsierten sie sich über etwas, was sie einem nicht verrieten. Ich sah die Uroma nicht häufig, denn sie wohnte weit weg, in Flensburg, bei Tante Traude, Günthers Schwester, in einem weitläufigen, verschachtelten Bungalow mit Sechziger-Jahre-Einrichtung. Sie hatten einen Schäferhund namens Rex und zwei Pfauen, die sie täglich mit Eierschalen, Wurst und Kuchen fütterten. Zu meinem zehnten Geburtstag war die Uroma überraschend in Mülheim, ich erinnere mich genau, wie sie mit ihrem Buckel in winzigen Schritten den Bühl überquerte (die Straße ist sehr schmal). Sie holte etwas vom Rücksitz des Mercedes meiner Tante und kam mit einer Plastiktüte in der Hand wieder zurück, auf mich zu. In der Plastiktüte war mein Geschenk: ein blauer Kapuzenpulli mit Kängurutasche. Deren Inneres war ganz weich, vermutlich eine Polyamid-Polyester-Mischung. So was hätte meine Mutter mir nie gekauft. Mich beeindruckte, dass die Uroma mich gut genug kannte, um ein Kleidungsstück für mich auszusuchen.

Jetzt, beim Abhören der Tonaufnahmen, erkenne ich ihr langsames, edles Schwäbisch, eine gläserne Stimme, die in ein starkes Rauschen gebettet ist. Es ist anstrengend, ihr zuzuhören, und ich verfluche jedes Tonloch, das wieder eines ihrer kostbaren, tief aus der Vergangenheit ragenden Worte verschluckt. Es ist eine doppelte Zeitreise – zum einen in das Jahr 1973, als diese Aufnahme entstand, und dann viel weiter zurück, in das Jahrhundert davor, als es noch einen König gab und einen Kaiser und als Gertrud, die mittlere von drei Töchtern eines Stuttgarter Regierungsrats, mit ihren Eltern einen Spaziergang im Schlossgarten machte.

»Da kam uns der König mit seinen zwei Hunden entgegen« – ihre Stimme hört sich an, als würde sie beim Sprechen lächeln. »Er hatte ja sehr schöne braun-weiße Spitze. Mein Vater stand gut mit ihm, denn er arbeitete schon Jahre in seinem Kabinett.

Der König gab mir die Hand und fragte, wie mir die Schule gefalle, denn ich war gerade in die erste Klasse gekommen. Da erzählte ich ihm, dass ich am Abend zuvor ganz genau den Mann im Mond gesehen habe.« Ich höre sie schmunzeln, durch das Rauschen hindurch. »Da hat er sich wohl innerlich gefreut. Auf jeden Fall hat er mir nicht widersprochen.«

Ob Günther die Cassette je abgehört hat, nachdem sie wiederhergestellt worden war? Hat er Gernot und Lotte angemessen gedankt für dieses Geschenk, das jetzt das Buch bereichert, das ihm noch mehr Aufmerksamkeit verschafft? Sicher hat er reingehört, aber die mangelnde Qualität wird ihn gehindert haben, neunzig Minuten dranzubleiben. Für technische Mängel hatte er wenig Geduld.

Die Uroma erinnert sich: Sie waren drei Töchter. Und da bildeten die Männer sich ein, sie warteten auf sie? Nein, selbstständig werden war die Devise. So begierig waren sie während ihrer Schulzeit darauf, die Hausaufgaben ordentlich zu erledigen, dass der Vater sich manchmal bewogen fühlte, den Haupthahn vom Gas zuzudrehen, damit sie endlich schlafen gingen. Aber für diesen Fall hatten die Schwestern (deutliches Schmunzeln) Kerzen unterm Bett versteckt.

Ihr Vater habe immer bedauert, dass sie kein Bub war und also nicht studieren konnte. Nach dem Abitur wurde sie auf eine Haushaltsschule in der Nähe von Lausanne geschickt. »Damit du siehst, dass auf dem Berg auch noch Leute leben«, hatte er gesagt. Es wurde aber auch Krocket und Tennis gespielt und die Geldbörse der Eltern ordentlich geschröpft. Umgangssprache war Französisch – Gertrud war empört, wie schlecht das Französisch vieler Mädchen war. Sie kamen ja von überall her, Italien, England, Ungarn; ihr Zimmer teilte sie sich mit einer Spanierin, von der sie lernte, sich mit Odol die Zähne zu putzen, eine Angewohnheit, die sie später auch beibehielt, als sie schon im Hause des berühmten Chirurgen Albert Narath in Heidelberg ein Praktikum machte, das sie für ihr Examen als staatlich geprüfte Kindergärtnerin brauchte.

Auf einem Sommerfest der Naraths lernte sie Otto kennen. Er war von seinem Freund Oskar Hofheinz mitgenommen worden, weil dieser ihn in die höhere Gesellschaft einführen wollte. Otto schrieb gerade seine Doktorarbeit in Germanistik. Dafür war er eigentlich schon etwas alt, nämlich neunundzwanzig. Aber als eines der jüngeren von zehn Kindern eines Pfarrers aus dem fränkischen Wertheim hatte er, anders als seine älteren Brüder, zunächst nicht studieren dürfen, sondern nur eine Ausbildung zum Kirchenorganisten bekommen und sich dann mit Auftritten und Konzerten das Geld fürs Studium selbst verdienen müssen. Gertrud bot an, ihm zu helfen, sie hatte Erfahrung mit dem Lektorieren, seit sie mit ihrem Vater an dessen Buch *Über das Steuerrecht im Königreich Württemberg* gearbeitet hatte.

Otto und Gertrud feierten ihre Hochzeit im »Schwarzen Schiff«, einem nach den Schießpulverschiffen benannten Lokal unten am Neckar; es gab ein siebengängiges Menü mit Schildkrötensuppe, italienischem Salat und schwedischer Eisbombe. Gleich am nächsten Morgen fuhren sie mit Ottos Motorrad ins Elsass und über den Col de la Schlucht ins französische Gérardmer. Dort tranken sie zum ersten Mal Sauermilch mit Zucker, was herrlich erfrischend war. Sie wanderten über Pfade, Leitern, Brücken, hatten Ausblicke auf den Schwarzwald, die Rheinebene und das Münstertal. In einer Grotte sprach Otto Edgar Allan Poes dämonisches Gedicht vom Raben mit so eindringlicher Stimme, dass Gertrud das geisterhafte Munkeln, das Feueraugen-Funkeln noch nachhing, auch als sie längst wieder im Freien waren und Hand in Hand durchs Schäfertal wanderten.

Nur einmal passierte ein Missgeschick, da brachte sie ihn im Geraldsee, dem Lac de Gérardmer, aus Versehen fast um: Im Glauben, ihr Mann sei ein hervorragender Schwimmer, hatte sie ihn aus Spaß immer wieder unter Wasser getaucht. Sein Prusten hatte sie falsch gedeutet, sie war der Meinung, er scherzte, und tauchte ihn gleich wieder unter. Der Übermut hatte sie gepackt, erst langsam und schleichend setzte der Schrecken ein. Sie hielt inne und begriff, sein Entsetzen war echt. Und Otto? Er schwamm, nein paddelte von ihr fort zum Ufer, ungeschickt und hektisch, mit den ruckartigen, zappelnden Bewegungen eines Hundes.

Zu ihrem 95. Geburtstag besuchte ich die Uroma in Flensburg. Sie saß in einem Rollstuhl, und ihr rundes, von weißem Haar gerahmtes, wie immer höchst amüsiertes Gesicht schaute vorn unter der Schildkrötensilhouette hervor, zu der sich ihr Rücken mittlerweile geformt hatte. Seelenruhig thronte sie inmitten eines Meers von Blumensträußen, die in hohen Vasen auf dem Boden, auf kleinen Tischchen und, zusammen mit lauter Geschenken, auf dem weißen Flügel aufgebaut waren.

Danach hörte ich längere Zeit nichts von ihr, bis eines Abends mein Vater ruhig sagte: »Die Uroma ist gestorben.« Oh. Ich nahm es ohne große Überraschung zur Kenntnis; fragte mich wohl, ob ich nun etwas Besonderes fühlen würde. Es war das erste Mal, dass jemand, den ich näher kannte, gestorben war. Ich horchte, ob mein Vater noch mehr sagen würde, und fand es dann in Ordnung, dass er es nicht tat. Durch mein Schweigen schien ich mit dem Schweigen meines Vaters verbunden zu sein und irgendwie auch mit dem Schweigen der Uroma. Der Unterschied zwischen ihrem Totsein und ihrem Am-Leben-Sein zuvor war kaum spürbar. Sie hatte für mich schon immer vor allem in Gesprächen und Gedanken existiert.

Wenn es mir aber plötzlich wieder einfiel, das Wort »gestorben« – feierlich und endgültig, mehr geheimnisvoll als beängstigend; am nächsten Tag in der Schule oder auf dem Fahrrad oder wenn ich mir gerade ein paar Colaflaschen aus Weingummi am Büdchen holte –, dann horchte ich jeweils in mich hinein, ob ich noch etwas anderes fühlte. Trauern war mir wohl ein Begriff, aber ich wusste nicht recht, wie ich es praktisch umsetzen sollte.

Das Einzige, was mich wirklich betrübte, war, dass ich ihre Zeichnung nicht mehr fand. Weil die Uroma wusste, dass ich gerne malte, hatte sie mir einmal eine Federzeichnung geschenkt, kleiner als eine Postkarte. Ihre altmodische Unterschrift »Gertr. Schumm« und die Jahreszahl 1911 standen in schwarzer Tinte unter der Zeichnung. Darüber drei Ovale, die wie Monokel Blicke in haarfeine Miniaturlandschaften zeigten: Felder, sanfte Berge, Schilf, ein Boot. Die aufgehende Sonne.

Otto wurde nach seiner Promotion Deutschlehrer am Hölderlin-Gymnasium in Heidelberg, was ihn stark langweilte; aber die Stelle war sowieso nur als Sprungbrett gedacht, um sich währenddessen auf den Posten eines Schuldirektors zu bewerben. Der Karrieresprung gelang tatsächlich, und sie zogen nach Lörrach, eine kleine, von bewaldeten Hügeln umrahmte Industriestadt nahe der Schweizer und der französischen Grenze. Sie nahmen eine Wohnung am Marktplatz, gleich über der Bierwirtschaft »Zur Sonne«: vier moderne, helle Räume und unterm Dach eine Mansarde für Leopoldina, das Dienstmädchen. Als Ottos Eltern zu Besuch kamen, meinten sie, die Wohnung sei ja viel zu groß. (»Dann ist sie richtig«, sagte Gertrud, und wieder erreicht mich ihr Schmunzeln, aus der Vergangenheit über die Cassette und die Kopfhörer direkt in mein Ohr.) Otto erneuerte die Lörracher Mädchenschule, der er nun vorstand: Zunächst gründete er einen Lesesaal, damit die Schülerinnen nachmittags bei Regenwetter versorgt waren. Er schaffte einen Flügel an und abonnierte mehrere Tageszeitungen. Als Gertrud ein Bildnis der Nobelpreisträgerin Bertha von Suttner im Keller der »Sonne« fand, hängte Otto es im Lesesaal auf. Und dann musste natürlich ein moderner Physiksaal eingerichtet werden, wofür er bei Zeiss in Jena die Geräte bestellte. Zum Schrecken seiner Frau tat er dies auf eigene Kosten, wie er auch schon den Flügel vorfinanziert hatte. Erst später bekam er das Geld wieder rein, durch Tombolas und Theateraufführungen von Schillers »Glocke«, die er selber inszenierte.

Zu Schulausflügen nahm er Gertrud oft mit; sie tat dann so, als verstünde sie kein Deutsch, so dass die Mädchen englisch oder französisch mit ihr sprechen mussten. Nach einiger Zeit überließ Otto ihr einige der offiziellen Schulstunden: Französisch in der fünften und sechsten, Deutsch in der achten Klasse. Einigen im Kollegium war der neue Direktor ein Dorn im Auge. Ein junger Franke, der kaum Hochdeutsch sprechen konnte, aber alles umkrempelte – und seine schwangere Frau gab den Französisch-Unterricht? Aber Otto saß fest im Sattel, er war bestens vernetzt, mit dem Bürgermeister per Du, ebenso mit dem Bank- und dem Eisenbahndirektor. Und seine Schwierigkeiten mit dem Hochdeutschen? Gertrud fand, dass sie einen beruhigenden Effekt auf ihn hatten.

Pfingsten 1913. Der Balkankrieg ist in vollem Gange, zum ersten Mal in der Geschichte werden Flugzeuge zur Kriegsführung eingesetzt, Bulgarien hat die als uneinnehmbar geltende Stadt Adrianopel besetzt. Das alljährliche Brunnenschmücken mit Blumen und Birkenstöcken im elterlichen Pfarrhaus fällt in diesem Jahr für Otto aus, denn sein erster Sohn drängt auf seine Geburt. Per Postkarte teilt Otto den Verwandten mit, dass die bekannte Hebamme Frau Dietz seiner Frau empfiehlt, von Reisen abzusehen.

Seine Geburt hat Günther oft selbst beschrieben, praktisch alle autobiographischen Notizen beginnen mit der Information, dass seine Mutter als gelernte Kindergärtnerin auch eine Hebammenausbildung hatte, was immer wieder nützlich gewesen sei, zum Beispiel bei seiner Geburt. Die habe sie nämlich allein erledigt, da sein Vater sich mit dem Hausarzt verspätete. Als sie endlich eintrafen, hatte seine Mutter ihn bereits im Arm.

Gertrud sagt dazu auf dem Tonband gar nichts; Onkel Gernot, der die Aufnahmen durch seine Fragen steuert, versucht seiner Mutter etwas zu dem Thema aus der Nase zu ziehen: »Wie war denn dann die Geburt vom Günther? Der hatte doch bestimmt einen dicken Kopf, oder?«

»Ja, der hatte einen dicken Kopf.«

Dann erzählt sie, wie sie zu Otto gesagt habe, das Kind heiße Günther – und Otto ganz perplex über diesen Namen war. Bei den Schencks hieß man normalerweise Friedrich, Otto oder Wilhelm.

»Günther Otto«, fügte Gertrud versöhnlich hinzu.

»Günther Otto Friedrich«, sagte wenig später Günthers Großvater, der selber Friedrich hieß und als Pfarrer alle seine Enkel selber taufte. Am Taufbecken fügte er eigenmächtig noch den Namen Wilhelm hinzu. Otto flüsterte Gertrud ins Ohr, dass hiermit sicher nicht der von ihnen wenig geschätzte deutsche Kaiser gemeint sei, sondern sein Onkel Willy, der als Ingenieur nach Mexiko ausgewandert und dort bei einem Überfall auf seine Silbermine versehentlich von der Polizei erschossen worden war.

Das erste Jahr von Günther Otto Friedrich Wilhelm war so behütet, wie es eben ging am Vorabend des Ersten Weltkriegs.

Otto war befördert worden und jetzt zusätzlich Direktor einer großen Volksschule in Lörrach; die angespannte Lage zwischen Entente und Mittelmächten war überall spürbar, und Gespräche mit Freunden und Kollegen legten eine zunehmende Polarisierung zwischen »Friedensfreunden« und »Militaristen« bloß. Gertrud verbrachte viel Zeit mit Günther in Stuttgart; die Eltern Schumm hatten einen großen Garten mit Springbrunnen und Teehäuschen, und während sich ihre Schwestern um das Baby kümmerten, las Gertrud die wissenschaftlichen Tagebücher des Ehepaars Stern aus Berlin, die die Entwicklung ihrer Kinder genau beobachtet hatten, und auch ansonsten alles über Reformpädagogik, was sie kriegen konnte.

Dann wurde die Freude über Günthers erste Schritte überschattet von der Nachricht des Attentats auf den österreichischen Thronfolger Franz Ferdinand und auf Herzogin Sophie. Nach dem Blankoscheck, den Deutschland Österreich ein paar Tage später ausstellte, glaubten Otto und Gertrud »und die anderen Friedensfreunde«, wie es in ihren Erinnerungen heißt, immer noch an eine diplomatische Lösung. Doch am 31. Juli 1914, dem letzten Schultag vor den großen Ferien, wurde kurz vor dem Schlussakt die von Otto inszenierte »Glocke« von Schiller durch den Aufruf zur Mobilmachung unterbrochen. Otto wurde auf dem Bezirksamt eingekleidet und musste sich noch in der Nacht mit der Brückenschutzabteilung auf den Weg machen.

Als Günther vier Jahre alt war, wurde er aus dem Kindergarten geworfen. Weil er es dort stinklangweilig fand, hatte er die anderen Kinder in Gruppen organisiert und mit ihnen die Spiele gespielt, die er von seiner Mutter kannte. Gertrud machte jedes Jahr zu Nikolaus ein großes Fest, zu dem sie dreißig bis vierzig Kinder einlud, die sie dann mit Hilfe von ein paar anderen Erwachsenen stundenlang beschäftigte. Dass Günther diese Spiele nun selber einsetzte, ließ sich die Kindergärtnerin nicht gefallen.

Ottos Reaktion war: Das Kind muss Klavierspielen lernen. Er selbst war ja diplomierter Orgellehrer und hatte einige Preise bekommen, da sollte auch sein Sohn es können. Außerdem wurde ein kleines Schulbänkchen angeschafft. Das Kind sollte Lesen und Schreiben lernen! Er zeigte ihm, wie man den Federhalter richtig hielt, wie er draufdrücken, wie er die Hand halten soll. Dann kam er in die Schule, obwohl er eigentlich noch zu jung dafür war. Und so saß Günther in der hintersten Reihe und versuchte zu verstehen, wovon die Rede war. Einmal hatte der Lehrer von den Geschöpfen Gottes gesprochen. Günther war dieses Wort – *Geschöpf* – unbekannt, er vermutete, es müsse so etwas Ähnliches wie ein Schöpflöffel sein, jedenfalls müsse es silbrig aussehen. An Gott glaubte er ja nicht; dazu bestand keine Veranlassung. Aber wenn der Geschöpfe hatte, dann mussten die bestimmt im Naturalien-Kabinett zu finden sein. Günther ging also hin zu diesen Schränken, in denen die Apparate für physikalische Experimente standen, und fand schließlich eine Elektrisiermaschine, so etwas hatte er schon mal in einer Vorführung gesehen: Da war ein Rad, das gedreht wurde, da waren Bürstchen, da waren kleine Kugeln, und am Ende sprangen Funken über. Das, da war er sich sicher, war das Geschöpf Gottes.

Bei der ersten Reise mit seinem Vater war Günther vier. Das war im Jahr 1917, und da es immer wieder Luftangriffe auf Lörrach gab, erwartete seine Mutter ihr drittes Kind – Gernot – zusammen mit ihrer zweijährigen Tochter Traude in Stuttgart bei ihren Eltern. Günther blieb während der Zeit mit seinem Vater in Lörrach, wo sie von Leopoldina bestens versorgt wurden. Als es endlich so weit war, fuhren sie auf militärisch bedingten Umwegen mit dem Zug nach Stuttgart. Nachdem sie »das neue Gernotlein« bewundert hatten, bekamen sie noch eine Stärkung, dann ging es endlich – Günther war hundemüde – zu ihrer Unterkunft, ins Hotel Herzog Friedrich. Hier gab es einen Lift, wie man sie aus französischen Filmen kennt – eine Art Drahtkäfig, in dem man nach oben gehievt wurde. Er hatte außer den nummerierten vier Knöpfen noch einen ohne Zahl, und ausgerechnet den drückte Otto. Sie landeten in einem Lattenverschlag; hinter einer Tür mit Vorhängeschloss glimmte eine Kohlefadenlampe. Als Otto jetzt die Nummer zwei drückte, geschah nichts. Er probierte es noch einmal, wieder ohne Effekt. Dann die eins, doch nichts passierte. Er drückte immer wieder alle Knöpfe – nichts. Otto begann zu schwitzen, Günther dagegen lehnte sich zurück. Jetzt wird es interessant, dachte er. Wie lange würde es wohl dauern, bis sie im Hotel merkten, dass sie keinen Lift mehr hatten? Weil noch andere an dem Aufzug interessiert sein mussten als nur sie beide, sah er keinen Grund, die Knöpfe weiter zu drücken. Aber sein Vater regte sich immer mehr auf und verlor dadurch seine Autorität. Schließlich fuhr der Lift plötzlich an, sie stiegen im zweiten Stock aus, und Günther konnte endlich weiterschlafen. So hat er es in seinen Aufzeichnungen beschrieben.

»Vatermord«, sagt Claus, als ich ihm die Stelle vorlese. »Ganz klar.«

Die Person, die in Günthers Aufzeichnungen zu seiner Kindheit am häufigsten vorkommt, ist tatsächlich Otto. Manche Erinnerungen sind liebevoll, etwa die, wie Otto einem Dampflokführer eine Zigarre gab, damit sie vorne in der Lok mitfahren konnten. Doch immer wieder erwähnt er auch, eher beiläufig, dass sein Vater keine Ahnung von Naturwissenschaften hatte.

Beim Besuch im Elektrizitätswerk etwa hätten sie beide gleich wenig verstanden. Allerdings habe er sich die Erklärungen auf den Täfelchen gemerkt und zu Hause in *Das neue Universum* nachgesehen, seinem Lieblingsbuch, in dem Themen aus der Wissenschaft und Forschung für Jugendliche aufbereitet wurden. »So konnte ich einige Wochen später verstehen, wie das mit der Umwandlung vom relativen Hochstrom in Gleichstrom funktionierte.«

Schlimm war für Günther aber vor allem eine Angewohnheit seines Vaters, die er als »Fimmel« bezeichnete. »Die Welt ist ein Jammertal«, habe er immer wieder gesagt und ihm grausige Dinge gezeigt, als Beweis. So zerrte er ihn eines Nachts aus dem Bett und ans Fenster, um ihm einen Epileptiker zu zeigen, der sich unter einer Laterne am Marktplatz in Krämpfen schüttelte. Er zeigte ihm Leute, denen Arme und Beine abgeschossen waren, und ging mit ihm in den Hebelpark hinter der Schule, wo die blutigen Überreste des Hausarztes zu sehen waren, der von einer Fliegerbombe zerfetzt und in einen Baum geschleudert worden war. Als Resultat wurde Günther fast jede Nacht von furchtbaren Albträumen heimgesucht.

»Nach dem Krieg hörte mein Vater damit auf«, schreibt er. »Es war nicht mehr nötig. Es waren ja ohnehin überall verbitterte Männer zu sehen, die ohne Beine, auf kleine Wägelchen geschnallt, durch die Straßen fuhren und ihre Schmerzen mit Bier betäubten. Wenn meine Schwester und ich ihnen helfen wollten, wurden sie wütend und warfen ihre Stöcke nach uns.«

Günther war damals sechs Jahre alt und ziemlich viel allein unterwegs. Es gab einen Mann, mit dem er sich anfreundete, ein sogenanntes *verkommenes Subjekt*, wie es hieß; laut Günther war es einfach jemand, der Gesprächspartner brauchte und sich an die Kinder wandte. Der zeigte ihm, wie man aus einer alten Blechbüchse und einer Handvoll des bröselig grauen Steins, mit dem Maulwürfe bekämpft wurden, eine Karbidbombe bauen konnte. Irgendwann trafen sie damit den Schornstein eines Hauses, von da an ging Günther dem Mann aus dem Weg. Es gab ja schließlich auch genug andere interessante Dinge zu beobachten. Faszinierend war zum Beispiel der von entschlossenen Männern mit enormem technischem Gerät betriebene Schienenbau, einschließlich der Aufhängung der Oberleitung für die Stromversorgung der Straßenbahn. Als die Schienenpaare vor der Diskontobank gegenüber dem Marktplatz bis zur Wirtschaft »Zur Sonne« gelegt wurden, konnte Günther das Zusammenschweißen der aufeinandertreffenden Schienen aus der Nähe betrachten. Angelockt wurde er durch das Gebrüll, das ein großer Mann machte, dessen Arbeiterkolonne die Schienen legte. Nachdem Günther die Männer eine Weile beobachtet hatte und Zeuge einer Art Feuerwerk geworden war, fasste er Mut, kam näher heran und legte vorsichtig seine Hand in die Hand des Chefs, der sich erstaunt umsah.

»Was wird da gemacht?«, fragte er.

Der Mann war ganz sanft, vielleicht hatte er einen Enkel in Günthers Alter. »Ich will dir alles erklären«, sagte er und rief dann laut: »Drei Minuten Pause!« Die Männer traten zum Schwätzen oder Rauchen zusammen.

»Es ist sehr gefährlich«, sagte er zu Günther. »Ich schreie, damit alle aufpassen. Hier wird flüssiges Eisen gemacht, das fließt zwischen die Schienen. Das ist wie ein feuerspeiender Berg, aus dem unten Eisen fließt. Wenn es fertig ist, kommt noch ein elektrischer Schleifer, und dann kann die Straßenbahn ohne Holpern fahren. Obendrauf ist die Zündkirsche (Günther kapierte nicht richtig), und wenn die brennt, dann geht gleich das Feuerwerk los, und alle müssen Abstand halten. Nur ich darf die Zündkirsche (Günther konnte keine Kirschen sehen) anzünden! Also, jetzt geht's gleich los.«

Er stellte Günther an einen Platz, wo es ungefährlich war, und schärfte ihm ein, er dürfe keinen Schritt vorwärts gehen. Einer der Männer hielt Günther von hinten mit zwei Händen an beiden Schultern fest und tat ihm dabei »entsetzlich weh«, aber er muckste nicht. Dann wurde die vorbereitete Eisenfabrik mit der rätselhaften Zündkirsche angezündet. Der Chef sprang zurück, und ein großartiges Feuerwerk entsprang dem riesigen viereckigen Topf.

Die Tage waren interessant; aber wenn es auf den Abend zuging, wurde es Günther mulmig. Er träumte oft schlecht. Das intensive Träumen hatte er von seinem Vater geerbt. Dem war es sogar mal nützlich gewesen, denn er wurde seiner Träume wegen aus dem Krieg nach Hause geschickt: Beim Bewachen einer wichtigen Brücke, der Rheinbrücke bei Hüningen, hatte Otto geträumt, die Franzosen kämen, und gab, wie es seine Pflicht war, sofort Alarm für das ganze Regiment. Nach dem zweiten Fehlalarm wurde er von gütigen Vorgesetzten wegen »Nervenabspannung« entlassen. Ähnlich intensiv träumte Günther. Die Albträume, die er während der »Jammertal«-Phase seines Vaters hatte, klangen erst ab, nachdem er eine Ausstellung mit Totentänzen von Otto Dix und anderen Künstlern gesehen hatte.

Er beschreibt den Tag in seinen Aufzeichnungen: Seine Mutter hatte ihn mit einem Geldschein in die Straßenbahn nach Basel gesetzt, er solle Zucker kaufen. Als er fragte, wie viel Zucker, sagte sie: »So viel du tragen kannst.« In Basel kam er an der Kunstausstellung vorbei, deren Plakate mit Totenköpfen ihm schon auf den Litfaßsäulen in Lörrach aufgefallen waren. Er ging hinein und sah sich alles an. Und obwohl entsetzliche und wahnsinnige Dinge dort gezeigt wurden – wütende Rie-

sen über grässlichen Skeletten, Durcheinander von Gliedmaßen, ein Christus mit Gasmaske –, hatte die Ausstellung eine
heilsame Wirkung. Schon am selben Nachmittag verspürte er
einen Energiezuwachs, der dazu führte, dass er sich in Basel
eine Schubkarre auslieh, diese voll mit Zuckerpaketen packte
und den ganzen Weg nach Lörrach zu Fuß zurücklegte. Als er
an dem Abend nach Hause kam, hatten seine Eltern sich schon
Sorgen gemacht. »Du hast gesagt, so viel ich tragen kann«, sagte
er zu seiner Mutter.

Im Herbst 1919 begann Günther, Zeitungen zu lesen, vor allem
das *Tageblatt* und die *Basler Nachrichten*. Er las die Zeitung,
nachdem sein Vater sie gelesen hatte. Der ging ja immer auf
Wahlveranstaltungen und hielt Reden gegen die Kommunisten.
Vor allem die politischen Sachen interessierten ihn, schreibt er,
die Erdölvorkommen in Baku, der Einmarsch der Franzosen ins
Ruhrgebiet, weil die Deutschen nach dem Krieg keine Repara-
tionen zahlen konnten. Die Ermordung von christlichen Arme-
niern durch die Türken.

Eine Weile war eine Flüchtlingsfamilie aus dem Osten in der
Wohnung einquartiert. Die hatten ein kleines blondes Mädchen,
viel jünger als Günther, aber er mochte es. Sie war vielleicht vier
Jahre, er war sechs. Wenn die Eltern des Mädchens auf Ämter
gehen mussten, fragten sie, ob es sich bei ihm im Zimmer auf-
wärmen dürfe. Günther hatte nichts dagegen, er spielte einfach
weiter Klavier, und neben ihm auf der Bank saß jetzt, mit großen Augen, staunend über sein Klavierspiel, das Mädchen. Er
hätte gern etwas für sie getan, aber er wusste nicht, was. Sie
sprach ja kein Deutsch. Also spielte er einfach weiter, bis das
Mädchen wieder abgeholt wurde, ein paar Stunden später.

Beim Klavierspiel hatte Günther ein bestimmtes Ziel: die
Baumkuchenprüfung. Nach dem Ende des Krieges füllten sich

die Geschäfte wieder, und im Schaufenster der Konditorei Pape, der teuersten Konditorei von Lörrach, stand echter Baumkuchen, mit Ecken außen dran und einer Papprolle in der Mitte. Otto hatte zu Günther gesagt, wenn er den »Reigen seliger Geister« von Gluck fehlerfrei spielen könne, bekäme er eine Scheibe Baumkuchen. So übte er täglich. Linke Hand, rechte Hand.

»Zunächst musste ich aber Noten lernen, was ja eine komplex zusammengesetzte Materie ist«, erzählte mir Günther einmal. »Die Noten für die linke Hand sind ein anderes System. Als ich den ›Reigen seliger Geister‹ mit jeder Hand einzeln spielen konnte, fragte ich meinen Vater, ob er nicht jetzt schon Baumkuchenprüfung machen könne. Mein Vater, der genau wusste, wie man Menschen und Tiere dressiert, sagte: ›Wenn du die Scheibe Baumkuchen so essen kannst, dass du die Oberseite isst und das Untere unberührt lässt, dann lassen wir dich auch bei der Prüfung jede Hand getrennt spielen.‹ Damit hat mein Vater mir den Begriff der Komplementarität nahegebracht – nämlich, dass Unter- und Oberseite etwas ganz Verschiedenes aussagen. Mein Vater hatte keine Ahnung von Physik, aber Niels Bohr hat dafür den Nobelpreis gekriegt.«

»Wofür genau?«

»Für den Begriff der Komplementarität. Der zur Folge hatte, dass Physiker nicht mehr unter einem scheinbar unauflöslichen Widerspruch leiden mussten, sondern akzeptieren konnten, dass das, was sie gedanklich nicht integrieren konnten, genauso miteinander vereinbar ist wie die zwei verschiedenen Prägungen einer Münze.«

Dieses Gespräch hatte ich irgendwann in den achtziger Jahren, als ich noch zur Schule ging, auf Tonband aufgenommen. Leider sind die Originalaufnahmen mittlerweile verschollen, ich habe nur noch die Abschriften, die ich damals gemacht hatte, und die sind unvollständig, weil ich nicht die Geduld hatte, beim Transkribieren immer wieder zurückzuspulen. Sie enthalten noch die Begriffe *Welle, Korpuskel* und *Partikel* – ich glaubte wohl, ich würde das später in einen Zusammenhang bringen können. Das klappt jetzt nicht ganz, deshalb frage ich Geo. Der meint, Günther müsse damals zurückgedacht haben an die Zeit, als Physiker Experimente mit dem Licht machten und ins helle Erstaunen gerieten:

»In manchen Experimenten verhielt das Licht sich wie eine Welle, also wie das Muster, das sich in einem Teich ausbreitet, wenn du einen Stein hineinschmeißt. Und in anderen Versuchen schien es sich zu verhalten wie kleine Teilchen –Korpuskel oder Partikel. Da schien es sich auszubreiten wie eine Salve von Patronen aus dem Maschinengewehr. Aber beides kann es doch nicht sein, verdammt noch mal, dachten die Physiker. Sie standen vor einem Rätsel. Und dann kam einer, der meinte, wir müssten uns von der Idee lösen, dass im Bereich der Elementarteilchen alles so sei wie im makroskopischen Bereich – wir können es uns nur nicht vorstellen, weil wir zwar Teiche und Kugeln kennen, aber nicht die Innenwelt von Atomen. Und die werden wir mit unseren fürs Grobe bestimmten Sinnen auch niemals sehen können. Für die Physik war das ein Befreiungsschlag. Denn von da an brauchte sie im atomaren Bereich keine direkte Anschauung mehr, sondern nur noch die Anschauung der Mathematiker. Das nenne ich Umdenken.«

Anfang der zwanziger Jahre wurde die Wirtschaftslage in Deutschland immer schlimmer. Die Inflation hatte die Preise phantastisch in die Höhe getrieben. Otto hatte gute Verbindungen in die Schweiz, so gelang es ihm, die Familie auch noch zu ernähren, als in Lörrach der Preis für ein Graubrot auf zweihundertsiebzig Millionen Mark gestiegen war. Aber gut ging es ihnen nicht. Die jüngste Tochter Waltraud starb an Keuchhusten, als Günther fünf Jahre alt war. (An das Husten des Babys erinnerte er sich später als die erste Erfahrung von Hilflosigkeit. Er wollte so gerne etwas tun, aber er wusste nicht, was.) Auch Gernot wäre beinahe an Keuchhusten gestorben, Gertrud fuhr mit ihm in die Berge und an die See, währenddessen wurden die beiden älteren Geschwister Günther und Traude nach Stuttgart geschickt, zu ihrer Tante, die bei dem Rollladenhersteller Leins Hausdame war. Im Hause Leins wurde morgens französisches Weißbrot und Orangenmarmelade mit dem Frühstückslift angeliefert, was Günther sehr beeindruckte und dazu brachte, nach dem Krieg, als es plötzlich Südfrüchte zu kaufen gab, für den Geburtstag seines Vaters selber Orangenmarmelade herzustellen.

In Lörrach wuchs zu der Zeit die Verzweiflung. Die Stadt hatte eine große Textilindustrie, und die Arbeiter revoltierten, weil ihre Familien hungerten. Immer häufiger gab es Unruhen in den Straßen – wütende junge Männer, schreibt Günther, die mit Knüppeln in den Gassen vor dem Rathaus pöbelten und mit alten Handgranaten drohten, die aus dem Weltkrieg übrig geblieben waren. Die Straßen waren voller Arbeitsloser, die um Geld oder Brot bettelten. Und dann, im September 1923, wurden drei Tuchfabrikanten an Gaslaternen erhängt. Einer von ihnen war der Onkel von Günthers Klassenkamerad Jörg Vogelbach.

Nur wenige Tage später hatte Günther selber eine Begegnung mit den Aufständischen. Er trocknete sich gerade am Badezuber Zeh für Zeh die Füße ab, als eine Gruppe aufgebrachter Männer lautstark Einlass verlangte. Günther sah, wie sein Vater zur Tür eilte und den Männern öffnete, die sofort in Richtung Wohnzimmer hereinstürmten. Einen von ihnen, den Dicken, erkannte er, das war der Sozialdemokrat Kießling, mit dem sein Vater bekannt war. Die anderen hatte er noch nie gesehen; sie wirkten grobschlächtig, und sofort hatte er sie im Verdacht, etwas mit den Morden zu tun zu haben. Günther folgte der Gruppe und versteckte sich unter dem Esstisch, denn er wollte mitkriegen, was die Männer vorhatten. Sie standen gedrängt an dem französischen Balkon, und dann rief der Anführer, mit Papieren fuchtelnd, den Menschen auf dem Marktplatz zu, dass die Arbeiter in Lörrach die Macht übernommen hätten und jetzt Räterepublik sei. Das Volk jubelte und grölte. Die Stimmung war explosiv; offensichtlich wagte selbst die Polizei nicht, einzugreifen.

Und Günther wagte kaum zu atmen – bis die Revolutionäre wieder abzogen, laut und polternd, wie sie gekommen waren. Als Otto ihn unterm Tisch entdeckte, lief er rot an, seine ganze Anspannung entlud sich jetzt auf seinen Sohn – er schnappte sich die auf dem Schneidebrett liegende Salami und verabreichte ihm damit eine Tracht Prügel.

»Vogelbach verließ kurze Zeit nach den Morden mit seiner Familie die Stadt«, schreibt Günther und erinnert sich daran, wie sein Klassenkamerad und er zusammen als Zwillingsbrüder auf der Bühne ihrer Schule gestanden hatten, wo sie dann von der »außerordentlich wohlduftenden Tochter des Gymnasialdirektors Hennesthal« in Gestalt der Medea erdolcht wurden. Auch die fünfköpfige Familie Schenck zog bald um. Bei ihnen waren es jedoch andere Gründe: Otto war beruflich überlastet. Er leitete mittlerweile nicht nur die Mädchenrealschule, sondern war auch Direktor aller vier Volksschulen von Lörrach. Mehrfach hatte er das Schulministerium um Entlastung ersucht, ohne Ergebnis. Schließlich hatte er sich fortbeworben und ging wieder nach Heidelberg ans Hölderlin-Gymnasium, wo er Oberstudienprofessor für Deutsch und Neue Sprachen sowie stellvertretender Rektor wurde.

Er hätte auch in eine andere Stadt gehen und wieder Schulleiter werden können, sagt mir Klaus Schenck, die Entscheidung für Heidelberg habe er im Hinblick auf die bestmögliche Ausbildung der Kinder gefällt. Die Uni war renommiert, und das Kurfürst-Friedrich-Gymnasium, in das Günther gleich nach dem Umzug eingeschult wurde, galt als schwerste Schule Deutschlands, seit fünfzig Jahre zuvor ein Preuße dort die Leitung übernommen hatte.

Die neue Wohnung in der Dantestraße war so geräumig, dass ihre Möbel ohne Wandkontakt aufgestellt werden konnten. Gertrud und Otto hatten sie zur Hochzeit bekommen; sie waren alle aus demselben Eichenholz angefertigt und sehr massiv. Das Klavier, ebenfalls aus diesem Holz, war so schwer, dass sechs Männer es die drei Etagen hinauftragen mussten. Das Ehebett war so hoch, dass man bequem darunter durchschlittern konnte, über den blankgebohnerten Parkettboden hinweg; im hinteren Salon waren Slalomfahrten um die Standuhr und um zwei Palmengewächse möglich. Hier stand auch, mitten im Raum, Ottos großer Schreibtisch, mit integrierten Bücherregalen und einer Miniaturbadewanne aus Bronze, an der sein Füllfederhalter befestigt war. Ein Bronzehündchen nickte mit dem Kopf, wenn man es anstupste.

Der Blick aus dem Fenster ging auf Häuser der Gründerzeit und auf Bäume, denn genau gegenüber lag ein Park und inmitten des Parks der Dante-Spielplatz.

Ich fahre noch einmal nach Heidelberg. Anders als in Halle darf ich auf ein lückenlos erhaltenes historisches Stadtbild hoffen. Heidelberg war schon lange der deutsche Lieblingsort vieler Amerikaner gewesen, es stand bereits früh fest, dass sie nach dem gewonnenen Krieg hier ihr Hauptquartier aufschlagen würden, und so blieb die Stadt – bis auf das Raubvogelgehege im Zoo, das von oben offenbar wie eine getarnte Industrieanlage aussah, jedenfalls verdächtig, und bei einem gezielten Luftangriff zerstört wurde – im Krieg praktisch unversehrt.

Die Heidelberger Weststadt wurde mir von meiner Cousine Corinna, Gudruns jüngster Tochter, eher mit verhaltenen Worten geschildert. Sie verlaufe sich dort immer, weil alle Straßen gleich aussähen; es sei eine Gegend, in der Kinder auf dem Spielplatz gerne mal Hannibal heißen. Ich stelle mir eine Art Prenzlauer Berg vor, aber anders als dort ist es in der Dantestraße am Sonntagvormittag wie ausgestorben. Das Haus, in dem Günther seine Jugend verbrachte und meine Urgroßeltern bis in die sechziger Jahre hinein lebten, ist ein blassgelb in der Sonne leuchtender Altbau. Davor liegt ein großer Spielplatz, der schon damals da gewesen sein soll. Jetzt ist er eingezäunt, also laufe ich halb darum herum und betrete ihn von der Seite. Beim Öffnen des Törchens fasse ich in etwas Klebriges. Dann merke ich, dass ich gar keine Lust habe, mir jetzt hier meine Uroma vorzustellen, die damals jünger war als ich jetzt, aber bereits dreifache Mutter, und den zwölfjährigen Günther laut bimmelnd auf seinem neuen Fahrrad. Ich spüre Überdruss und Sättigung, plötzlich habe ich das Gefühl, dieses ganze Projekt sei möglicherweise Zeitverschwendung, eine unnötige Geisterbeschwörung, die mich vom Wesentlichen abhält.

Aber was ist das Wesentliche? Der Kontakt dazu ist mir gerade abhandengekommen, wie manchmal in letzter Zeit. Zügig durchquere ich den mit aufgeschütteten Hügeln, Seilbahn und Gummibelag gestalteten Spielplatz. Nur um auf der anderen Seite festzustellen, dass ich tatsächlich, wie ich irgendwie schon geahnt hatte, eingeschlossen bin. Das Törchen auf dieser Seite ist verschlossen. Eine Gruppe Jugendlicher mit Red-Bull-Dosen tummelt sich an einem Baum, unter ihren desinteressierten, vielleicht auch milde belustigten Blicken betätige ich auch die Klinke des nächsten verschlossenen Törchens und des nächsten, bis sich endlich ein Seitenausgang findet und ich erhobenen Hauptes die Szenerie verlasse.

Dieser kurze Moment des Gefangenseins weitet sich ungut ins Metaphorische aus. Hat vielleicht tatsächlich mein Gesprächspartner aus dem Zug recht – der gefragt hatte, woran ich schreibe, und mir dann nachsichtig lächelnd empfahl, nicht allzu sehr in die Vergangenheit zu schauen, das wäre ungesund, lieber solle ich doch nach vorne schauen?

Ich biege in die Schillerstraße ein, wo die Straßenbahn fährt und die Familie nach ihrer Ankunft aus Lörrach kurz gewohnt hat, in welchem Haus, weiß ich nicht, es ist mir auch egal. Das Einzige, was mich interessiert, ist, einen Kiosk zu finden, an dem ich mir Wasser kaufen kann, um mir damit das Klebrige von den Händen zu waschen.

Als sie nach Heidelberg zogen, bekam Günther ein Fahrrad. Es war modern, schwer und stabil, und es hielt einiges aus, wenn er durch die Straßen sauste und gewisse Sprünge nahm. Manchmal fuhr er auch ganz gemütlich den Neckar entlang, bis hin nach Mannheim konnte man fahren, und das tat er oft, mit Wolfgang Jung, seinem neuen Freund, der in dieselbe Klasse ging und gleich um die Ecke wohnte. Beeinflusst von der Sportbewegung der zwanziger Jahre, die jede Menge Vereine hervorgebracht hatte, gründeten Wolfgang und Günther ihren eigenen Fahrradclub, und weil sie beide in der Weststadt wohnten, nannten sie sich nach Karl May: Wildwest. Die anderen Mitglieder kamen aus ihrer Klasse am Kurfürst-Friedrich-Gymnasium: Bimbel, Senges, Lefer, Walter und Reinhold. Bedingung: Jedes Mitglied musste ein Fahrrad besitzen. Lefer, eigentlich Heinz Leferenz, mit dem sich Günther oft über Probleme der Astronomie unterhielt, besaß sogar zwei Fahrräder. Als sie zu acht waren, beschlossen sie, dass sie nun komplett seien, und legten feierlich die Satzung in einem von Vater Senges gestifteten Buch nieder, in der zukünftig Herrenabende, Rad- und Motorrad-Ferienfahrten festgehalten wurden.

Einmal, Günther war dreizehn Jahre alt und am frühen Abend unterwegs nach Hause, sah er an der Bushaltestelle am Karlstor ein Mädchen, das weinte. Er fragte, was los sei, und das Mädchen sagte, es habe den Bus nach Schlierbach verpasst und nun würde es zu spät kommen. Günther bot an, das Mädchen als Passagier auf der Fahrradstange nach Schlierbach zu bringen, einen am Neckar gelegenen Vorort östlich von Heidelberg. Er lieferte es an einem kleinen Haus mit Garten unten am Fluss ab. Dann fuhr er wieder zurück.

Es war die erste Begegnung mit Christel Frommhold, der er acht oder neun Jahre später wiederbegegnen sollte.

Die Frommholds wohnten direkt am Neckar, was idyllisch und praktisch war: Karl Frommhold schwamm jeden Morgen durch den Fluss, oft gemeinsam mit seiner Tochter, die ebenso sportlich war wie er und genauso gerne die Abende mit Lesen verbrachte. In allen Zimmern des Hauses gab es Bücher, viele davon in fremden Sprachen. Dazu Wörterbücher und Sprachlehrbücher. Heimatkundliches. Märchen und Sagen, vom klassischen Altertum bis zu den badischen Volkssagen. Und natürlich Atlanten und Lexika. Für Christel war es kein langer Weg vom Lesenlernen zur Literatur. Büchner, Kleist, Schiller.

Christels Vater, mein Urgroßvater Karl Frommhold, war sowohl ein einfacher als auch ein hochgebildeter Mann. Er kam aus einer Schäferfamilie im Odenwald, wurde aber früh vom Klerus entdeckt und bekam eine erstklassige Ausbildung; bereits als Abiturient beherrschte er sechs Sprachen, unter anderem Hebräisch.

Doch als er sich in seine spätere Frau Elise verliebte, musste diese ihn buchstäblich freikaufen – also der Kirche über zwei Jahre die Kosten seines Studiums abstottern –, denn natürlich hatte man ihn ausgebildet, damit er ein Geistlicher würde. Dann konnten sie heiraten, und Karl nahm eine Stelle als Lehrer an einer Volksschule an, deren Rektor er bald wurde.

Christel hatte den dunklen Teint und die tiefbraunen Haare von ihrem Vater geerbt, und das wurde irgendwann zum Problem für ihr Selbstbewusstsein: Ein dunkles Kind war weniger wert. Dazu kam, dass ihre Mutter ganz deutlich ihren Sohn der Tochter vorzog, was aber weniger an dessen blonden Haaren lag als einfach daran, dass er ein Junge war.

Aufgrund der Namensgleichheit hatte ich Günter Frommhold kurzfristig für dieses Buch umbenannt, nach dem Motto: Es kann nur einen Günther geben. Aber dann wollte ich ihm, der davon träumte, Dirigent zu werden, für den nach der Musik die Lyrik das Höchste war, der Sympathien für den George-Kreis hegte und dann fünfundzwanzigjährig in Russland starb, nicht auch noch seinen Namen nehmen.

Günter war fünf Jahre jünger als Christel, aber sie hatten ein enges Verhältnis und musizierten oft zusammen mit Geige und Klavier. Die Eltern unterstützten das, obwohl sie selbst keine Instrumente spielten. Es war eine kleine Familie, sie waren nur zu viert, aber sie hatten ein Häuschen, einen Garten am Wasser, zwei Flachboote – und immer wieder ausländische Gäste, für die dann zusammengerückt wurde. Jugendliche aus verschiedenen europäischen Ländern lebten zeitweise bei ihnen, im Gegenzug wurden Christel und ihr Bruder in den Ferien nach Spanien, Frankreich oder Wales geschickt. Das war Karls Friedensarbeit seit Ende des Großen Krieges: Schüleraustausche zu organisieren. Besonders mit Frankreich war er vernetzt, und diese Vernetzung war gehalten durch den Überbau der katholischen Kirche.

»Unten die Fischer, oben die Fürsten«, sagte Geo mal über Schlierbach, und da stellte ich mir eine Flusslandschaft im Stil der Romantik vor: Fischer im Vordergrund, im Hintergrund Berge und Burgen. In der Bismarckstraße hing eine Radierung vom Rheintal, und ich denke, dass diese romantische deutsche Landschaft für Christel wie für Günther einen Bezug zu ihrer Herkunft dargestellt haben muss, obwohl sie weder den Fischern noch den Fürsten angehörten: Die einen waren klassische, in ihren Stand hineingeborene Bildungsbürger; die anderen eher Bildungsaufsteiger. Gymnasialprofessor versus Volksschulrektor. Das war einer der Unterschiede, die den familiären Segen für Christel und Günther auf Jahre hinauszögern sollten. Schwerer wog aber die Tatsache, dass die Frommholds katholisch waren und die Schencks evangelisch.

Die Schencks waren schon immer evangelisch, seit Luther den ganzen Stammbaum hinauf bis heute. Nach der Reformation dauerte es aber noch fast dreihundert Jahre, bis einer meiner Vorfahren Pfarrer wurde und damit eine Tradition begründete. Günthers Vater Otto war noch in einem klassischen Pfarrhaushalt aufgewachsen, in dem neben vielen schönen Ritualen auch hart gestraft wurde – von dieser Prägung kamen wahrscheinlich auch die Jammertal-Phantasien. Günther hat die pietistisch geprägte Atmosphäre mitbekommen, war aber räumlich und innerlich schon als Kind weit genug davon entfernt, um keine Aversion dagegen zu entwickeln. Sicher lag das auch an seiner Mutter, die es humorvoll nahm: Das einzige Gebet, das Gertrud manchmal mit ihm betete, endete mit: »Hab Dank im Himmel, du Vater mein, doch leider fällt mir das Ende nicht ein.«

Als er zwölf war, fragte Günther einmal seinen Großvater Fritz, ob er denn selber alles glaube, was er sonntags in der Kirche predige. Sie saßen im Café Wagner, woher auch Günthers älteste Erinnerung an Schwarzwälder Kirschtorte stammt (dazu trank er heißen Kakao). Sein Großvater sagte, auch wenn er nicht sicher sein könne, dass das alles stimme, so sei er doch sicher, dass er niemandem damit geschadet habe. Mit dieser Antwort gab sich Günther zufrieden.

Das zweite Kennenlernen von Günther und Christel ereignete sich 1933 am Philosophischen Seminar in Heidelberg. Günther nahm seit einigen Jahren an den politischen Gesprächskreisen seines Vaters teil und war dort besonders von Willy Hellpach beeindruckt, einem Politiker, Arzt und Soziologen, der ein Buch über »psychische Seuchen« geschrieben hatte. Durch ihn war er auf Karl Jaspers aufmerksam geworden, der ebenfalls einen Hintergrund als Psychiater hatte und in Heidelberg lehrte. Jaspers war damals schon renommiert (und durfte deshalb trotz seiner »jüdischen Versippung« noch bis 1937 lehren), seine Vorlesungen waren rappelvoll, weil sie nicht nur von Philosophiestudenten besucht wurden, sondern von allen möglichen Leuten, die sich interessierten. Wie Günther.

Und wie Christel, die damals noch zur Schule ging und ein Faible für Philosophie hatte. Gandhis Lehre der Gewaltfreiheit beeindruckte sie so sehr, dass sie von ihren Freundinnen *Mahatma* genannt wurde; von den Corpsstudenten jedoch, aufgrund ihrer guten Figur: *Formosa*.

Unter den nach einer Jaspers-Vorlesung herausströmenden Studenten sichtete Günther also eine junge Frau, die ihm bekannt vorkam. Und als sie seinen Blick erwiderte, wurde ihm klar, dass sich bei dem Mädchen, das er Jahre zuvor auf der Fahrradstange nach Schlierbach befördert hatte, eine erstaunliche Verwandlung zur Frau vollzogen hatte. Auch Christel erinnerte sich an ihn. Sie erzählte, dass die Familie nicht mehr in Schlierbach wohnte, sondern in Handschuhsheim, in der Beethovenstraße, damit sie und ihr Bruder leichter zur Schule kämen. Sie ging aufs Hölderlin-Gymnasium und ausgerechnet Professor Schenck war ihr Deutschlehrer. Günther fragte nicht, was sie von seinem Vater hielt; er wusste, dass er streng war.

Christel wollte wissen, was das für ein Buch war, das aus Günthers Jackentasche herauslugte, und brachte ihm dann die korrekte Aussprache bei: Baltasar Gracián (weiches c, mit der Zunge zwischen den Schneidezähnen wie beim englischen t-h, und Betonung auf der letzten Silbe). Sie wusste auch, dass die Übersetzung aus dem Spanischen von Schopenhauer stammte, der die Schriften des Jesuitenpaters hundert Jahre zuvor entdeckt hatte. Günther war baff, ließ sich aber nichts anmerken. Dann musste Christel los, zum Klavierunterricht.

So eine tolle Frau, dachte Günther, und dann spielt sie auch noch Klavier! Er bot an, sie hinzubringen. Diesmal nicht mit dem Fahrrad, sondern mit dem Auto.

Leider stand es nicht mehr da, wo er es abgestellt hatte. Es war das Auto des Wildwest, für das jeder hundert Reichsmark gezahlt hatte, und die Abmachung war: Wer das Auto findet, darf es fahren. Jemand war Günther zuvorgekommen. Christel rannte weiter, zur Bushaltestelle – und rief ihm gerade noch zu, wo sie am Wochenende tanzen würde.

Es gibt Dinge, zu denen hat sich Günther nur mehr oder weniger abfällig geäußert, und dazu gehörten Burschenschaften. Manchmal machte er bei ihren Veranstaltungen Musik, aber das waren bezahlte Jobs, ansonsten hatte er nichts mit ihnen zu tun. Um Christel wiederzusehen, ging Günther dann aber zu dem Burschenschaftlerfest, das sie ihm genannt hatte. Dort hatte er natürlich keinen Zutritt. So bat er ein vor der Tür herumstehendes Mitglied, Christel, die er als »braune Madonna« beschrieb, die Nachricht zu überbringen, dass Günther draußen auf sie warte.

Nach einiger Zeit kam Christel tatsächlich raus, allerdings mit Begleiter, der angeblich gerade zum Duell herausgefordert worden war. Günther fand das lächerlich, versuchte aber, mit analytischen Fragen zur Lösung des Problems beizutragen. Welche Optionen gab es? Christels Begleiter hatte die Wahl der Waffen, aber Säbel, Schwert, Messer, da klang eines schlimmer als das andere. Aderlass, sagte Günther. Wie wäre es mit Aderlass? Beide sollten zum Blutspenden gehen, wer als Erster ohnmächtig würde, habe verloren. Eine hervorragende Idee: Der Burschenschaftler zog seine Herausforderung zurück.

Ich hatte diese Geschichte nie angezweifelt, erst jetzt beim Aufschreiben denke ich, dass sie durch häufiges Erzählen und angesichts der Tatsache, dass Mark Twain Günthers Lieblingsschriftsteller war, nicht unbedingt glaubhafter geworden ist. Sollte ich deshalb darauf verzichten, sie zu erzählen? Manchmal denke ich, aus der Distanz gesehen haben die erfundenen Geschichten dieselbe Gültigkeit wie jene, die sich tatsächlich zugetragen haben.

Bei meinem Heidelberg-Besuch gehe ich auch über den Philosophenweg. Ich erwarte Blicke über den Neckar und aufs Schloss, Rosengärten mit Studenten, die zwischen den Statuen romantischer Dichter picknicken. Doch erst mal geht es eine schmale asphaltierte Straße hinauf, an Häusern und Villen vorbei. Dann laufe ich auf ein großes, altes Gebäude zu, mit einer Mauer und einem Vorplatz wie ein Schulhof. Auf dem Messingschild neben der Treppe steht *Physikalisches Institut*. Ich freue mich über diese Entdeckung: Hier muss Günther ein und aus gegangen sein. Wie bei so vielen Gebäuden in Heidelberg fasziniert mich, dass es so aussieht, wie es vor hundert Jahren schon ausgesehen haben muss. Es ist nicht renoviert und doch gepflegt, kaum Unkraut wächst in den Ritzen der Steinplatten auf dem Boden. Ein kurzer Anruf bei Geo bestätigt, dass dies der Ort ist, an dem Günther studiert hat – es hieß damals Philipp-Lenard-Institut für Physik.

Philipp Lenard war Nobelpreisträger und ausgewiesener Antisemit. Seit den zwanziger Jahren versuchte er, die sogenannte »Deutsche Physik« zu entwickeln, manchmal auch »Arische Physik« genannt. 1932, als Günther sein Studium begann, war Lenard gerade in den Ruhestand gegangen, vermutlich hatte er jedoch in den letzten zehn Jahren dafür gesorgt, dass er in seinem Institut von Leuten umgeben war, die ähnlich dachten wie er.

Irgendwo schreibt Günther, ihm habe die Atmosphäre im Physikalischen Institut nicht gefallen. Er nahm sein Studium dort ernst, aber trieb sich, wann immer möglich, in anderen Fakultäten herum, bei den Psychologen, Physiologen, Philosophen.

Und bei den Chemikern. Im Chemischen Institut von Professor Freudenberg herrschte eine große Offenheit. Freudenberg hatte außergewöhnliche Leute um sich geschart wie etwa Hans Kautsky aus Wien, übrigens der Neffe von Rosa Luxemburgs Gefährten Karl Kautsky. Er war von der Ausbildung her Theatermaler gewesen, wie schon sein Vater, weswegen er auch zunächst keine Zeit gehabt hatte, Abitur zu machen. Es hat Günther damals sehr beeindruckt, dass da jemand allein durch seine Genialität die bürokratischen Gesetze umgehen und einfach studieren konnte! In seinen Aufzeichnungen kommt Günther immer wieder auf ihn zu sprechen. »Kautsky war eine Persönlichkeit von umwerfendem Geist und Charme und immer freundlich zu mir, wenn ich ihn mit Fragen zu seiner Arbeit über Luminiszenz und photosensible Reaktionen mit Sauerstoff löcherte.«

Irgendwann hat Günther mir mal mit leuchtenden Augen von einem Versuch erzählt, der ihn faszinierte, etwas mit Phosphoreszenz und rot leuchtenden Blättern, den Rest habe ich nicht verstanden. Jetzt füllt Geo die Lücke: In Kautskys weltberühmtem Experiment zeigte er, dass Baumblätter anfangen, rot zu leuchten, wenn es hell wird – aber nur ganz kurz. Es hänge damit zusammen, dass Blätter, poetisch gesprochen, sich nach dem Aufwachen erst mal räkeln müssen, bevor sie ganz da sind. Es sei ein phantastisches Phänomen, das wir leider mit bloßem Auge nicht sehen könnten, weil es vom Sonnenlicht überstrahlt werde.

Christel war sich Günthers Begabung sehr bewusst. Sicher hat er von Anfang an dafür gesorgt, dass da keine Zweifel bestanden. Ihr selbst ging, wie ich es auch von mir kenne, jedes technische oder naturwissenschaftliche Verständnis ab. Wenn Christel später in der Bismarckstraße mal wieder an irgendeinem Gerät verzweifelte, sei es die Höhensonne oder ein elektrischer Dosenöffner, neckte Günther sie: »Maschinen lieben dich nicht.«

Einmal war ich Zeuge und stummer Ansprechpartner eines kleinen Dialogs zu dem Thema. Es war in der Bismarckstraße, in der Diele. Christel und ich saßen am Tisch, Günther sagte irgendetwas Pointiertes und machte sich mit seiner Tasse Tee auf den Weg ins Arbeitszimmer. Christel sagte, zu mir gewandt: »Ich habe nie verstanden, wie es kommt, dass sich ein so intelligenter Mann für mich interessiert.« Günther darauf: »Und ich habe nicht verstanden, wie es sein kann, dass sich eine so tolle Frau für mich interessiert.«

Christel schaute mich an und lachte. Günther ging lächelnd seiner Wege.

Jetzt denke ich an Klaus Schenck, der sagte, erst Christel habe aus dem Wilden einen Menschen gemacht, der für Außenstehende erträglich war. Sie tat das, indem sie ihn unterstützte, ihm den Rücken freihielt und ihn dabei behutsam lenkte. Ihr

Einfluss musste indirekt erfolgen, ohne Druck. So wie sie ihm immer mal wieder ein Buch, von dem sie meinte, er solle es lesen, auf den Nachttisch legte.

Für Christels Eltern war Günther absolut inakzeptabel. Er spielte Jazz, Tanzmusik und Ähnliches – in Kneipen, für Geld. Ständig hatte er sein riesiges Akkordeon dabei, auf dem er zu dudeln begann, wenn ihn ein Gespräch nicht interessierte; wenn er sich aber am Gespräch beteiligte, sagte er komische Sachen, bei denen man nicht genau wusste, ob er sie ernst meinte oder nicht.

Als Heiratskandidat kam er sowieso nicht in Frage, denn die Hochzeit mit einem Protestanten würde Exkommunikation bedeuten, den Verlust jeglicher Bindungen zur Kirche. Christel würde nach ihrem Tod noch nicht einmal anständig beerdigt werden!

Entsprechend wurde sie beobachtet. Als sie mit Günther eine Bootsfahrt zur Neckarinsel machte, wurde sie von irgendwelchen Verwandten gesehen, die von dem Skandal berichteten, dass ihre Unterarme nicht vollständig bedeckt waren.

Für meinen Urgroßvater Karl war dies der Anstoß, seine Tochter in die Klosterschule eines befreundeten Abbés nach Frankreich zu schicken. Dort unterrichtete Christel ein Jahr lang Deutsch und Englisch und wurde von den Nonnen streng bewacht. Briefe wurden ihr geöffnet übergeben.

»Aber es hat alles nichts genützt«, sagte Christel mit kokettem Seitenblick zu Günther. Ich wollte mehr wissen über diese Zeit im Kloster, die sie sonst nur erwähnte, wenn es darum ging, warum sie mit der Kirche nichts am Hut habe.

Ihr fiel ein Beispiel ein. »Manchmal haben wir Ausflüge ans Meer unternommen. Und während der Autofahrt dorthin musste ich die ganze Zeit mit den Nonnen Rosenkränze beten. Weil damals mein Französisch noch nicht so gut war, wollten die Nonnen mir entgegenkommen, und wir beteten auf Lateinisch. Drei Stunden lang.«

Karl unterstützte einige ihm genehme Verehrer beim Werben um seine Tochter. Aufgrund seiner internationalen Vernetzung kamen diese von überall her. Es gab einen jungen Arzt aus Genf, der mit einem Bugatti Royale in Heidelberg vorfuhr, Magnolienzweige auf der Rückbank. Der ernsthafteste Anwärter war über Jahre hinweg ein spanischer Edelmann namens Gregorio Mendía Ruíz de Arcaute. Von der Familie wurde es bereits als beschlossene Sache angesehen, dass Christel »dem Mendía«, wie sie ihn nannte, versprochen war.

Ob sie selber mit dem Gedanken spielte, ihn zu heiraten? Immerhin hat sie den Mendía 1937 in Spanien besucht. Dort fragte sie ihn, was sie denn machen würde, wenn sie verheiratet wären. Dann könne sie den ganzen Tag am Fenster sitzen und sticken, antwortete er. Und damit hatte sich die Sache für Christel erledigt.

Ohne Wissen ihrer Eltern fuhr sie von Spanien aus nach Paris, wo gerade die Weltausstellung stattfand, die Günther mit seinen Wildwest-Freunden für eine Woche besuchte. Er hatte ihr vorsorglich das Hotel genannt. Jetzt war er so erfreut über Christels Telegramm, dass er seinen Freund Senges gleich aus dem Zimmer rausschmiss. Doch gleich am ersten Tag gab es einen großen Streit. Das war am Maggi-Stand, wo sie sich mit einer kostenlosen Suppe wärmten. Günther sagte irgendetwas Unverschämtes, woraufhin ein Streit entbrannte und Christel einfach wegging. Nach drei Stunden begann Günther sich Sorgen zu machen und überlegte, wie er Christel wiederfinden könnte. Eigentlich gab es nur einen Ort: den Rodin-Pavillon mit den Skulpturen, die Christel so sehr gemocht hatte. Den *Den-*

ker, den *Kuss*. Dort fand er sie tatsächlich vor. »Und wir schlossen uns in die Arme«, endete diese Geschichte.

Es ging noch zwei Jahre so weiter, *on and off*, wie Christel es mal überraschend zeitgenössisch ausdrückte, mit Streits und Versöhnungen. Sie verlobten sich, dann entlobten sie sich wieder. Schließlich heirateten sie einfach. Sie taten es heimlich, in Halle, als Günther dort am Chemischen Institut Doktorand war. Am nächsten Tag brach der Krieg aus.

5

Acht Freunde

Heidelberg, Handschuhsheim. Abendessen mit Spanferkel und Gurkensalat auf geblümtem Summerhill-Geschirr. Gudrun erzählt, wie Christel und Günther nach der heimlichen Hochzeit ihre Eltern vor vollendete Tatsachen stellten – und wie beide Familien, Frommholds und Schencks, darauf bestanden, dass es nachträglich noch ein großes Fest geben müsste, denn nun waren sie vor allem empört, dass sie nicht dabei gewesen waren.

Diese glückliche Pointe kannte ich auch schon von Christel, und eigentlich hatte mir das immer gereicht. Jetzt habe ich natürlich lauter Fragen: Wie war dann das Kennenlernen von Frommholds und Schencks? Haben sie sich verstanden? Wie unbeschwert konnte die Stimmung sein, zu dieser Zeit, in Heidelberg? 1939 glaubten viele an einen schnell gewonnenen Krieg, denke ich, überall hingen Hakenkreuzflaggen, und die meisten der Juden, die überleben sollten, waren zu dieser Zeit außer Landes. Doch diese Gedanken behalte ich für mich, angesichts der guten Stimmung, die gerade herrscht, käme ich mir vor wie ein Spielverderber. Laut sage ich: In welchem Restaurant könnten sie gefeiert haben? Wer war alles da, wurde Musik gemacht, was gab es zu essen?

Achselzucken. Kopfschütteln. Jürgen sagt, ich solle doch mal in der Wildwest-Chronik nachschauen, vielleicht stünde da was drin.

Wildwest-Chronik? Ich erinnere mich vage an ein dickes, in dunkelrotes Kunstleder gebundenes Buch, das in Günthers

Arbeitszimmer auf dem niedrigen Wohnzimmertisch lag, als einmal Onkel Gang, bereits uralt und ohne Marianne, in der Bismarckstraße zu Besuch war.

Gudrun verlässt mit vielsagendem Lächeln den Raum und kommt wenig später mit einer CD zurück, auf der ein gelber Klebezettel klebt: *Chronik Wildwest 1930–1999*.

Dieter oder Michael, jedenfalls einer von Onkel Gangs Söhnen, bei denen sich das Original befindet, habe die Chronik mal eingescannt und ihr zur Verfügung gestellt. Zum Reinschauen habe bisher die Zeit gefehlt.

Es ist nachts, alle schlafen, ich sitze am Schreibtisch im Gästezimmer und sichte die CD. Stichprobenartig, für systematisches Vorgehen fehlt mir in diesem Moment die Geduld. Diese Chronik ist eine Fundgrube! Zweihundertachtzehn Seiten voller Einträge, Fotos, kleinen Skizzen, aufgeklebten Eintrittskarten und Zeitungsausschnitten. Nachdem Günthers Aufzeichnungen über die dreißiger Jahre so mager ausgefallen waren, komme ich mir jetzt vor wie ein Ausgehungerter, der am Tor zum Schlaraffenland steht und sich durch den Reisbrei fressen darf. Wie es aussieht, haben die acht Freunde jedes Treffen oder für den Club relevante Ereignisse irgendwie dokumentiert – vor allem in den dreißiger Jahren. Dass es acht waren, wusste ich schon immer oder jedenfalls seitdem ich mit acht Jahren schon einmal ein Buch über Günther schreiben wollte. Beeinflusst von Enid Blytons *Fünf Freunde* wollte ich dieses nämlich zunächst »Acht Freunde« nennen.

Ich habe mir diese acht nie systematisch angeschaut; immerhin kenne ich ihre Namen und kann sie ganz grob zuordnen: Harald Wachsmuth, genannt »Bimbel«, der im Krieg Kampfpilot war und später eine große Nummer auf dem Heidelberger Schwarzmarkt; »Lefer«, der eigentlich Leferenz hieß und dessen Familie die großen Steinbrüche besaß, die die Landschaft um Heidelberg prägten; »Edde«, also Edwin Pfützner, mit dem Christel eine Zeitlang zusammen war, als Günther und sie sich mal wieder getrennt hatten. Außerdem waren da Walter Hahn, der später Direktor einer Zementfabrik wurde, und Helmut Senges, von dem Christel und Günther immer mit besonderer Hochachtung und Freundlichkeit sprachen, so dass sich bei mir der Eindruck eines ernsthaften, zuverlässigen Charakters festsetzte. Dann gab es noch einen Reinhold Braun, der bei mutigen Streichen immer vorne dabei war, zum Beispiel als es darum ging, im feinsten Café von Heidelberg ein Sofa zu kidnappen und damit zu acht die Treppe runterzurutschen. Und natürlich Günther und Wolfgang Jung, also Onkel Gang, die den Fahrradclub gegründet hatten.

Jetzt, mit der eingescannten Chronik auf meinem Computerbildschirm, gibt es also unzählige Dinge zu ergänzen und jede Menge Spuren zu verfolgen. Zunächst erscheint alles wichtig: Schnappschüsse, Kommentare, selbst alberne Reime oder ein mit Füller umrandeter Bowle-Fleck von Senges' Geburtstag versprechen Fenster in die Vergangenheit zu öffnen, gerade das spontan Niedergekritzelte und Unreflektierte wirkt ganz unmittelbar.

Ich scrolle mich durch die Seiten, erfahre von Reisen durch Bayern, nach Lugano, Paris und den Rhein entlang mit Motorrädern.

22. Mai 1932: Geburtstagsüberfall auf Edde! Anschließend Rauferei zwischen Mülleimer und Kaffeemühle. Anwesend: Bimbel, Reinhold, Edde, Gang, Günther, Walter, Lefer

Abfassung verschiedener Beschlüsse bei Tee und Brötchen: 1) Die Rossidee: Der Wildwest macht einen Reitkurs mit. Ion Iake wird

entführt. 2) Exbummel nach Wald-Hildbach wird beschlossen
und auf Sonntag festgesetzt.

Viele lose Szenen schweben in der Luft. Manche gewinnen an
Bedeutung, weil ich sie aus anderer Quelle ergänzen kann: Laut
Chronik feierte Günther seinen 22. Geburtstag im Hotel Schrie-
der, wo er den Saal gratis bekam, weil er hier regelmäßig als
Klarinettist mit der Kapelle Tschirner auftrat (die eingeschmug-
gelten Sektflaschen versteckten sie, sobald sie leergetrunken waren, im Klavier). Von der Kapelle Tschirner weiß ich wiederum
durch Günthers Aufzeichnungen, dass es eine Dixieland-Band
war – die einzige, die 1935 in Heidelberg noch Jazz spielte (»Jazz
war verpönt, brachte aber gutes Geld ein«) – und dass damals
noch mindestens ein gefährdeter Kollege dabei war, der Trom-
peter Philipp Hack, ein jüdischer Kommunist, für den Günther
im selben Jahr, zusammen mit Bandleader Tschirner, bei der
Polizei bürgte.

Dann erfahre ich hier von einem Streich, den sie ihrem La-
teinlehrer Longus spielten (Günther hatte mir erzählt, dass
dieser Lehrer gerne mit dem Stock schlug, blitzschnell auf die
Fingerspitzen, obwohl das Schlagen in den höheren Klassen
eigentlich nicht mehr üblich war). Sie rächten sich Jahre später
an ihm – ausgerechnet im März 1933, im Monat des Beginns der
nationalsozialistischen Diktatur –, indem sie in seinem Namen
eine Anzeige in der Zeitung aufgaben: *Tüchtiger Hausbursche
gesucht, bei guter Bezahlung.* Woraufhin das Haus von Professor
Lang in der Zähringerstraße zwei Tage lang von Arbeitssuchen-
den belagert wurde. *Der Herr tobt und schäumt* steht in vielfach
verzierten Lettern über entsprechenden Lageskizzen; Reinhold
Braun, der die Anzeige aufgegeben hatte, wurde wegen der »Er-
regung eines Ärgernisses« bei der Polizei angezeigt, die offiziel-
le Strafverfügung in Fraktur ist ins Buch eingeklebt. Mir fällt

wieder ein, wie Christel erzählte, dass eines Abends in den sechziger Jahren zu später Stunde in der Bismarckstraße das Telefon klingelte. Leferenz war dran: »Der Longus ist tot. Ich hab's mir nicht nehmen lassen, ich hab ihn seziert.«

Die Schwarz-Weiß-Fotos mit den weißgezackten Rändern sind winzig, aber scharf. Ich zoome sie auf sechshundert oder achthundert Prozent hoch, um mir die Gesichter der Jungs genau anzugucken, bei Besäufnissen, Wanderungen, in kurzen Hosen auf einem schneebedeckten Gipfel oder hoch zu Ross, mit Reitkappen, die aussehen wie Pan-Tau-Melonen. In Anzügen posieren sie vor Oldtimern, die damals vermutlich Neuwagen waren; Günther mit seinem tatsächlich riesigen Akkordeon, hinter dem nur Kopf und Beine hervorgucken. Er ist der Einzige, den ich immer gut erkennen kann, mit seinem runden, weißen, oft schelmisch lächelnden Gesicht.

Auf einem Foto entdecke ich Christel: Die Kulisse zeigt ein brokattapeziertes Wohnzimmer mit Landschaftsgemälden und exotischen Pflanzen, überschrieben *Offizieller Hausball bei Lefer*. Hier liegt Günther, mit halbgeschlossenen Augen sichtlich angetrunken, gegen ein Tischbein gelehnt, im Arm eines brünetten Mädchens, das ein ärmelloses, schimmerndes Taftkleid trägt; Christel sitzt hinter dem Tisch, sie ist das einzige Mädchen, das eine hochgeschlossene Bluse trägt, und sie guckt etwas verloren; ihr Begleiter ist ein junger Mann mit hocherhobenem Kinn, der hinter seiner runden schwarzen Brille mit einem gewissen Blasé in die Kamera blickt. Vermutlich ist dies Edwin Pfützner.

»Er ist kurz vor meiner Geburt gefallen«, erzählt Geo mir später – und dass er nach ihm benannt sei (»Geo« setzt sich aus *Günter Edwin Otto* zusammen).

»Weißt du noch etwas über Edde?«

»Nein.«

Eddes Tod vermerkt die Chronik nicht. Während des Kriegs werden die Einträge sporadischer.

Zur Hochzeit 1939 gibt es keine Fotos, nur einen kurzen Eintrag in Christels großer Schrift: *Ihre Vermählung beehren sich anzuzeigen und zu feiern: Günther Schenck, Christel Schenck.* Günthers Geschwister unterschreiben, Christels Eltern und ihr Bruder Günter mit seiner Freundin Inge. Und, wie auf fast jeder Seite: *Der alte Jung W. W., Lord Bimbel W. W., Der alte Schenck W. W., Reinhold Braun W. W., Heinz Leferenz W. W., Edwin Pfützner W. W., Walter Hahn W. W., Helmut Senges W. W.*

Der nachgestellte Zugehörigkeitshinweis »W. W.« wirkt ein wenig befremdlich auf mich, zugleich finde ich es interessant, dass sich der Club offensichtlich der Tradition von Burschenschaften und schlagenden Verbindungen bedient hat – obwohl Günther sich diesen gegenüber sonst immer kritisch geäußert hatte. Auch das Ritual der Trinksprüche haben sie aus dieser Kultur übernommen. Skandiert wurde mit erhobenem Becher: *Was ist der Wildwest? Ein feiner Club! Was machen wir? Wir sterben aus!*

Geht der Wildwest nach Italien oder in die SA? So lautet ein Eintrag vom Mai 1933, ein halbes Jahr bevor Günther eintrat. Ich merke, wie ich mich auf diese eine Erwähnung der SA stürze, endlich geht es zur Sache – und bin dann enttäuscht über den flapsigen Kommentar: *So oder so sterben wir aus.*

Nach der ersten Euphorie ziehe ich das Fazit: Besonders ergiebig ist das hier nicht. Es gibt kaum ein kritisches Wort. Ich empfinde die Chronik als irritierend unpolitisch. 1935, in dem Jahr, in dem die Nürnberger Rassengesetze erlassen wurden, geht es hier vor allem darum, wer die beste Bowle mixen konnte, welche Damen anwesend waren und dass Bimbel einen Motorradunfall hatte, bei dem die Loni vom Soziussitz geschleudert wurde. Eine Karikatur, wie das Wildwest-Auto um ein riesiges Weinglas kurvt, verbildlicht das scheinbar wichtigste Ereignis des Jahres: eine gemeinsame Reise zur gerade eröffneten pfälzischen Weinstraße.

Ist es der Versuch gewesen, eine Insel scheinbarer Unbeschwertheit zu schaffen? Gab es eine stillschweigende Übereinkunft, die Freundschaft nicht mit unterschiedlichen politischen Positionen zu belasten?

Unter die Zeichnung einer verschneiten Landschaft hat jemand mit blauem Buntstift eingetragen: *Vom 27. XII. '38 bis 3. I. '39. Fünf Tage auf Skiern im Schwarzwald bei Sonne und Nebel und glänzender Verpflegung. Es lebe die sonnige Heide und Familie Mutschler. Nachtrag: Schach im Zug, acht in einem Taxi.*

Acht in einem Fotostudio. Ich sehe das Foto relativ spät, obwohl es bereits in der ersten Hälfte der Chronik, im Dezember 1934, eingeklebt wurde: Acht junge Männer, die in zwei Reihen hintereinander stehen beziehungsweise sitzen. Sechs von ihnen tragen Brille, sieben Uniform. Günther ganz links in der hinteren Reihe, mit Nickelbrille. Er guckt düster und ernst, sehr untypisch für ihn. Auf dem Kopf trägt er eine SA-Mütze mit steifem Korpus, in seinen Hemdkragen ist die Nummer 10/110 eingestickt. Ich frage mich, ob mich dieses Foto jetzt schockiert, ob es etwas anderes ist, ihn tatsächlich die Uniform tragen zu sehen, als einfach nur zu wissen, dass er Mitglied war. Eigentlich nicht. Vor allem denke ich, dass ihm diese Uniform überhaupt nicht steht. Er sieht aus wie ein mürrischer Hotelpage, der mit einer zu großen Mütze auf dem Kopf in eine Ecke gestellt wurde.

Auch die anderen schauen ernst, fast starr. Die Symbole ihrer Uniformen verweisen auf Luftwaffe, Seefahrt und SS. Nur der Gutaussehende, der in der Mitte steht und besonders zuversichtlich und selbstbewusst in die Kamera guckt, trägt Zivil:

Anzug und Krawatte. Der war vermutlich beim Geheimdienst, denke ich grimmig, als wäre ich nicht allein, sondern würde mich in einer Filmszene befinden, in der gerade über die Indizien eines Mordfalls gebrainstormt wird.

Auf jeden Fall wirkt dieses perfekt ausgeleuchtete Gruppenbild vor einer gemalten Landschaft mit Pappeln und sanften Hügeln etwas gespenstisch. War der Ausflug zu einem professionellen Fotografen eine gemeinsame Unternehmung des Clubs, so wie sie schon mal eine Kutsche mieteten, um sich Wein trinkend durch die Stadt fahren zu lassen? Und warum gucken sie so ernst? Hat der Fotograf sie so lange getriezt, bis ihnen das Lachen vergangen war – oder hatten sie sich das vorgenommen, war dies ihr Statement zur Lage?

Nur ein einziges, kurzes Wort steht unter dem Foto, aber da es nachträglich mit Füller durchgestrichen wurde, ist es bis auf das Ausrufezeichen nicht mehr zu entziffern. Möglicherweise: *Amen!*

Es ist seltsam, aber als ich am nächsten Morgen mit Gudrun frühstücke und ein bisschen von der Chronik erzähle, erwähne ich das Foto nicht. Es ist, als wollte ich meinen Fund noch ein wenig für mich behalten, als könnte ich noch nicht Stellung beziehen. Vielleicht möchte ich auch einfach nicht abermals Überbringerin von Nazi-Nachrichten sein, nachdem ich schon an ihrem Hochzeitstag den Wikipedia-Artikel thematisiert hatte. Manchmal schäme ich mich, dass mich diese Zeit so sehr interessiert, und obwohl mich bisher niemand darauf angesprochen hat, suche ich nach Rechtfertigungen für mein Interesse. Ich möchte nicht, dass meine Familie denkt, ich würde Günther auf sein Leben während dieser Zeit reduzieren.

Wir sehen uns aber gemeinsam ein anderes Foto an, eines im Wald, beim »Exbummel« nach Waldhilsbach, was vermutlich Ausflug heißen soll. Sie erkennt Wolfgang Jung, also Onkel

Gang, der neben Günther steht. Ich bin erstaunt, was für ein hübscher Kerl er mal gewesen ist. Mittlerweile ist er gestorben, wie alle. Zuletzt habe ich ihn bei Günthers Beerdigung gesehen. Da erschien er, vom Schlaganfall gezeichnet, in einem Rollstuhl. Sein Gesicht war transparent und fleckig, die Lippen nass, die Augen glasig, asymmetrisch, wie auseinandergelaufen. Ich wollte ihn besonders herzlich begrüßen, ihm irgendwie meinen Respekt ausdrücken, wusste aber nicht, wie. Auch früher hatten wir wenig miteinander zu tun gehabt, an eine Unterhaltung kann ich mich nicht erinnern, und jetzt wirkte er zerbrechlich und praktisch unerreichbar in einer Kapsel des Alters. So gaben wir uns nur die Hand, seine war knochig und warm.

Ich besuche Dieter Jung, den ältesten Sohn von Onkel Gang, der ebenfalls in Heidelberg wohnt, oberhalb der Altstadt, am Hang, wo jetzt am Abend viele Fenster erleuchtet sind. Günther war Dieters Patenonkel, und die Idee, dass ich ein Buch über ihn schreiben will, findet er großartig. Er habe ihn immer als Romanfigur gesehen. Wenn er zu Besuch kam, natürlich immer viel zu spät, mit seinem weißen Jackett, den Lederhandschuhen, mit denen er immer Auto fuhr, dazu eine Westernkrawatte – was für ein Typ! Weißes Jackett, frage ich mich? Habe ich Günther mal in einem weißen Jackett gesehen?

Dieter führt mich durch sein Haus, eine verschachtelte kleine Villa aus rotem Sandstein, mit Türmchen, Zinnen, Fachwerk und ovalen Fenstern. Wie nennt man diesen Stil? Märchenhafte Romantik? Er zuckt mit den Schultern. Es ist einfach ein Sommerhaus, sagt er, das sich irgendein Industrieller mal hier hingestellt hat, als das alles noch Wald war. Und fügt bescheiden hinzu, es sei ja eigentlich nicht besonders groß, sie hatten ja sogar anbauen müssen, um überhaupt Gäste unterbringen zu können. Mein Blick geht hinaus über dunkle Gärten und Dächer bis hinunter zum Neckar, in dem sich die Lichter von Straßenlaternen spiegeln. Darüber die sanft geschwungene Bergkette, schwarz und bewaldet. Als Kind des Ruhrgebiets war es für mich schon immer erstaunlich, dass es Menschen gibt, die in so heiler, malerischer Umgebung tatsächlich leben und nicht nur Urlaub machen.

Im Haus verströmen die cremefarbenen Lampenschirme Eleganz und Wärme. Es gibt Landschaftsgemälde im holländischen Stil und Biedermeierstühle in den Zimmerecken. Lange französische Tulpen ragen kurvig aus einem silbernen Kelch, das Bücherregal biegt sich unter dem Brockhaus ein wenig nach unten durch. Ein Ölporträt zeigt einen stattlichen Mann im blauen Anzug. Ja, das sei sein Großvater, der Big Boss, der mit dem Schlucken der Zyankalikapsel nur noch auf seine Tochter gewartet hatte, bestätigt Dieter. Die Story gehört zum Geschichtenkanon der Bismarckstraße, aber ich würde sie trotzdem gerne noch mal von ihm hören. Dieter macht ein abwartendes Zeichen: kommt alles noch. Er erzählt viel und schnell, die Hausführung scheint einer ganz bestimmten Dramaturgie zu folgen; auf jeden Fall glaube ich es sofort, als er sagt, dass er in seiner Freizeit Stadtführungen durch Heidelberg mache. Ob ich wisse, dass der Rote Platz in Moskau aus Heidelberger Sandstein sei? Der Zar war mal hier zu Besuch, erklärt er, auf einer seiner Reisen nach Baden-Baden, und er war derart begeistert von dem roten Sandstein, dass er einen ganzen Steinbruch aufkaufte und das Material nach Moskau transportieren ließ. »Heute kennt jeder den Roten Platz und denkt, das Rot ist wegen dem Kommunismus. Dabei hat der Rote Platz gar nichts mit dem Kommunismus zu tun.« (Diese Geschichte erweist sich übrigens später als Mär.) Dieter versprüht Freude und Enthusiasmus – innerhalb weniger Minuten erhalte ich eine genaue Schilderung des Heidelberger Spargelstreits, den ein Student entfacht hatte, als er behauptete, Hitler habe ein so breites Maul, dass er den Spargel quer fressen könne, und ich erfahre, dass Huckleberry Finn nach den Heidelberger Heidelbeeren benannt ist. Auch die Gemeinsamkeiten der Kettenschifffahrt von Neckar und Mississippi bringt er mir nahe, am Beispiel von Günthers Lieblingsautor, der ja eigentlich Samuel Langhorne Clemens hieß und sehr gut tauchen konnte – nämlich runter bis zur Marke zwei, woraus er dann Mark Twain machte. Er spricht über August Kekulé, einen Begründer der modernen organischen Chemie, der in Heidelberg vorm Ofenfeuer eindöste und in den Flammen schließlich den Ringschluss des Benzolringmoleküls sah; weswegen hundert Jahre später wiederum Günther in seinem »Mülheimer Brickstonehaus«, wie Dieter die Bismarckstraße nennt, Tafeln mit Kreide an allen Türen anbrachte – damit er, wenn ihm eine geniale chemische Idee komme, die schnell aufschreiben könne. Denn damals gab es noch kein Siri.

Kurzes Innehalten.

Wir siedeln über ins Musikzimmer, wo der Tisch bereits üppig gedeckt ist mit Cornichons, kalten Platten und diversen Sorten Knäckebrot. Es gibt Rioja aus einer dieser Flaschen mit großmaschigem goldenem Netz. Im Hintergrund spielt Jazz, gerade leise genug, um das Kaminfeuer ab und zu knistern und knacken zu hören.

»Günther hat mir mal zu Weihnachten eine Platte von George Gershwin geschenkt«, erzählt Dieter, »*Rhapsody in Blue*, wo so tolle Sachen drauf waren wie ›An American in Paris‹. Vor allem aber war das Cover interessant: Vorne waren so Noten drauf und auf der Rückseite eine nackte Frau.« Diese Platte habe er auf dem Weihnachtstisch so hingestellt, dass man die nackte Frau sehen konnte. Und seine Mutter (Tante Marianne) drehte die Platte die ganze Nacht über immer wieder um, so dass man die nackte Frau nicht sehen konnte. »›American in Paris‹ kennst du? Das ist ein sensationelles Stück! Der geht da aus dem Café raus, in den Straßenverkehr, es gibt lautes Gehupe, Frauen, die da zwitschern miteinander, Henry Miller und Co. werden da nachgespielt, die ganze Lebendigkeit von Paris. Ich habe damals erkannt, wie verschieden man sich zur Wirklichkeit verhalten kann. Wie Günther: liebevoll, provokativ und weitererfindend. Oder wie meine Mutter, mit ihren Panic Buttons, konservativ und *es kann nur sein, was sein darf, alles andere gibt's gar nicht.*«

Wir hätten ja in der Bismarckstraße auch so wilde Sachen gehabt wie den Mörderchenteppich, fällt ihm ein – einen von Gefängnisinsassen geknüpften Teppich, den Christel einem Hausierer abgekauft und im Wohnzimmer vor den Fernseher gelegt habe. Und Günther habe mal erzählt, er habe in Japan mit einer Geisha geschlafen. »Meine gesamte Familie war total entsetzt. Er hat dann noch hinzugefügt: *Das darf man aber nur, wenn man Professor ist.* Professor zu sein war sowieso das Beste, was einem passieren konnte. Als ich meine erste Freundin hatte, war meine Mutter stinksauer und verbot mir das. Ich habe gesagt: Aber der Geo hat doch auch eine Freundin! Da hat meine Mutter gesagt: Der darf das nur, weil sein Vater Professor ist. Die Erklärung habe ich akzeptiert. Denn Wölfchen, mein Vater, hatte nur einen Doktortitel.«

Immer wieder schneidet Günther im Vergleich zu Dieters Eltern sehr gut ab, am Anfang denke ich noch, aus Höflichkeit mir gegenüber, aber dann bringt er so viele Beispiele, dass ich ihm seine Bewunderung für seinen Patenonkel glaube. Marianne sei ja BDM-Führerin gewesen, es gibt ein Foto, wie sie Goebbels ein Blumensträußchen überreicht; auf jeden Fall sehr pro-Nazi, und Wölfchen, sein Vater, ebenfalls. Mein Großvater sei da ganz anders gewesen, der habe schon früh gemerkt, was das für ein perfides System war. »Er war Denker, er war Freidenker.« Seine Mutter dagegen habe das alles nicht so richtig geschnallt, sie habe auch nur ein einziges Mal in ihrem Leben gearbeitet – als sie etwas für Hitler übersetzt hat, eine Abhandlung über die V2-Rakete. »Meine Mutter war ja im Krieg an entscheidender Stelle in Berlin bekannt. Ihr Vater, der Fugmann, war ja Wehrwirtschaftsführer.«

Er schenkt mir Wein nach, schiebt sich einen mit Couscous gefüllten Champignon in den Mund und springt auf, um mit einer gusseisernen Zange einen der Kaminscheite in Position zu bugsieren. Dann tragen wir noch mal zusammen, wie das gewesen sein muss, in den Tagen nach der Kapitulation, als die achtundzwanzigjährige Marianne mit dem Motorradfahrer durch Deutschland fuhr, durch brennende Städte, vollkommenes Chaos, drei Tage lang. Und wie sich das Blatt für Bruno Fugmann wundersamerweise in der letzten Minute wendete, als die Amerikaner ihn kurzerhand engagierten, auch deshalb, weil er relativ gut Englisch sprach.

»Die Russen haben gesagt, wir erschießen alle. Die Amerikaner wollten ein hochkompliziertes Verfahren machen, da wurden dann später die Nürnberger Prozesse draus. Ja, die Amerikaner hatten in gewissem Rahmen einen Rechtsstaat, aber eigentlich eher einen Funktionsstaat. Wer gut funktionierte, war geschützt. Wer nicht funktionierte, der wurde durch die Rechtsmühle gedreht.«

Ich frage Dieter nach der Chronik, die ich bei ihm vermute. Doch es stellt sich heraus, dass sie bei seinem Bruder Michael liegt. Der habe sie wohl auch eingescannt, er sei da engagiert und sowieso auch politisch etwas korrekter als er, zum Beispiel habe Michael zwanzig Jahre lang den Kontakt zu den Eltern abgebrochen, während er, Dieter, sich die Freiheit genommen habe, manchmal nicht so genau nachzufragen.

Als ich das Foto der acht am Rechner aufrufe, erkennt er zunächst nur seinen Vater. Und sagt dann überraschenderweise, Günther sei ja der in der Mitte, der in Zivil. Ich bin verblüfft, so stark wirken Kostüme offenbar als Signal, dass Gesichter in den Hintergrund treten – denn es ist nicht die geringste Ähnlichkeit zwischen diesem Mann und Günther vorhanden. Ich deute auf Günther, der neben Wolfgang steht. Ach so, murmelt Dieter und scheint für einen Moment aus dem Konzept gebracht. Ich vermute, er ist etwas verwirrt wegen der Uniform, die nicht zu seinem Bild des Freidenkers passt. Ich war gar nicht dazu gekommen, ihm von der SA zu erzählen, und überlege, ob ich das Thema jetzt noch anschneiden soll. Aber da ist er schon wieder woanders, er hat nämlich den großen Blonden mit dem ruhigen Blick erkannt, der eine Wehrmachtsuniform trägt, das sei der Leferenz.

Den Professor Leferenz habe er vor fünf Jahren mal besucht, da wohnte er mit seiner alten Freundin Lore Strothe in deren Haus, beide waren schon weit über neunzig. »Da war er aber nicht so gesprächig«, sagt Dieter, »er war wohl auch nicht mehr so pro-Wölfchen eingestellt, also bin ich irgendwann wieder gegangen.«

»Lebt er etwa noch?«

»Zumindest habe ich keine Todesanzeige in der Zeitung gesehen.«

»Ja, der Professor Leferenz ist hier bei mir«, sagt Frau Strothe langsam und mit klarer Stimme am Telefon. »Wir mussten im letzten November leider ins Altersheim umziehen.« Nur die Telefonnummer und einen Sessel haben sie mitnehmen können.

»Heinz, da ist eine Verwandte vom Günther Schenck«, höre ich sie sagen. »Die fragt, ob du ihr etwas von früher erzählen kannst. Sie schreibt ein Buch über den Günther Schenck.«

Im Hintergrund eine tiefe männliche Stimme, die ungnädig etwas grummelt.

»Er sagt, er habe diese Informationen leider schon anderen Leuten versprochen«, teilt Frau Strothe mir bedauernd mit. Der erste Punkt geht an ihn. Das ist mal eine höfliche und zugleich wirkungsvolle Art, einen Anrufer abzuwimmeln. Ich halte es für ausgeschlossen, dass irgendwelche anderen Leute bereits auf der Suche nach Informationen über meinen Großvater sind. Frau Strothe möchte vermitteln und schlägt vor, ich solle doch mal vorbeikommen.

Eigentlich wollte ich wieder zurück nach Berlin fahren. Aber dieser Besuch duldet keinen Aufschub; die Vorstellung, diese plötzlich aufgetauchten Zeugen aus einer vergangenen Zeit könnten mir nun in letzter Minute wegsterben oder einfach aufhören zu sprechen, ist unerträglich. Leferenz müsste genau einhundert und ein halbes Jahr alt sein, seit fast siebzig Jahren ist er zweifach promoviert, als Psychiater und als Jurist. Habilitiert hatte er sich mit einer Untersuchung über die Kriminalität von Kindern. Für ihn wurde 1958 in Heidelberg der erste deutsche Lehrstuhl für Kriminologie eingerichtet.

Statt mit dem Zug zurück nach Berlin fahre ich jetzt also mit der Straßenbahn nach Dossenheim. Ich ziehe meinen Koffer hinter mir her zum »Goldenen Hirsch«, wo ich ein Einzelzimmer beziehe. Bemalte Bauernschränke und ein Fries von Weinreben erinnern mich daran, dass ich mich hier an der Badischen Weinstraße befinde, einer Gegend, die sich für mich immer unsexy anhörte, von der Christel und Günther aber mit viel Gefühl in der Stimme sprachen.

Immer wieder steigen die Bilder des Altersheims auf, das ich mal für einen Krimi eingerichtet hatte. Das war ein saniertes Gutshaus mit farbigen Wänden in zauberhafter Landschaft; gepflegte weißhaarige Leute spielten Karten, scherzten mit den

Pflegern oder schauten friedlich von ihren Bänken ins Tal hinunter. Ein wenig habe ich wohl die Hoffnung, die beiden in einem ähnlich charmanten oder gar luxuriösen Seniorenheim anzutreffen. Zumal Lore Strothes frühere Adresse in einem vornehmen Viertel lag und die Familie Leferenz zu Heidelbergs Oberschicht gehörte.

Aber das Haus Stephanus ist ein dreistöckiges Gebäude aus den achtziger Jahren und genauso eingerichtet, wie ich befürchtet hatte. Naturholzstühle in den Fluren, Essenspläne an einer Pinnwand aus Kork. Eine junge asiatische Schwester schaut mich fragend an; immerhin, sie weiß gleich, wo Frau Strothe anzutreffen ist. Erste Etage, rechter Flur, vorletztes Zimmer.

Die Tür steht offen. Da sitzen die beiden am Fenster. Er sitzt mit dem Rücken zu mir und dreht sich nicht um; sie reicht mir lächelnd die Hand. Ich bin entzückt. So sieht die sprichwörtliche nette alte Dame aus. Gepflegte silberne Dauerwelle, liebe Augen, die ständig zu lächeln scheinen, und die Falten und Linien derart in die Haut gemeißelt, als hätte sie ihr Leben lang nur freundlich dreingeschaut. Und diese Frau soll 98 Jahre alt sein? Ich würde sie auf zweiundachtzig schätzen, und das sage ich ihr auch, etwas später. »Sie gibt sich große Mühe«, meint Leferenz dazu, »und geht fleißig zum Friseur.«

»Das ist Professor Leferenz«, sagt Frau Strothe nun erst mal etwas förmlich, und mir fällt wieder ein, wie wichtig es ist, den Titel nicht unter den Tisch fallen zu lassen. Leferenz' Händedruck ist fest, die hellblauen Augen stehen weit auseinander und wirken zugleich wässrig und blutunterlaufen. So also sieht ein Hundertjähriger aus. Ein krustiger großer Schädel, zum Teil bedeckt von weißem Haarflaum. Kaum Falten, dafür eine hauchdünne, pergamentene Haut, die sich bleichweiß über Äderchen, Knochen und Muskeln des großen Kopfes spannt. Auch nicht mehr Pigmentflecken als bei anderen alten Leuten. Aber irgendetwas an ihm ist trotzdem anders als bei einem Achtzigjährigen. Ist es die Haut, die noch durchscheinender wirkt? Oder mein Unglauben, dass hier ein Mann sitzt, der 1929, im selben Monat, in dem der Börsencrash in New York die Weltwirtschaftskrise ausgelöst hat, mit meinem Großvater zusammen eine Fahrradtour über den Gotthard gemacht hat (nur mit Rücktritt, ohne Gangschaltung, weswegen die Naben irgendwann heiß wurden und sie die Räder den Berg runter schieben mussten) und der aus Versehen noch lebt?

Seine ganze Erscheinung ist wie ein Geschenk, eine unerwartete Handreichung aus der Vergangenheit. Ernst und ruhig liegt sein Blick auf mir. Ich versuche, ihm standzuhalten, obwohl die nach außen gestülpten Unterlider mich schrecken. Er wirkt seltsam allumfassend, dieser Blick, so als würde er nicht nur mich, sondern auch jede einzelne Erhebung der Raufasertapete hinter mir genau wahrnehmen. Hinter der Verlangsamung des Alters strahlt eine selbstverständliche Autorität.

Manchen Köpfen sieht man an, dass sie zu einem großen Körper gehören, selbst wenn dieser sich jetzt etwas zusammengesackt in einem Rollstuhl befindet. Leferenz trägt ein dunkelgrünes Polohemd von Lacoste, er hat ein breites Kreuz. Bestimmt mal ein guter Typ gewesen, denke ich. Mein Mitbringsel – ein frischer Baumkuchen – wird wohlwollend zur Kenntnis genommen, jedoch noch nicht angebrochen, da bereits Apfelkuchen vom Haus Stephanus auf dem Tisch steht. Ich erzähle von meinem Projekt, Frau Strothe wundert sich höflich, warum mich denn das Zeug von früher interessiert; das sei doch alt!

Vom Flur ist Geschrei zu hören. Eine Frau kreischt immer wieder denselben unverständlichen Satz. Da sie ihn so oft wiederholt, verstehe ich ihn irgendwann: »Ich brauch Sie nicht!« Frau Strothe verzieht das Gesicht und bittet mich, die Tür zu schließen.

»Wenn man alt wird«, erklärt Leferenz, »über das normale Alter hinaus – das wäre bei mir so etwa achtundachtzig –, muss man das bezahlen. Mit Krankheiten und anderen Abstrichen.«

Leferenz geht vorsichtig mit seiner Sprache um, er will nichts Unnötiges sagen und scheint bewusst Prioritäten zu setzen, um seine Kräfte einzuteilen. Von Bewunderung möchte er nichts wissen. »In Heidelberg gibt's 'ne ganze Menge Hundertjährige. Das sind natürlich zum Teil einfach Frauen, die im Bett liegen«, fügt er etwas verächtlich hinzu.

»Günther ist ja auch fast neunzig geworden«, sage ich, um zum Thema zu kommen.

»Ich war noch zu seiner Beerdigung auf dem Bergfriedhof dabei«, Leferenz nickt bedächtig. »Das kleine Grab da.«

Das kleine Grab da amüsiert mich; ich frage mich, wie groß wohl die Gräber seiner Referenz sein mögen. (»Die Gräber seiner Leferenz«, kalauert Geo später.) Besonders klein hat das Schenck'sche Familiengrab auf dem Heidelberger Bergfriedhof jedenfalls nie auf mich gewirkt. Die drei schwarzen Marmorstelen mit ihren goldenen Inschriften fand ich einer bildungsbürgerlichen Familie angemessen. In unmittelbarer Nähe liegt, wie mir auf einem unserer seltenen Spaziergänge gezeigt wurde, Friedrich Ebert – auch dessen Grab ist nicht wesentlich größer.

»Da war ja dieser scheußliche Unfall«, fällt Leferenz ein. »Der Günther hatte ja chemisch gearbeitet. Er hat also im Garten seiner Schwiegereltern was hergestellt, hauptsächlich gegen Wurm, glaube ich. Und sein Mitarbeiter hat sich, ganz dummerweise, eine Zigarette angezündet. Ist verbrannt und gestorben. Das hat für den Günther weniger Folgen gehabt, als ich gedacht habe. Wenn einer im Privatsektor so Sachen macht, die gefährlich sind … das sollte man eigentlich nicht machen. Aber ich habe nicht mitgekriegt, dass da was passierte, rechtlich gesehen.«

Ob es an der Perspektive des Kriminologen liegt oder ob es einfach die des Hundertjährigen ist, dass sich Leferenz' Erinnerungen an die Wildwest-Freunde hauptsächlich um deren Todesarten drehen? Bei Helmut Senges war es Selbstmord. »Ein Drama«, seufzt er. »Obwohl der Senges vom Intellekt her ein sehr guter Mann war, hatte der eine Mutter, die in so einer Klinik war für Schwerdepressive. Und diese Krankheit hat dann auch unseren Freund befallen. Deshalb wurde er auch nicht im Krieg eingezogen. Als es ihm besser ging, hat er dann in Handschuhsheim die Praxis eines Arztes übernommen, der zum Krieg eingezogen worden war. Nach dem Krieg konnte er die Praxis beibehalten, bis zu seinem Tode, als er sich dann vergiftet hat. Mit Morphinen. Seine Frau hat danach einen Mann geheiratet, der in einer Sekte war. Mittlerweile sind alle tot.«

Wachsmuth, genannt Bimbel, kam ebenfalls tragisch ums Leben, erinnert er sich. »Der Bimbel hatte die Firma seines Vaters übernommen. Zuerst hat er hauptsächlich schwarz gehandelt, mit allem.«

»Beim Bimbel kann'sch alles kriege«, wirft Lore Strothe ein, »vom Flugzeugrad zur halbe Sau, haben wir immer gesagt.« Leferenz nickt. »Es ist alles so tragisch verlaufen«, sagt er. »Der hat immer Angst gehabt, wenn man schneller im Auto gefahren ist als dreißig Kilometer. Und was ist passiert? Der ist mit Kollegen zu einer Tagung, und dabei ist er totgefahren worden. Obwohl er hintendrin gesessen hat. Da ist ihm ausgerechnet hinten einer reingefahren. Meine Tochter, die Ärztin war, hat ihn noch gesehen und mir gesagt: Hoffentlich stirbt der. Der ist so entstellt und zusammengehauen, dass ihm nicht zu wünschen ist, weiterzuleben.«

»Und der Reinhold Braun ist ertrunken!«, ruft Lore.

»Ertrunken oder Herzinfarkt, das weiß man nicht«, korrigiert Leferenz, »jedenfalls ist er in Teneriffa tot aus dem Wasser gefischt worden.«

»Wer war denn noch dabei«, überlegt seine Freundin. »Der Walter Hahn.«

»Edde«, fällt mir ein. »Edwin Pfützner.«

»Ja, aber der ist ja schon in Russland gefallen, gleich zu Beginn.«

»Der Walter Hahn ist durch Krebs gestorben«, sagt Leferenz.

»Haben Sie denn noch irgendwelche Fragen?«, sagt Frau Strothe und wirkt auf einmal ganz professionell, als fühle sie sich verantwortlich dafür, dass meine Zeit hier nicht verschwendet wird. »Ich, äh …« Ein wenig wundere ich mich über mich selbst, wie befangen ich bin, das Thema anzusprechen, das mich am meisten interessiert. Dann werfe ich es, nach einem etwas förmlichen Räuspern, in den Raum: »Ich bin eigentlich immer davon ausgegangen, dass Günther kein Nazi war.«

»Nee, der nicht«, bestätigt die alte Dame und schüttelt entschieden den Kopf. Ich schaue Leferenz an. »Das sag ich auch«, sagt er. »Der Günther hat sich nie so sehr beteiligt an der Politik, aber zu den Nazis hat er gar keinen Bezug gehabt. Im Gegensatz zum Wolfgang Jung übrigens!«

Der letzte Satz kam mit deutlichem Nachdruck heraus. Wahrscheinlich hatte Dieter recht, Leferenz hatte ein Problem mit Wölfchen. Ich frage, ob sie wüssten, dass Günther Mitglied der NSDAP war. Die Information scheint überraschend zu kommen. Er solle dort von einem wohlwollenden Freund eingetragen worden sein, füge ich hinzu, jedenfalls habe mein Großvater mir das einmal so gesagt. Ob sie sich vorstellen könnten, wer das gewesen sein kann?

»Also, ich sicher nicht«, sagt Leferenz nach längerem Nachdenken.

»Vielleicht der Dickus?« Lore sucht den Blick ihres Lebensgefährten. Leferenz' großer Kopf zeigt in ihre Richtung, doch seine Augen schauen gleichmütig an ihr vorbei oder durch sie hindurch. »Der Dickus stammt aus einer Familie, die Wellpappe gemacht hat«, erklärt er. »Dadurch sind die im ersten Krieg enorm reich geworden. Als wir noch in der Schule waren, hat der schon ein Auto gehabt. Ja, und der war Nazi. Kann sein, dass der den Günther da angemeldet hat.«

»Gab es das denn oft, dass Leute gegen ihren Willen in die Partei eingetragen wurden?«

»Das galt für uns alle eigentlich«, sagt Leferenz. »Der Sportverein, in dem ich Mitglied war, ist ja dann auch nationalsozialistisch geworden. Die ganze Gruppe, die in dem Sportverband war, musste sich eines Tages auf der Geschäftsstelle melden und sich in die Partei eintragen.«

An eine Sache könne er sich noch erinnern. An einem Feiertag habe Günther einmal eine Kutsche mit zwei Pferden gemietet. Damit seien sie dann alle, der ganze Wildwest, durch Heidelberg gefahren und schließlich auf den Wredeplatz gelangt, wo gerade eine große Naziversammlung im Gange war. »Da hat jemand gesagt, die sollen uns vermöbeln. Da war der Günther aber sehr klug«, erinnert sich Leferenz, »und hat mit seiner Ziehharmonika, die er ja immer dabeihatte, schnell ein Nazilied gespielt. Und so hat er die Kutsche mit uns wieder rausgekriegt. Wir sind dann wieder in die Stadt zurückgefahren.«

»Was war das für ein Lied?«

Leferenz überlegt. Dabei guckt er aus dem Fenster. Seine Augen sind wässrig und riesengroß, die nackten Unterlider weißlich. Ich weiß, dass ihn meine Frage anstrengt, und bin doch so begierig nach Details, dass ich ihm die Pause nicht gönne, die er jetzt vielleicht gern hätte; aber er lässt sich sowieso nicht drän gen, hier geht alles in seinem Tempo. Er wendet sich mir zu, zu einer Antwort entschlossen: »Die Internationale.«

Ich nicke höflich. Macht Leferenz einen Witz? Oder war dieses Wort das Einzige, das durch den Nebel des Alters zu ihm durchdrang, und er entschloss sich also, etwas hilflos, für diesen Bluff?

Ich habe von diesen Tests gelesen: Anzüge, mit denen das körperliche Gefühl des Alterns simuliert wird. Man zieht sich eine Art Raumanzug an, der einen hinabzieht und die Bewegungen um das Fünffache verlangsamt und erschwert. So könne man einen Eindruck bekommen, wie sich das Alter anfühlt. Und wie fühlt es sich im Kopf an? Ich meine sie spüren zu können, die dicke Wand aus Watte, durch die meine Fragen zu ihm dringen, meine Forderungen. Die Anstrengung, die Gedanken in Worte zu fassen, und den langen Weg, den diese Worte schließlich zurücklegen, über den Kopf, den Mund, die Lippen, die Zunge, wie durch ein längst verlassenes, leergefegtes, verstaubtes Fabrikgelände, hinaus auf die helle Seite der Lebenden. Würde ich nicht auch lieber auf der anderen Seite bleiben, dort, wo ich nichts gefragt werde, nichts antworten, nichts leisten muss? Manchmal habe ich die Ahnung, dass es so einen Ort gibt oder so eine Zeit in meinem Leben geben wird. Aber als ordentlicher, von protestantischer Arbeitsethik geprägter Mensch drücke ich die Stimmung normalerweise weg, schon allein weil ich keine Zeit dazu habe.

Und aus Leferenz möchte ich natürlich trotzdem so viel wie möglich herausquetschen. Ich komme auf die Wildwest-Chronik zu sprechen. »Ach diese Chronik da«, sagt Leferenz, »da waren wir ja sehr enttäuscht, als der Gang die mal mitgebracht hat.«

Lore bestätigt. Sie zieht ihr Gesicht in einem übertrieben enttäuschten, fast beleidigten Ausdruck zusammen.

»Warum?«

»Alles nur Trinksprüche«, sagt sie.

»Das auch«, gebe ich zu, »aber es waren auch schöne Zeichnungen drin.«

Leferenz winkt ab: »Keine besonders guten.«

Die Eigenschaft der Altersmilde scheint bei Leferenz nicht besonders ausgeprägt. Ich ertappe mich bei der Schlussfolgerung: Kritische Haltung hält jung.

»Nun habe ich aber so ein Gruppenfoto gesehen. Da hat Günther eine SA-Uniform an.« Jetzt ist es raus.

»Ja, das haben aber doch praktisch alle Studenten gehabt.« Leferenz scheint unbeeindruckt. »Das hab ich zeitweise auch gehabt, obwohl ich nie Nazi war. Das musste man, wenn man weiterstudieren wollte. Jedenfalls bei uns.«

Lange Pause.

»Heidelberg war sehr braun, oder?«

»Na, da war schon ein sehr komischer Führer in unserer Universität. Der Gott sei Dank, sagen wir mal in Anführungszeichen, dann später im Krieg gefallen ist. Es war auch ein bisschen beschämend, später zu sehen, wie die ganzen Professoren, von denen man wusste, dass sie Nazis gewesen waren, wie die zum Dekanat gelaufen sind, um wieder eingestellt zu werden. Das hat einen schon gewundert. Ich hatte auch einen Mitschüler, der Nazi gewesen war, und der wollte dann, dass ich für ihn bürge. Dass er nichts Böses gemacht habe.«

»Und haben Sie ihm den Gefallen getan?«

»Nee.«

»Da war er doch bestimmt sauer?« Es scheint Leferenz nichts auszumachen, dass ich ihm die Worte einzeln aus der Nase ziehe. »Oder?«

»Natürlich war der sauer.«

Dann fällt Professor Leferenz noch ein, dass er zu der Zeit

mit einer geborenen Frau Storch verheiratet gewesen sei. Mit der habe er dann mal am Neckar gelegen und sich über Baldur von Schirach unterhalten – der hatte sich angeblich in einer griechischen Weinstube so betrunken, dass er nicht mehr sprechen konnte. »Eigentlich harmlos. Aber neben uns lag eine Naziführerin, die unser Gespräch mitangehört und daraufhin meine Frau angezeigt hat. Die durfte dann nicht zur Weltausstellung nach Paris, obwohl sie für die Reise schon zehn Mark bezahlt hatte. Viele haben das damals nicht ernst genommen, obwohl es eine ernste Sache war. Wir hatten zwei Juden in der Klasse. Der eine war der Rolf Schreiber. Der andere hat sich Brunswijk genannt. Braunschweig. Ich hatte mir mal, weil das alle so gemacht haben, so eine kleine Anstecknadel ans Revers geheftet, mit Hakenkreuz drauf. Da ist der Brunswijk zu mir gekommen und hat gesagt: ›Willst du das jetzt etwa auch mitmachen?‹ Ich hab da nichts gesagt und bin weggegangen. Aber dann hab ich noch mal drüber nachgedacht. Und hab die Nadel wieder weggemacht.« Der Vater vom Brunswijk sei der beste Internist in Heidelberg gewesen und habe zu dem Zeitpunkt schon das Land verlassen gehabt. Der Brunswijk selber sei später in eine Militäreinheit gegen die Nazis gekommen, von Frankreich aus.

»Das war eine ganz komische Situation«, sagt Leferenz in seiner typischen Intonation aus Gleichmut und Erstaunen, »nach dem Krieg, als meine Frau und ich in unsere alte Wohnung in die Schießtorstraße kamen, saß da aus irgendwelchen Gründen der Brunswijk. Meine Frau hat ihm dann klargemacht, dass wir nie Nazis waren. Gott sei Dank.«

Ich stelle meinen kleinen aufgeklappten Macbook Air auf den Tisch, das Uniformfoto füllt den Bildschirm. Jetzt ist der Moment da. Gleich werden sie mir sagen, wer die anderen sind und zu welchem Zweck das Foto aufgenommen wurde. Doch Leferenz schaut nicht einmal hin. Er bleibt einfach genauso sitzen, in seinem Lacoste-Polohemd, ohne Interesse und ohne Vorwurf.

»Da erkenne ich nichts«, sagt er schließlich. »Ich sehe ja praktisch nichts mehr.«

Fast kann ich zusehen, so langsam fällt bei mir der Groschen. Das ist es – Leferenz ist so gut wie blind. Daher der seltsame Blick. Ich wende mich an Lore Strothe. Die schüttelt entschuldigend den Kopf. »Das sehe ich auch nicht mehr.« Und beugt sich dann doch noch einmal vor zum Bildschirm, die immerzu lächelnden Augen ein wenig schmaler als sonst. Ich zoome die Gesichter ganz nah heran.

»Also den da kenne ich nicht«, sagt sie. »Und der da, mit dem Schnauzbart …«

Schnauzbart? Kein einziger der Männer auf dem Foto trägt einen Bart. Ihr Wunsch, etwas zu erkennen, ist offenbar größer als die verbliebene Sehkraft ihrer Augen.

»Alle Studenten mussten irgendwo drin sein«, erklärt Leferenz. »Auch die Frauen mussten alle in einen Verein.«

»Ist man halt hingedackelt«, sagt Lore, »und wieder fortgegangen.«

»Meine damalige Frau musste sich auch einschreiben. Die hat aber ganz schnell den Bogen, den sie unterschrieben hatte, vom Schreibtisch geklaut und ist damit abgezogen. So dass sie erst mal nicht erfasst war.«

Apropos Bogen vom Schreibtisch geklaut. Kann es sein, dass Lore Strothe diejenige war, die Formulare entwendet hat, um damit Juden aus dem Land zu helfen? Das hatte Geo so im Kopf gehabt. Frau Strothe zögert. Davon weiß sie nichts. »Wir waren ja sehr gefährdet in der Nazizeit«, sagt sie. »Weil mein Vater in seine Zeitung reingeschrieben hat: Jeder darf die Zeitung lesen, die er will. Man muss nicht das Naziblatt lesen.« Ihr Vater war der Chef des Carl Pfeffer Verlags gewesen, erfahre ich, außerdem leitete er das *Heidelberger Tageblatt*, das 1937 verboten wurde. Er habe erst mal ein paar Tage auf dem Speicher gelebt, aus Angst, dass sie ihn holen; doch er wurde nicht geholt. Ihre Mutter sei dann Frauenführerin geworden, wohl auch, um das auszugleichen.

»Aber mein Vater war bescholten.«

Bescholten. Das erste Mal, dass ich dieses Wort ohne die Vorsilbe »un« höre.

Lore Strothe lächelt. Ist das nun eine liebevolle Erinnerung an ihren Vater? An ihre Mutter, die Frauenführerin geworden ist? Oder einfach nur ihr normaler Gesichtsausdruck?

»Das hat mich, muss ich sagen, schon erstaunt, dass die Lore da so begeistert mitgemacht hat«, sagt Leferenz, »als Fähnleinführerin und so Zeug. Nachdem das passiert war, also dass ihr Vater die Zeitung praktisch gestohlen gekriegt hat.«

»Na ja, Fähnleinführerin«, wiegelt Lore ab. »Ich war halt groß! Musste vorausmarschieren.«

»Aber es hat dir schon Spaß gemacht.«

Natürlich habe ihr das alles Spaß gemacht, verteidigt sie sich, aber sie sei ja sowieso die meiste Zeit im Ausland gewesen, erst zwei Jahre in Holland und dann vier Jahre in England, wo sie vom Krieg kaum etwas mitgekriegt habe. Ich frage, ob in ihrer Schulklasse auch Juden gewesen seien, und sie überlegt lange, erinnert sich nicht mehr. Nur noch, dass am Ende der Straße, in dem Eckhaus, dass da eine jüdische Familie gewohnt hatte. Und dass die irgendwann weg waren.

»Und Ihre Eltern?«, frage ich Leferenz. »Die waren keine Nazis, oder?«

»Nein«, sagt er und korrigiert sich dann: »Na ja, es ist schwierig zu sagen. Ich hatte ein Erlebnis, das hat mich erschüttert. Zum Schluss des Krieges, gegen Ende, als man eigentlich schon den Untergang gewittert hat, da hatte ich noch mal Urlaub gehabt, von der Studentenkompanie. Und da hat mir meine Mutter nachgerufen: Ach, du bist doch ein Feigling. Das hat mich direkt erschüttert. Meine Mutter war nämlich sonst eine sehr gutmütige Frau. Aber das hat sie dann geglaubt. Sie hatte ja auch recht; ich hatte mich gedrückt vor dem Krieg.«

»Ich brauch Sie nicht!«, schreit es wieder aus einem der anderen Zimmer. Die Schwester hatte die Tür zum Flur offen gelassen. »Das ist immer unser Vergnügen, dass diese Frau da so rumschreit«, sagt Leferenz sarkastisch.

Zum Schluss geht es noch mal um Günther. Der manchmal ganz grantig sein konnte, wie Leferenz einfällt. Wenn er nachdenken wollte und keine Unterhaltung um sich ertragen konnte. »Genauso, wenn er schlafen wollte«, sagt Leferenz. »Er hatte sich ja so einen bestimmten Schlafrhythmus ausgedacht, nach da Vinci oder so. Vier Stunden schlafen, sechs Stunden wachen, dann wieder vier Stunden schlafen.«

»Ja, das hat er mir auch erzählt«, sagt Lore. »Er war schon ein bisschen eigenartig.«

»Er war einfach anders«, berichtigt Leferenz gleichmütig.

»Mir fällt gerade ein Satz ein, der Günther in den letzten Lebensjahren sehr beschäftigt hat«, sage ich. »Eigentlich eine Frage, über die er immer wieder nachgedacht hat.« Ich verliere den Faden, denke an Günther, wie er, mit seinem gebeugten Rücken und im dunkelroten Bademantel, vorsichtig eines der dunkelbraun getönten Teegläser von der Diele ins Arbeitszimmer trägt.

Die beiden alten Leute schauen mich nach meiner Vorrede erwartungsvoll an, jedenfalls kommt es mir so vor, als müsste ich jetzt liefern.

»Und zwar fragte er sich: Wie schafft man es, anders zu sein, ohne allein zu sein?«

»Ja. Das ist schwer«, sagen beide fast gleichzeitig. Anschlie
ßend ist es eine Weile still, jeder guckt so vor sich hin. Als würden wir alle diesem einen Satz nachsinnen, dieser Frage nach
dem Anderssein. Oder dem Alleinsein.

Was die beiden wohl von Günther gedacht haben? Wie wichtig ist er ihnen als Freund gewesen? Wie mag sich die Erinnerung an eine Jugendfreundschaft aus siebzig-, achtzigjähriger
Entfernung anfühlen? Was spielt das alles überhaupt für eine
Rolle, wenn man hundert ist und im Haus Stephanus lebt?

Leferenz sagt abschließend: »Das, was wir hier als Kosmos
bezeichnen, das ist doch sowieso alles ein großer Schwindel.«

»Wieso?«

»Na, man weiß ja gar nichts. Man sieht den Kosmos, zu
einem gewissen Teil, und man sieht die Sternschnuppen. Die ja
nun gefährlicher sind, wie man sich gedacht hat.«

Eine Weile warte ich noch, dass etwas kommt, dann merke
ich, das Gespräch ist beendet.

Lore Strothe hatte mir ein Knäckebrot mit Butter angeboten, sie wollte es mir sogar schmieren. Aber ich esse lieber in
der Gaststube des »Goldenen Hirschen«, wo es Spätzle gibt und
Riesling aus einem grünen Römerglas. Ich überlege, wen ich zu
Sternschnuppen befragen kann.

»Na ja, erst mal zeigt diese Bemerkung ein waches Interesse an Kosmologie«, meint mein Vater, als ich ihn später vom
Weingarten aus anrufe. »Wo eben die Aufmerksamkeit so hingeht, wenn wir so viel vom Leben schon gesehen haben.« Der
Maharadscha von Jaipur habe eine Einladung zum Pferderennen abgelehnt mit den Worten: *It is already known to me that
some horses are faster than others.*

Am nächsten Morgen hängt mir noch ein Traumfetzen nach:
Acht Pferde, von der Seite aus gesehen, preschen Nase an Nase

über die Prärie, ihr Getrampel ist hart und lautlos, der Horizont staubig und weit und flirrend. Und was sagt mir das jetzt über die acht, frage ich mich, außer diesem Gefühl von Kraft und Nach-vorn-Schauen und Gemeinsamkeit? Als ich noch zu Hause wohnte, wurden Träume sehr ernst genommen. Wenn jemand sagte, er habe etwas geträumt, spitzten die anderen sofort die Ohren. Dann kam die Deutung von Dagmar oder Geo oder von beiden, einander ergänzend; ich vermute jungianisch, jedenfalls war C. G. Jung so eine Art Held am Bühl, und bei den Träumen war immer klar, dass sie ausschließlich etwas mit dem Träumer zu tun hatten – nichts mit der Person, von der geträumt wurde. Es hieß dann: *Das ist das Kind in dir*, oder: *Das ist der alte Mann in dir.*

In diesem Fall also: *Das sind die acht Wildwestler in dir.*

Einen Moment lang bin ich irritiert, so als wäre ich plötzlich allein, als würde es bei dieser ganzen Recherche nur um mich selbst gehen.

Im Zug nach Berlin sichte ich weiter die Chronik. Ein Foto von 1946. Vier in Anzug und Mäntel gekleidete, aufgekratzt wirkende Herren stehen am Bahnsteig: Gang hält ein Schild hoch, leider falsch herum, so dass ich nicht sehen kann, wer abgeholt werden soll. Leferenz hat ein paar Akten unterm Arm und die Lippen gespitzt für einen augenscheinlich flapsigen Kommentar. Günther steht zwischen Leferenz und Gang, er trägt Hut und Trenchcoat, duckt sich unter das Willkommensschild und lächelt direkt in die Kamera. Und dann gibt es noch einen recht stattlichen Mann mit einer Weinflasche in der Hand. Das muss laut Unterschrift Bimbel sein. Ich gleiche ab mit dem Uniformfoto von 1934 und erkenne ihn auch dort. Mit ernstem oder gelangweiltem Gesicht steht er ganz rechts; er trägt eine SA-Uniform mit Dolch am Gürtel.

Bimbel hat ein vergnügtes Grinsen, als hätte er bereits einen Schluck aus der Flasche genommen. Er ist größer und schwerer als die anderen drei und trägt einen Flanellanzug. Zu dieser Zeit muss er bereits seinen Heidelberger Schwarzmarkthandel unter dem Decknamen »Das Dekanat« aufgezogen haben. Nachdem Lore und Leferenz mich daran erinnert hatten, war mir eingefallen, dass Günther mir mal erzählt hatte, dass in der Beethovenstraße irgendwann plötzlich die Polizei vor der Tür stand, auf der Suche nach einem »Herrn Deckanatt«.

Ich glaube, Bimbel war derjenige, von dem Günther seine ersten Anschnallgurte fürs Auto bekam, aus Schweden importiert. Bimbel hatte große Angst vor Autounfällen (»wie viele Piloten«, hatte Günther in seinen Aufzeichnungen angemerkt). Günther hatte ganz allgemein, wohl auch verstärkt durch den Tod von Herrn Misselhorn, ein extremes Sicherheitsbewusstsein. Das äußerte sich nicht nur in griffbereiten Feuerlöschern und Wassereimern neben dem Christbaum, sondern auch darin, dass er bereits in den fünfziger Jahren Gurte ins Auto einbauen ließ, ungerührt davon, dass dies allgemein als skurril und schrullig empfunden wurde.

Bimbel verlegte sich in den fünfziger Jahren aufs Schreiben. Unter dem Pseudonym Harry Muth – kurz für Harald Wachsmuth – schrieb er Heftromane für den Moewig-Verlag. In der Bismarckstraße war von Landser-Romanen die Rede. Bimbels »Fliegergeschichten« hießen *Blutender Himmel* oder *Fallschirmschwester Marian* und sind immer noch zu Sammlerpreisen im Netz zu finden.

Im letzten Viertel der Wildwest-Chronik werden die Einträge weniger und die Unterschriften krakeliger; es gibt ab und zu Gruppenfotos, jetzt in Farbe, mit Leuten, an die ich mich vage erinnere. Außerdem mehren sich die eingeklebten Presseartikel, in denen über herausragende Verdienste oder Ehrungen einzelner Wildwestler berichtet wird. Gang, Leferenz und Günther führen die Liste an, aber es gibt auch eine Zeitungsspalte zu Bimbel, in der Rubrik *Köpfe der Woche*. Da trägt er die Haare mit Pomade zurückgekämmt und wirkt sympathischer denn je. Die Brille mit Hornbalken über dem filigranen Metallgestell gibt ihm sogar den intellektuellen Anstrich, dessen Fehlen ihn zuvor meiner Meinung nach von den anderen Wildwestlern unterschieden hatte. Der Heidelberger Geschäftsmann habe mit bravourösem Erfolg das Wiedersehenstreffen dreihundert Ehemaliger aus Rommels Afrikakorps organisiert, lese ich in dem Artikel.

Nur eine Seite weiter die Todesanzeige: *An den Folgen eines Verkehrsunfalls gestorben: Harald Wachsmuth, genannt Bimbel.*

Ich bin wieder in Berlin, die Fenster sind geöffnet, damit ich das spätsommerliche Blätterrauschen der Bäume vorm Haus nicht verpasse. Die Glocke der Kirche am Winterfeldtplatz läutet zur vollen Stunde das Zuhausesein ein. Endlich kann ich Fotos und andere Einträge von meinem kleinen Airbook auf den riesengroßen Monitor schalten, den ich vor einiger Zeit gebraucht gekauft habe. Und endlich habe ich wieder alle Materialien um mich herum, in übersichtlichen Stapeln. Frage- und Recherchelisten. Artikel, die Claus für mich im Netz gefunden hat; der bisher unbeantwortete Brief eines früheren Vorsitzenden der Deutschen Lichtforschung, der anbietet, bei diesem »Erinnerungsbuch« mitzuwirken; ein Stapel Bücher, darunter eine filigrane Ausgabe von Graciáns *Handorakel*, und auch *Polymere und Patente* mit Karl Zieglers Konterfei auf dem Titel.

Geo hat meinen Screenshot des Uniformfotos erhalten und identifiziert den gutaussehenden Mann, der als einziger keine Uniform trägt, als Helmut Senges – seinen Patenonkel. Ich bin überrascht, ich wusste bisher nicht, dass Senges Geos Patenonkel gewesen ist – überhaupt wusste ich wenig von Senges, das mit dem Selbstmord habe ich von Leferenz erfahren, und Geo bestätigt es mir jetzt. Helmut sei ein toller Typ gewesen, sagt Geo, er war Arzt und schrieb in seiner Freizeit Literaturkritiken für Zeitungen. Er habe Günther am nächsten gestanden, sie hätten sich gegenseitig zu den Paten ihrer ältesten Söhne gemacht. So wurde Helmut Geos Patenonkel und Günther der Patenonkel von Jochen Senges.

»Ich mochte ihn vielleicht auch wegen der Seiten, die schon auf die Depression hindeuteten«, sagt Geo. »Depression ist ja manchmal auch mit Positivem verbunden.«

»Was meinst du damit? Sensibilität?«

»Ja, so was. Helmut lebte dann in seinem Haus in einem Zimmer, das er nicht mehr verließ, weil er in seiner Depression keine Menschen ertragen konnte. Es war schwierig, an ihn ranzukommen. Immer wenn ich anrief oder ihn besuchen wollte, hieß es, es geht nicht. Irgendwann sagte ich dann: Nun verratet mir doch mal, was ich anstellen muss, damit ich mal meinen Patenonkel besuchen kann. Da wurde mir gesagt: Gut, dann und dann kannst du kommen. Und dann saß ich mit Helmut im Flur vor seinem Zimmer. Wir unterhielten uns eine ganze Weile, und er beschrieb mir auch die Depression: Als wäre man allein im Nordmeer, bei Nacht, und würde auf einer Eisscholle treiben.

Das war Anfang der sechziger Jahre, und wenig später hat er sich dann umgebracht. Das Tragische war, dass es geschah, als es ihm gerade besserging. Das ist ein typisches Muster, das damals noch nicht so bekannt war. Heute weiß man: Wenn es ihnen bessergeht, wird es gefährlich. Denn sie verlieren ja nicht gleich ihre Verzweiflung, sondern erst mal ihre Lähmung. Sie denken sich: Endlich. Heute habe ich die Kraft, es zu tun.«

Das Bild mit der Eisscholle auf dem Nordmeer hängt mir

noch nach, als wir längst aufgelegt haben. Ich schaue mir die Fotos von Helmut an, sein ernstes, freundliches Gesicht, ebenmäßig, mit hoher Stirn und Hornbrille, und frage mich, ob ich diesen Eindruck von Sensibilität und Wärme, den ich seinem Ausdruck jetzt zuschreibe, auch hätte, wenn Geo mir nicht von ihm erzählt hätte.

Wenn Sensibilität die gute Seite der Depression ist, gibt es dann eine schlechte Seite der Frohnatur? Günther wurde oft als Frohnatur bezeichnet. Im Zweifelsfall reagierte er mit einem Witz. Humor war seine Überlebensstrategie.

Geo ruft noch mal an und gibt mir die Telefonnummer von Helmuts Sohn.

»Ruf doch mal den Jochen an, was ihm zu Günther einfällt«, sagt er. »Es könnte sein, dass er Günther etwas anders sieht.«

»Was meinst du damit?«

»Als ich ihn das letzte Mal sah, sagte er, dass ich ihn überhaupt nicht an meinen Vater erinnere – und das sei als Kompliment gemeint.«

Jochen hört sich nett an, er bietet mir das Du an, schließlich kenne man sich schon lange. Vermutlich war er einer der vielen Erwachsenen bei den Festen in der Bismarckstraße, die ich als Kind nicht auseinanderhalten konnte. Ohne Umschweife kommt er darauf zu sprechen, dass Günther von allen aus dem Wildwest-Kreis derjenige war, der am stärksten polarisierte. Große Sympathien und große Antipathien habe er auf sich gezogen. Ein Beispiel: Bei einem Klassentreffen einige Jahre nach dem Krieg habe man sich in einer Heidelberger Wirtschaft getroffen. Es war nicht mehr die *ganz schlechte Zeit*, aber doch immer noch so, dass die meisten nicht sehr gut dran waren. Günther reiste an mit Chauffeur und Mercedes. Der Chauffeur hatte Weisung, um Punkt halb zwölf die Wirtschaft zu betreten und zu rufen: »Ist Professor Schenck da? Der Wagen ist vorgefahren.«

Das sei natürlich von grölendem Gelächter begleitet gewesen, in das auch Günther selbstironisch einfiel. Sicher war dies als Gaudi inszeniert, sage ich, und Senges meint, ja, so halb, so *in between* sei es wohl angekommen, nicht bei jedem gut.

Ihm sei immer wieder Günthers mangelnde Sensibilität aufgestoßen. Als Beispiel fiel ihm Rolf Richards ein. Das sei ein jüdischer Schulfreund gewesen, der beim Wildwest öfter dabei war. Er wanderte in den dreißiger Jahren nach London aus; seine Eltern starben in einem Konzentrationslager. Rolf arbeitete bei der BBC, nach dem Krieg wurde er Schauspieler und heiratete eine Engländerin. Laut Senges konnte Richards meinen Großvater nicht leiden. »Seine autoritäre Art war ihm unerträglich. Aber Günther war das ganz egal. Er hat jedes Mal, wenn er in London war, bei Rolf angeklingelt und gesagt: Hör mal zu, ich muss dir meinen Vortrag zur Probe halten.«

Rolf Richards habe sich jeweils zähneknirschend den Vortrag angehört und das Englisch des ehemaligen Schulkameraden berichtigt. »Wenn er mit dem Vortrag fertig war, ging Günther. Und kam dann das nächste Mal wieder. Das hat den Richards sehr gefuchst.« Irgendwann kam Richards zurück nach Heidelberg, erzählt Senges, und das war eine große Sensation. »Aber nicht, weil er als Jude wieder nach Deutschland kam oder wegen dem, was er erlebt hatte, oder weil seine Eltern tot waren, nein: wegen seiner Frau. Die Beryl Richards war eine sagenhafte Schönheit. Und der ganze Wildwest war hinter ihr her. Besonders der Walter Hahn.«

»Jetzt kotz sie nicht voll«, soll Rolf Richards schließlich zu Hahn gesagt haben, nachdem er ihn höflich beiseitegenommen hatte.

Ihre Vermählung geben bekannt: Reinhold Braun und Eva Braun geb. Feldhahn.

Nun ja, es ist nur ein Name, ein geläufiger Name, aber er passt so unangenehm gut in den Zusammenhang. Nur ein paar Seiten zuvor, im Januar 1947, klebt eine französische Zeitungsnotiz in der Chronik, in der es um einen gesuchten Kriegsverbrecher namens Reinhold Braun geht: »Un Criminel de guerre arreté au Camp des P. G. de Marles-les-Mines« lautet die Überschrift. Ein Arzt und »Hitler-Offizier« namens Reinhold Braun sei diverser Verbrechen am französischen Volk angeklagt, unter anderem des Mordes, der Plünderung und der Organisation von Deportationen. Daneben steht, mit Füller geschrieben: *Herzliche Grüße und ein kräftiges Prosit Neujahr, Euer Reinhold.*

Ein auf den Artikel zeigender Pfeil lässt keinen Zweifel daran, dass Reinhold sich in Verbindung mit diesen Nachrichten bringt. Unter dem Pfeil in seiner Schrift: *Errare humanum est, but painful!*

Auf den zweiten Blick halte ich es für möglich, dass es hier um eine Verwechslung geht, unser Reinhold Braun also für einen anderen Reinhold Braun gehalten wurde und sich sein lapidares *Irren ist menschlich* darauf bezieht und nicht, wie von mir zunächst angenommen, auf seine Gesinnung beziehungsweise seine Taten. Andererseits: Schon 1934 trägt Reinhold eine SS-Uniform. Selbstbewusst und zuversichtlich schaut er unter der mit dem Totenkopf geschmückten Dienstmütze inmitten seiner Wildwest-Freunde in die Kamera. Aufnahmekriterien für die SS waren, neben einem »germanischen Erscheinungsbild«, über das er, dem Foto nach zu urteilen, tatsächlich verfügte, eine einwandfreie Gesinnung und natürlich der Ariernachweis.

»In dem Zeitungsartikel geht es ja um einen Arzt«, sagt Claus zögerlich. »War Reinhold Braun Arzt?«

»Ich weiß nicht. Glaube nicht.« Bisher weiß ich nur von Senges und Leferenz, die Medizin studiert haben.

»Na dann.«

»Ich frage mich trotzdem, was dieses *errare humanum est* soll.«

»Ich würde sagen: klingt zynisch. Ist zynisch. Und passt auch zu dem albern-elitären Duktus des Wildwest. Und der deutschen Elite insgesamt. Prosit Neujahr, das ist ja schon Himmler-Niveau!«

Im Zweifel für den Angeklagten. Doch wie unschuldig konnte einer gewesen sein, der zwölf Jahre in der SS war? Konnte es »gute« SS-Männer geben? Wie lange konnte sich so ein »Guter« in der SS halten? Konnte ein SS-Mann darauf verzichten, die Härte, für die diese Organisation bekannt war, unter Beweis zu stellen?

Vom Alter her muss Reinhold 1934, als das Foto entstand, Mitglied der »Aktiven SS« gewesen sein. Ursprünglich zu Adolf Hitlers persönlichem Schutz gegründet, wurde die »Schutzstaffel« bald nach der Machtübernahme der NSDAP zum zentralen Terror- und Unterdrückungsorgan im Deutschen Reich. Ab 1934 war die SS für den Betrieb der Konzentrationslager zuständig.

Die gutsitzenden, schwarzen, von Hugo Boss produzierten SS-Uniformen waren viel smarter als die Braunhemden, würdig der Elitetruppe, die nur für ausgewählte Nationalsozialisten zugänglich war, die ihre besondere Eignung unter Beweis gestellt hatten, und die bald eine Art Privatarmee im Staat bilden sollte. Das Symbol des Totenschädels hatte man von den preußischen Husaren übernommen.

Reinhold, dessen gleichmäßige hohe Schrift mir durch seine zahlreichen Reime in der Chronik gut bekannt ist, listet am letzten Tag des Jahres 1939 auf: *Edde/Wehrmacht – Bimbel/Luft-*

waffe – Günther/Halle – Walter/Luftwaffe. Hinter seinen eigenen Namen setzt er: *Waffen-SS.*

Die Waffen-SS ist erst in jenem Jahr gegründet worden. Ihre Mitglieder, die zunächst aus der »Leibstandarte Adolf Hitler«, aus der Totenkopf-SS und der SS-Verfügungstruppe rekrutiert wurden, verstanden sich als »politische Soldaten«, also nicht nur als Kämpfer, sondern als soldatische Elite und überzeugte Träger der nationalsozialistischen Weltanschauung. Erst zwei Jahre später, ab 1941, wurden die Aufnahmekriterien gelockert, und die Waffen-SS warb regelrecht für Neueintritte, so dass irgendwann selbst »Fremdländer« oder Leute wie Günter Grass oder Horst Tappert zu Mitgliedern werden konnten.

17. April '40: Ltn. Bimbel stattet Heidelberg einen Flug ab
Reinhold Braun = Polens bester Truppenarzt: »Gegen Durchfall
gebe ich Opium« Simpl. Tit. Opii. 1000, 0 x S. 10 x tägl. 5 Eßlöffel

Also war er doch Arzt.

Im Februar 1941 gibt es eine kleine Landschaftsskizze in Tusche, darunter Reinholds Eintrag: *Urlaub in Norwegen!* Da in der Chronik vermerkt ist, dass Bimbel Reinhold in Norwegen einen Dienstbesuch abgestattet hat (auf der entsprechenden Skizze sieht Bimbels Flugzeug aus wie eine Seifenkiste), gehe ich davon aus, dass Reinhold ebenfalls dienstlich, als Angehöriger der Waffen-SS, dort zugegen war. Bei der Eingabe »Waffen SS Norwegen« stoße ich bald auf Seiten von Weltkriegs-Enthusiasten und Reenactment-Gruppen, die sich dem Nachspielen von Kämpfen und Alltag der Waffen-SS verschrieben haben. Auf YouTube schaue ich mir das Waffen-SS-Reenactment-Kit eines jungen Iren an, dessen Kamera langsam über die sorgsam ausgelegte Ausrüstung und Uniform fährt, selbst der Frühstücksbeutel wird von innen gezeigt; ich ertappe mich dabei, wie ich das dazu eingespielte Marschlied rhythmisch mit wippender Fußspitze begleite.

Propagandafotos des »SS-Kriegsberichters« aus Norwegen, nach Monaten geordnet: attraktive, sympathisch aussehende SS-Männer im Gespräch, bei der Arbeit, beim Sonnenbad. Verschneite Landschaft, ein Soldat mit einem Haufen Gestrüpp, an den Füßen eine Art überdimensionierte Moonboots. Darunter steht: »Mit seinen dicken Strohschuhen stapft Karl zurück zum Bunker, eine Auswahl Weihnachtsbäume unterm Arm.« Eine Reihe strammstehender Soldaten mit geschulterten Maschinengewehren auf einem ansonsten leeren Platz: »Ablösungstage werden zum Exerzieren genutzt. *Wer rastet, der rostet.*«

Eine halbe Stunde lang laufe ich halb verstört, halb empört durch die Wohnung – ich habe »Exekutieren« anstatt »Exerzieren« gelesen. Aber damit hätte sich wohl selbst die SS nicht gerühmt. Offiziell wurde ja nicht gemordet, es wurden »bolschewistische Nester ausgehoben«, die Deutschen vor jüdischen Untermenschen beschützt.

Advent 1941: In der Chronik unterschreibt Reinhold mit *Reinhold von Karelien.* Aus Karelien gibt es jede Menge SS-Postkarten. Ihr Sammlerwert beträgt immer noch dreißig bis hundert Euro. Sie zeigen romantische Motive, Tannen am zugefrorenen See. In dicke weiße Tarnanzüge eingemummelte Männer mit schwarzen Gürteln und Maschinengewehren. Und: lichterloh brennende Gehöfte, im Vordergrund Soldaten, die sich am Feuer wärmen. Ich finde heraus, dass die SS-Kampfgruppe Nord ab Juni 1941 – dem Beginn der »Operation Barbarossa«, des Überfalls auf die Sowjetunion – in Karelien eingesetzt wurde. Sie hatte sich aus den der Waffen-SS unterstellten Totenkopfregimentern 6 und 7 gebildet, die in Norwegen stationiert waren; jetzt sollten sie nach Russland vorstoßen. Wenn Reinhold als Waffen-SS-Mann also zu den in der Chronik vermerkten Daten tatsächlich in Norwegen und dann in Karelien war, war er aller Wahrscheinlichkeit nach Mitglied eines der beiden genannten Totenkopfregimenter gewesen. Aber ob Totenkopfregiment oder Verfügungstruppe, die SS wurde – im Gegensatz zur Wehrmacht und zur SA – bei den Nürnberger Prozessen als verbrecherische Organisation eingestuft.

Was Reinhold zwischen Dezember 1941 und Januar 1946 gemacht hat, ob er nach Karelien und Russland auch nach Frankreich gekommen ist, was die Wahrscheinlichkeit erhöhen würde, dass er der gesuchte Kriegsverbrecher war, darüber gibt es weder in der Chronik Hinweise noch im Bundesarchiv. Beim Simon Wiesenthal Center ist er nicht gelistet; über das Bundesarchiv ist immerhin sein Dienstgrad (SS-Hauptsturmführer) zu erfahren und sein Diensteinkommen als Hilfsarzt, auf den Pfennig genau. In Zeiten, da man daran gewöhnt ist, auf einen Mausklick mehr Informationen zu bekommen, als man eigentlich wollte, ist die Recherche nach Reinhold Brauns Kriegsvergangenheit eine zähe Erfahrung.

Im Mai 1949 heiratete Reinhold. Das Hochzeitsfoto zeigt Eva Braun, streng, blond und etwas mausartig, im weißen Kleid; sie ist zwei Köpfe kleiner als der Bräutigam in seinem schwarzen Anzug. Auf diesem Foto hätte ich ihn auf Mitte fünfzig geschätzt. Dabei war er sechsunddreißig Jahre alt.

Offensichtlich war Reinhold als Arzt sehr erfolgreich, jedenfalls wird sein Wohlstand in der Chronik von Günther und den anderen Freunden immer wieder anerkennend kommentiert. Von seiner Villa mit Glasanbau gibt es in der Chronik einige Skizzen. *Besichtigung des prächtigen Hauses! So leben die Landpraktiker!* lauten die Kommentare der Freunde, die von nun an häufig ihre Treffen bei Brauns in Kürnbach bei Karlsruhe abhielten.

Im August 1951 schreibt Bimbel enthusiastisch: *Achse London–Kürnbach just errichtet!! Da dem professionellen Geistesheroen von der Themse ein Einfall nicht zuteil war, begnügen wir uns mit obiger Schlagzeile (Headline).*

Mit dem Geistesheroen von der Themse ist der vierzehn Jahre zuvor nach London emigrierte Rolf Richards gemeint, von dem Jochen Senges mir erzählt hatte. Er unterschreibt mit seinem deutschen Namen: *Auf dass die Achse lange lebe! Rolf Schreiber.*

Das Wiedersehen von Rolf mit dem Wildwest hat also bei Brauns stattgefunden. Und drei Jahre später war er wieder da und trägt sich selber in der Chronik ein: *Spät – aber doch! It was lovely. Thank you. Es lebe die ewige Wiederkehr! Auf Wiedersehen in Kürnbach – Heidelberg – oder London! Rolf + Beryl*

Ausgerechnet in Kürnbach, bei Eva und Reinhold Braun. Ob Rolf von Reinholds SS-Vergangenheit wusste? Von Günthers Parteimitgliedschaft? Ob er in der Wildwest-Chronik blätterte, als er sich eintrug? Oder hat er dies bewusst unterlassen, um nicht auf etwas zu stoßen, das ihn irritieren oder die ehemaligen Klassenkameraden in Verlegenheit bringen könnte? Was dachten die anderen in dem Moment, als das Buch, das so viele Zeugnisse von sträflicher Unbekümmertheit enthält, in den Händen eines Mannes lag, dessen Eltern von den Nazis ermordet wurden? Wie bewusst waren ihnen 1951, als der Begriff Holocaust noch nicht geprägt war, diese Gedanken? Hatten sie einfach das Nach-vorne-Schauen so verinnerlicht und waren beglückt von dem netten Wiedersehen?

Ich denke an die Szene, die Marcel Reich-Ranicki Anfang der siebziger Jahre erlebt hat: Auf einer Party seines Verlegers Joachim Fest wurde er völlig unvorbereitet dem »Ehrengast« vorgestellt: Albert Speer. In Deutschland zu leben musste bedeuten, ständig erinnert zu werden, denke ich, durch Menschen, Landschaft und Architektur. Doch enthielt das große Schweigen nicht auch die stumme Übereinkunft, dass man als Überlebender des Holocaust nicht unvorbereitet einem ehemaligen Nazi-Reichsminister die Hand schütteln musste? Oder dass ein zurückgekehrter Jude zum Wiedersehen mit den alten Schulfreunden nicht unbedingt in das Haus eines ehemaligen Mitglieds der Waffen-SS geladen wird?

In der Chronik folgt im Anschluss an Rolf Richards' Eintrag ein Reim von Reinhold Braun: *Geplant war zwar ein großes Fest / Gefunden hat sich dann ein Rest / Ein Fähnlein von Getreuen / Es gab nichts zu bereuen.*

Widerlich, denke ich.

Manchmal packt mich die Vorstellung, Günther würde noch leben und irgendwie mitkriegen, dass ich mich über seine Freunde empöre. Es könnte sein, dass er mich mit einer scharfen Bemerkung in die Schranken gewiesen hätte, auf die Seite derer, die sich kein Urteil erlauben sollten, weil sie nicht dabei gewesen sind. Und in einem gewissen Maße wäre ich für das Argument empfänglich, schließlich würde ich mir von einem Zwanzigjährigen auch ungern etwas über die achtziger Jahre erzählen lassen. Andererseits: Wenn einer dabei gewesen ist und bewusst darauf verzichtet, Fragen und Urteile auszusprechen, muss er damit rechnen, dass diese Arbeit später andere übernehmen. Vor allem, wenn er um seine Biographie bittet. Wie anders würde ich dieses Kapitel schreiben, wenn ich nicht das Gefühl hätte, Günther hätte die SS-Vergangenheit seines Jugendfreundes einfach ausgeblendet.

Gut zwei Jahrzehnte später wurde Reinhold Braun, obwohl er ein sehr guter Schwimmer war, aus den Wellen Teneriffas tot geborgen. Günther, der ihn seit 1927 kannte, hielt die Trauerrede. Es war ein regnerischer Tag im Januar 1972. Die Rede, die ich in seinen Aufzeichnungen finde, begann mit den Worten:

Ich fasse mich kurz. Denn als guter Arzt wirst du, lieber Reinhold,
sicher nicht wollen, dass deine Trauergäste hier unnötig lange im
Regen stehen.

Nach dieser Ankündigung füllt die maschinengeschriebene Rede dann noch mal zweieinhalb Seiten, bei engem Zeilenabstand. Günther sprach gemächlich, Lach- und Gedankenpausen wusste er dramatisch einzusetzen; es ist also davon auszugehen, dass die Gäste während der Rede bis auf die Knochen aufgeweicht wurden. Wie bei einer Trauerrede zu erwarten, fiel sie durchweg positiv für den Verstorbenen aus. Trotz seiner überragenden Karriere und des großen wirtschaftlichen Erfolgs sei Reinhold ganz der Alte geblieben, schreibt Günther. Vitalität, Fröhlichkeit, Hilfsbereitschaft, sogar literarisches Talent hätten ihn ausgezeichnet. »Und ganz besonders seine Warmherzigkeit, die er auch in schwereren Zeiten bewiesen hat. Etwa als er sich einem befohlenen Einsatz gegen jüdische Mitmenschen durch Flucht und Versteck im Wald entzog.«

Was ist das denn jetzt für eine Story? Glaube ich das? Ich kann es nicht wissen, aber ich vermute, dass dies ein Beispiel für die Legenden von guten Nazis ist, die nach dem Krieg aus dem Boden schossen. »An Mut, Draufgängertum und Kühnheit übertraf er uns alle«, fasst Günther gegen Ende seiner Rede zusammen und benutzt damit, hier positiv konnotiert, genau die Attribute, mit denen der ideale SS-Mann ausgestattet war. »Oft schien er uns so strahlend wie Achill oder Siegfried, aber auch so gut und liebenswürdig wie Tarzan.«

Das Bild von dem Muskelmann, der sich schreiend an einer Liane durch den Urwald schwingt, eine Mischung aus Johnny Weissmüller und dem selbstbewussten, uniformierten *Reinhold W. W.*, kommt mir immer wieder in den Kopf, als ich noch mal über die Organisation nachlese, der Günthers Freund zwölf Jahre lang angehört hat. »Auf fast allen Kriegsschauplätzen fielen die Einheiten der Waffen-SS durch exzessive Härte auf«, heißt es in der *Enzyklopädie des Nationalsozialismus*.

Ein sonderbarer Club, dieser Fahrradclub Wildwest. Was hat diese Männer ihr Leben lang zusammengehalten? Gemeinsame Unternehmungen, die gemeinsame Heimat? Gemeinsame Werte wie Treue oder Freundschaft? Das immerhin waren sie – treue Freunde. Was aber ist, wenn sich Treue vor andere Werte schiebt? Wenn sie wichtiger wird als Mitgefühl, Gerechtigkeit und Wahrheit? Trifft man nicht auch dann Entscheidungen, wenn man alles so belässt, wie es ist? Günther, denke ich, hat sich für seinen Freund Reinhold entschieden.

Sonntag früh Exbummel nach Dossenheim, dort sog. Mittagessen, Dauer 2–3 Stunden (Wartezeit 2,5 Stunden). Reklamationen, kalte Kartoffeln, schmieriges Besteck, mehr Gras wie Salat, Desserts von Frl. Mühlbauer gegessen usw. Heimfahrt per OEG, Staub, Bismarckplatz Eismann überfallen, zwei Droschken gemietet und mit Akkordeon durch die Stadt gefahren. Traditioneller Kakao bei Günther. Abends leiser Abtrunk in der »Arche Noah«.

So wie der Club jetzt ist, so wird er ewig bleiben. Wir, die wir viele Gönner und noch mehr Neider haben, sind der Club, der eines Tages ausstirbt, aber im Geiste fortlebt, und dessen Geschichte mit Ehrfurcht noch erzählen werden unsere Kinder und Kindeskinder bis in die 7. Generation. Staub!

Lord Bimbel, im Mai 1932

Es bestätigen:

Gang W. W.	*Günther Schenck W. W.*
Walter Hahn W. W.	*Lord Bimbel W. W.*
Edde Pfützner W. W.	*Reinhold Braun W. W.*
Helmut Senges W. W.	*Heinz Leferenz W. W.*

6

Fragen an die Väter

Als meine Eltern in den frühen siebziger Jahren mit mir aus Kalifornien wieder nach Deutschland kamen, dauerte es ein paar Jahre, bis sie sich wieder in Mülheim ansiedelten. Bochum, Zons, Neuss und Haan waren ihre ersten Stationen. Nach Neuss zogen wir, als ich vier war. Der Nixhütterweg war eine schnurgerade Straße gegenüber einem von Pappeln gesäumten Feld. Unser Haus sah genauso aus, wie ich mir die ideale Illustration eines Hauses in einem Kinderbuch vorstelle: ein hohes, spitzes Dach, ein Garten drum herum, zwei Fenster unten, zwei Fenster oben und alle mit dunkelgrünen Fensterläden. Die Eingangstür mit Vordach war an der Seite. Dort war auch die Garage, zu der eine Kieseinfahrt führte und auf der, wenn Geo da war, sein weißer Mercedes stand. Weil ich damals noch klein war, habe ich aus dem Inneren des Hauses nur wenige Szenen in Erinnerung: wie ich krank in meinem Bett lag und Dagmar mir einen Blumenstrauß auf den Nachttisch stellte; wie ich die senfgelbe Kordhose, die Dagmar mir gekauft hatte, nicht anziehen wollte (weil ich sie nicht enttäuschen wollte, behauptete ich aber, dass sie mir gefiel, was Dagmar mir nicht glaubte); wie Dagmar nach einem Streit mit Geo weinte, unten im Wohnzimmer, den Kopf auf die Schreibmaschine gelegt, und ich nicht wusste, wie ich sie trösten sollte.

Die Wiese im Garten hatte in der Mitte eine Insel aus Rhododendron und anderen dusteren Gewächsen. Man konnte ringsherum rennen, und im Sommer liefen meine Freundin Nicki und ich nackt durch den Rasensprenger. Einmal bemalten wir uns von oben bis unten mit Fingerfarben, um wie Papageien auszusehen. Von dieser Szene gibt es Fotos: Mein jüngerer Bruder Toby ist auch dabei, er ist komplett braun bemalt, weil dies die einzige Farbe war, die wir ihm übrig ließen.

Wir hatten ein Au-pair-Mädchen, das aus Italien kam und Luisa hieß. Morgens ging sie mit uns zum Kindergarten, sie lief voran, ich trödelte hinterher, und Toby trödelte noch weiter hinterher. Auf halbem Weg holten wir Nicki und ihre kleine Schwester ab, die auch ein Au-pair-Mädchen hatten. Die beiden Au-pair-Mädchen gingen voran und unterhielten sich, und ich unterhielt mich mit Nicki. Nicki war ein Jahr älter als ich und hatte wunderschöne Sommersprossen, die ich einmal mit einem Filzstift auf meiner eigenen Nase zu imitieren versuchte. In ihrer Kindergartengruppe war ein Junge, den ich ganz großartig fand: Das war Mini. Mini Krauch. Er war nett zu mir, aber er guckte mich nie so an, wie er Nicki anguckte. Viel später erzählte mir Michel – so hieß er eigentlich, Mini wurde er nur genannt, weil er das jüngste von vier Geschwistern war –, dass er unsterblich in Nicki verliebt gewesen war, weil die so schöne Sommersprossen hatte.

Minis Eltern waren die Krauchs. Heiner und Ursel. Sie waren mit Dagmar und Geo befreundet, kannten aber auch Christel und Günther gut, weil sie eine Zeitlang im Haus in der Bismarckstraße gewohnt hatten, in der ersten Etage. Heiner war einer von Günthers Studenten in Göttingen gewesen und Ende der fünfziger Jahre mit ihm nach Mülheim gegangen, um die Strahlenchemie mit aufzubauen und zu promovieren. Die Krauchs waren etwas älter als meine Eltern, und ich fand sie sehr besonders. Manchmal besuchten wir sie in ihrem Haus am Linnéplatz. Sie hatten einen Swimmingpool. In der Küche gab es ein Bänkchen mit Kissen um den Kachelofen herum, und manchmal duftete es nach Apfelkuchen. Kakao wurde aus einem großen dunkelblauen Krug ausgeschenkt und schmeckte köstlich. Die Milch dafür kam direkt aus dem Milchtank, hatte also noch den ganzen Rahm, der sonst in der Molkerei abgeschöpft wird. Milch, Eier und sogar das Quellwasser für den Tee kamen aus dem Odenwald, wo die Familie seit zwei oder drei Generationen einen Bauernhof besaß. Der Falkenhof war ein traditioneller Hof in Hufeisenform, gelb gestrichen, mit alten Bäumen auf dem Platz und Kühen auf dem hügeligen Weideland. An langen Wochenenden oder zu Silvester fuhren wir oft dorthin und brachten dann selbst einen großen Kanister des guten Wassers und eine Lage frischer Eier für uns mit. Es gab viele Details bei Krauchs, die mich beeindruckten, zunächst unbewusst, aber ich fing schon früh an, darüber nachzudenken. Sie hatten mit Lebensstil und Ritualen zu tun und mit der Einrichtung, die großzügig, edel und zugleich originell war. Es gab feine Antiquitäten und Kunst, aber auch Bauernmalerei auf Stühlen und Truhen; das Geschirr war nicht weiß, sondern dunkelgrün und dunkelblau, die Keramikbecher aus dem Odenwald hatten Kringel, Linien oder Punkte. Vieles war von Ursel selbst angefertigt: ein riesiger blaugrauer Patchworksessel, die Vorhänge aus antiken weißen Leintüchern und die faszinierend filigranen Miniaturscherenschnitte, auf denen man die Familienmitglieder genau erkennen konnte. Alles strahlte Tradition aus, Qualität und etwas sehr Eigenes. Zu einer ähnlichen Zeit, als ich beschloss, mich vom Stil in der Bismarckstraße prägen zu lassen, nahm ich mir vor, dass etwas vom Krauch'schen Stil in mein Leben einfließen sollte.

In der Neusser Zeit hatte ich vor allem mit Mini und Ursel zu tun. Ada und Katrin, die ältesten Krauch-Kinder, waren kaum zu sehen. Tille, der schon ein Jugendlicher war, tauchte manchmal auf, spielte auf dem Flügel ein virtuoses und leidenschaftliches Klavierstück, dann verschwand er wieder. Und Heiner war ohnehin oft abwesend – wie bei meinem Vater und so vielen Vätern ihrer Generation war es eher etwas Besonderes, wenn er da war. Und wenn, dann umwehte ihn eine Aura von Bedeutsamkeit. Er war ein Geschichtenerzähler, und es war gemütlich, wenn wir ihm zuhörten. Ich wusste, dass er, genauso wie Geo, bei Henkel arbeitete. Ich wusste auch, dass er manchmal auf die Jagd ging, denn wenn wir grillten, gab es oft Wild, das er selbst geschossen und ausgenommen hatte. Einmal saß er in seinem langen schwarzen Ledersessel und las etwas; ich betrachtete heimlich sein Profil und staunte über seine wahnsinnig hohe Stirn, die tatsächlich genauso aussah wie auf Ursels Scherenschnitt, der ihn in einem hohen Lehnstuhl sitzend zeigt. Als wir irgendwann von Neuss nach Mülheim zogen und die Krauchs zurück nach Heidelberg, sahen wir uns weniger häufig. Und als mein Vater mir und meinen Geschwistern eines Abends in der Küche am Bühl mitteilte, Heiner und Ursel hätten sich getrennt, traf mich das sehr. Die Vertrautheit blieb bestehen, aber von nun an sah man sich eher einzeln und in anderen Konstellationen.

Ich weiß nicht mehr, wann genau, aber als ich im Teenageralter war, erfuhr ich, dass Heiners Vater, Carl Krauch, während des Krieges Chef bei der IG Farben gewesen und in Nürnberg zu einer Gefängnisstrafe verurteilt worden war. Genau genommen war es eine dieser Sachen, die man irgendwann einfach weiß, ohne dass man genau benennen könnte, auf welchen Wegen sie ins Bewusstsein gelangt sind. Eigentlich war es für mich auch kein Thema. Ich fand es etwas unheimlich. Andererseits passte es auf eine gewisse Weise zu dieser Familie, die mir in allem etwas größer, wichtiger und besonderer als wir erschienen war, vielleicht selbst in ihren Schattenseiten.

Mit ihnen darüber zu sprechen lag mir fern; wenn ich alle ein, zwei Jahre mal Ursel in Heidelberg besuchte, mit Katrin in

Hamburg durch den Jenischpark spazierte oder mit Michel in einem Münchner Biergarten saß, gab es genug andere Themen. Interessiert an ihrer Meinung wäre ich schon gewesen, aber ich hätte Sorge gehabt, ihnen zu nahe zu treten. Weil es mir dann nicht dringlich erschien, ließ ich es. Am Anfang meines Erbschafts-Projektes erzählte ich Katrin, dass mich die überraschende Nachricht von Günthers SA-Mitgliedschaft beschäftigte. Sie meinte dann, dass es da ja weitaus heftigere Fälle von Involviertheit gebe, zum Beispiel bei ihrem Großvater. »Der war doch bei der IG Farben«, sagte ich.

»*Bei* IG Farben? Carl Krauch *war* IG Farben.«

Sie deutete auf die zwei dicken Bände mit der Aufschrift »IG Farben« im Bücherschrank. Eigentlich habe sie sich viel zu wenig damit beschäftigt, sagte sie etwas nachdenklich. Wir vertieften das Thema nicht weiter. Ich war zu dem Zeitpunkt noch ausschließlich auf Günthers Lebensstationen konzentriert, und der hatte eigentlich keine Berührungspunkte mit Carl Krauch gehabt (außer indirekt, wie ich jetzt festgestellt habe, weil Krauch als Leiter des Reichsamts für Wirtschaftsausbau unter anderem für die Genehmigung der *uk*-Stellungen zuständig war). Erst später ist Günther ihm einmal begegnet, als er in der Bismarckstraße zu Besuch war.

Jetzt ist alles ein bisschen anders, weil ich gemerkt habe, dass ich bei der Beschäftigung mit Günthers Leben immer wieder auf ähnliche Fragen stoße. Wie treffen Menschen die Entscheidungen, die ihr Leben bestimmen, und was haben diese Entscheidungen mit ihren Prägungen zu tun? Wie hat Günther gehandelt, wie hätte ich gehandelt? Wie sollte ich heute handeln – und warum tue ich es nicht?

Es sind Fragen danach, wie ich Dinge an mich heranlasse oder von mir fernhalte. Fragen nach den Geschichten, die mir immer wieder erzählt wurden, und nach denen, die unerzählt blieben.

Eine der Geschichten, die im Lauf der Jahre immer wieder geschliffen und verbessert wurden, so dass sich der wahre Kern kaum mehr bestimmen lässt, handelt von Carl Krauch und seiner Auseinandersetzung mit Hitler, nachdem das IG-Farben-Werk in Ludwigshafen bei Bombenangriffen schwer beschädigt worden war. Hitler tobte und machte Krauch schwere Vorwürfe, dass er das Werk nicht besser gegen Angriffe geschützt habe. Darauf soll Krauch gesagt haben: »Mein Führer, Sie haben mir nicht gesagt, dass Sie einen Angriffskrieg planen!«

Diese freche Antwort war erst mal die Pointe. Als sie das letzte Mal erzählt wurde, am Bühl vorm Kamin – meine Eltern waren dabei und einige meiner Geschwister und irgendjemand von den Krauchs, vielleicht sogar Heiner –, wurde spekuliert, woher er wohl diese Chuzpe genommen haben könnte, sich derart mit Hitler anzulegen. Die Spekulationen reichten von »Er musste eine Entscheidung fällen« bis zu »Das war eine Notiz für den Stenographen«. Jost hat mich jetzt daran erinnert, dass er damals zu Geo sagte: »Ob er das wirklich gesagt hat?«

Was es konkret bedeutete, dass Krauch Wehrwirtschaftsführer war, dass er den »Schnellplan« ausarbeitete (auch »Krauchplan« genannt oder »Carinhallplan«, weil er auf Hermann Görings Anwesen entstand), auf dessen Grundlage die deutsche Industrie ihre Kriegsbereitschaft bis 1939 herstellte, dass er damit de facto eine der Schlüsselfiguren der Aufrüstung war und dass die IG Farben ein Buna-Werk in Auschwitz bauen ließ und betrieb, darüber dachte ich damals, vorm Kamin am Bühl, nicht nach.

Erst viel später. Zum ersten Mal ein Jahr nach Günthers Tod, als irgendwann im Spätsommer die Nachricht kam, Heiner sei in Namibia bei einem Autounfall gestorben – ein geplatzter Reifen bei hundertzwanzig Stundenkilometern zwischen Windhoek und seiner Farm in Okondura-Süd. Ich drehte gerade einen Film in Hamburg, wollte aber unbedingt zur Trauerfeier nach Heidelberg fahren. Ich sagte dem Regisseur, eine Art Onkel von mir sei gestorben – wobei ich mir etwas hochstaplerisch vorkam, denn Heiner hat mich sicher nicht als Nichte empfunden. Die Trauerfeier fand in der »Molkenkur« statt, einem traditionsreichen Restauranthotel, das das Neckartal überblickt. Ein schöner Saal mit blumengeschmückten Tischen. Leute, die ich zuletzt in meiner Kindheit auf dem Falkenhof gesehen hatte. Es wurden Reden gehalten, einige Anekdoten erkannte ich und verglich die Versionen mit jenen, die sich in meinem Kopf verfestigt hatten.

Dann stand einer von Heiners Brüdern am Nebentisch auf. Helmut. Ich kannte ihn nur flüchtig, ich wusste, dass er der Mann der Karikaturistin Marie Marcks gewesen war und sie ein paar Kinder hatten, die Namen wie Fritze, Fränze und Uchen trugen und in Marie Marcks' Comics mit fliegenden Haaren und spitzen Nasen vorkamen.

Jetzt stand Helmut etwas schief da, doch seine Stimme klang gesund und kräftig. Er begann direkt mit Carl Krauch: »Unser Vater stand bei den Nürnberger Prozessen vor Gericht, und der Heiner, der vierzehn war, sammelte Geld, er wollte sogar auf sein Taschengeld verzichten, um die Anwälte für unseren Vater zu bezahlen.«

Beim Erwähnen der Nürnberger Prozesse ging bei mir ein innerliches Schrillen los, und ich meinte dasselbe bei vielen anderen der sechzig, siebzig Leute im Raum zu spüren. Ein Schrillen, das den Raum erfüllte. Helmut erzählte, wie sein jüngerer Bruder den Vater vermisste und ihn am liebsten freikaufen wollte. Damit begann er den Bogen der Lebensgeschichte. Langsam entspannte ich mich wieder – wie auch der ganze Saal.

Später hörte ich, dass Helmut sich von den Geschwistern am intensivsten mit der Geschichte seines Vaters auseinandergesetzt hatte. Ich habe ihn mal besucht, einige Zeit nach Heiners Tod, in seinem Haus an der Bergstraße, wo er die untere Etage bewohnte. Seine relativ junge Exfrau (nicht Marie Marcks, sondern die danach) wohnte in der ersten Etage und brachte netterweise Kaffee vorbei. Wir haben nicht über den Nationalsozialismus gesprochen, ich glaube, es ging um Kunst. Helmut war Chemiker – in den sechziger Jahren übrigens großer Verfechter der Atomforschung und der Strahlenchemie – und seit Jahrzehnten Konzeptkünstler und Systemtheoretiker an der Universität Kassel. Ich fand ihn charismatisch, ein wenig kauzig, einen guten Typ. Nur dadurch, dass er in Socken auf seinem Bettsofa saß, wirkte er etwas angeschlagen. Er wollte mir ein Buch über Konzeptkunst leihen, das ihn sehr begeisterte.

Jetzt, da mich Günthers Erbschaft zu Fragen über Heiner Krauch geführt hat, würde ich gern noch mal mit Helmut reden. Bei einem Besuch in Heidelberg erkundige ich mich bei Ursel, wie es ihm geht. Wir sitzen in Decken eingemummelt auf der Terrasse, unterm Sternenhimmel, der Neckar in seinem schwarzen Tal lässt sich nur anhand der Laternen entlang seines Ufers erahnen.

»Der Helmut«, sinniert Ursel. »Der schaut uns jetzt von oben zu.«

»Wie, was meinst du?« Einen Moment lang hoffe ich, mich zu täuschen. Aber dann spricht sie es aus: Vor zwei Monaten ist er gestorben.

Eine kleine Trauer weht mich an, ein Dämpfer, das Bedauern, zu spät gekommen zu sein. Melancholie, die doch die einzige Antwort auf das Kapitulieren vor der Endgültigkeit zu sein scheint. Zugleich ein inneres Ermahnen, als wäre es unangemessen, an dieser Stelle zu trauern. Um einen Menschen, der mir doch gar nicht so nahe stand, der ein erfolgreiches Leben gehabt hat und nun in einem Alter gestorben ist, in dem man eben so stirbt.

Als ich Ursel erzähle, dass Günther mir die Rechte an seiner Biographie vermacht habe, meint sie, das sei typisch. »Typisch Schenck! So eine Absicherung, nicht vergessen zu werden. Auf keinen Fall vergessen zu werden.« Günther habe eine gewisse nicht vordergründige Eitelkeit gehabt, vielleicht deshalb, weil er klein war. Sie merke das ja an sich selber, dass man als nicht so groß gewachsener Mensch irgendwie versucht, eine besondere Beachtung zu kriegen.

»Seltsam. Ich habe Günther nie als klein empfunden.« Tatsächlich merke ich mal wieder, wie wenig objektiv mein Eindruck von ihm war. Günther war Günther und stand jenseits von Kategorien wie Körpergröße. Wohl erinnere ich mich, dass ich mir manchmal neben ihm oder Christel schrecklich riesig und schwer und plump vorkam, aber das habe ich mir eher als eigenen Fehler angekreidet.

»Nee, also deine Großmutter war ja auch nicht besonders groß«, sagt Ursel.

»Ja, gut, die ist mir tatsächlich als ziemlich klein aufgefallen.« Christel machte ihre Größe oft zum Thema, sie sprach vom Schrumpfen und fand es eine der Gemeinheiten des Alters, dass man auch noch schrumpfte, wenn man sein Leben lang sowieso schon nicht besonders groß gewesen war. Ich mochte nicht, wenn sie vom Schrumpfen sprach, weil ich dann immer an spärlich behaarte Schrumpfköpfe denken musste. »Und wenn die hohe Absätze anhatte«, überlegt Ursel, »dann waren sie in etwa gleich groß. Aber diese Eitelkeit – sie hatte eher damit zu tun, vom eigenen Wert zu wissen.«

Sie erzählt, wie es damals in der Bismarckstraße war, mit meinen Großeltern zusammenzuleben, nämlich wie in einer erweiterten Familie. Ihre ältesten Kinder waren noch klein (Mini war noch lange nicht geboren), Geo und Gudrun gingen schon aufs Gymnasium und passten manchmal auf Ada oder Katrin oder Tille auf. Abends ging Ursel runter und nähte oder malte, während Christel Klavier spielte. Günther kam manchmal hoch, um bei Krauchs zu essen. Es gab bestimmte Gerichte, die Ursel mittags kochte, Maultaschen aus selbstgemachtem Teig etwa, da hatte Günther darum gebeten, dass man ihm Bescheid sagen möge: »Vergesst mich nicht!« Es war auch anstrengend, weil er so heikel war, wenn es um seine Ruhe ging. Die Kinder mussten sich auf Zehenspitzen bewegen; sie wussten, unter ihnen arbeitete oder schlief Günther, wenn er nicht im Institut war. Sobald zu hören war, dass die Rollläden unter ihrem Balkon runtergingen, war absolute Ruhe angesagt. So hätten ihre Kinder Mittagsschlaf gelernt. Beschwert habe sich Günther nicht direkt, aber Christel habe ihr immer mal gesagt: *Er konnte nicht arbeiten.* Oder: *Jetzt ist er rausgegangen, spazieren, weil es oben zu laut war.*

An den Streit am Institut hätte sie sich ohne meinen Anstoß nicht erinnert. Wilke erschien ihr damals als vornehm. Ziegler als abgehoben durch sein Geld. Ich solle doch mal die Ursula Koerner anrufen. Die war damals auch dabei und hat vielleicht noch mehr mitgekriegt, weil ihr Mann Ernst zusammen mit Günther die Strahlenchemie und das Laborhochhaus plante.

Ich frage Ursel nach Carl Krauch. Also eigentlich fange ich so an, dass ich frage, ob sie glaube, dass es ihren Kindern unangenehm sei, wenn ich sie auf ihren Großvater anspreche. Sie verneint mit Überzeugung. Damit habe sicher keiner ein Problem; es sei nie etwas verschwiegen worden.

»Als mein Schwiegervater von Landsberg abgeholt wurde«, erinnert sie sich noch, »als er seine Strafe abgesessen hatte, da war er fast weißhaarig. Die Haare, die ihm nachgewachsen sind, waren dann wieder dunkel.«

»So was gibt's?«

»Ich glaube, dass man durch einen Schock weißhaarig werden kann und später die normale Haarfarbe zurückkommt.«

Ursel trägt immer noch dichtes kastanienbraunes Haar, ihr Markenzeichen sind zwei hellgraue Strähnen, die in einer lockeren Linie von der Schläfe am Ohr vorbeiführen und hinten in einen ebenso lässigen wie kunstvollen Dutt münden. Am Anfang des Gesprächs hatte sie ein wenig gezögert und gesagt, es sei oft schwer, als Dabeigewesene mit Nicht-Dabeigewesenen zu sprechen, weil man sich oft nicht versteht.

»Weißt du, nach dem Krieg ... also, wer überlebt hatte, den hat man auf keinen Fall misstrauisch angeschaut. Da war so viel Unheil, so viele waren tot, dass alle, die überlebt hatten, schon als Gewinner, als Lebensgewinner gesehen wurden. Hinter denen musste irgendeine Fertigkeit sein. Wir haben ja als Kinder sehr viele verkrüppelte Menschen gesehen. Wie lange hat's gedauert, bis im Straßenbild nicht mehr diese Leute waren, die sich auf den kleinen Schemelchen mit Rollen fortbewegten? Vielleicht nur ein halbes Jahr. Aber das hat für mich zum Bild dazugehört, all diese verkrüppelten Menschen. Die es geschafft haben zu überleben. Da hatte man dann automatisch ... ja, ich nehme an, einen kindlichen Glauben, dass die irgendeinen Schutz hatten.«

Und andere, denke ich später, hatten keinen Schutz.

Ich denke an Fritz Löhner-Beda, dessen Name mir nichts sagte, bis ich mir vor ein paar Tagen alte Vertonungen von Christels und Günthers Lieblingsschlagern auf YouTube angehört und gesehen habe, wer ihr Autor war. Löhner-Beda war einer der erfolgreichsten Songtexter der zwanziger Jahre und einer der Hauptlibrettisten von Franz Léhar. 1938 wurde er mit dem sogenannten »Prominententransport« nach Dachau gebracht und kam von dort aus nach Buchenwald und später nach Auschwitz; 1942 wurde er im Buna-Werk ermordet.

Das heißt, der Mann, dessen Schlager Günther so mochte, starb als Zwangsarbeiter des Unternehmens, das Carl Krauch leitete. Wusste Günther das, hat er die Verbindung gezogen? Kam es je zur Sprache zwischen ihm und Heiner? Ich kann es mir nicht vorstellen. Hat er den Namen Löhner-Beda überhaupt noch gekannt? Während der Nazizeit wurde er nicht mehr in Programm- und Notenheften genannt, und nach dem Krieg war er in Vergessenheit geraten. Doch Ende der zwanziger Jahre, als Günther anfing, professionell Musik zu machen, war Löhner-Beda ziemlich prominent, sogar eine Art Star. Mit am bekanntesten war sein Lied »Ich hab mein Herz in Heidelberg verloren«, das natürlich zu Günthers Repertoire gehörte.

Die von Ursel erwähnte Ursula Koerner von Gustorf ist mir seit meiner Kindheit ein Begriff, sie gehörte zu dem erweiterten Kreis der Familienfreunde, zum Krauch-Clan, dem vielleicht auch meine Eltern in gewisser Weise angehörten, je nachdem, aus welcher Perspektive man guckte. Ich wusste nicht viel über sie, außer dass sie nach dem frühen Tod ihres Mannes Ernst mit ihren vier Söhnen von Mülheim fortzog und Vorstandssprecherin von Amnesty Deutschland wurde, was mich beeindruckte und eine Art Mutter-Courage-Bild von ihr entstehen ließ.

Ich rufe sie an und bin überrascht über ihre kräftige Stimme. Das soll eine Achtzigjährige sein? »Sie brauchen sich nicht vorzustellen, ich weiß, wer Sie sind«, sagt sie klar und freundlich.

»Ach so, also ich rufe an, weil mein Großvater, den Sie ja auch gut kannten, äh, der hat mir in gewisser Weise« – ich merke, dass ich mir überhaupt keine Einleitung für dieses Telefonat zurechtgelegt habe. »Also, ich habe ihm versprochen, einmal eine Biographie über ihn zu schreiben.«

»Das finde ich toll«, sagt sie. »Das zeigt, dass Sie sich nahestanden und dass er Ihnen vertraut haben muss.«

»Stimmt. Ich glaube, ja. Wir mochten uns. Obwohl ich von Chemie nicht die geringste Ahnung habe.«

»Ich auch nicht!«

Ein paar Tage später mache ich mich auf den Weg in einen jener Westberliner Außenbezirke, in die ich nur höchst selten komme. Die S-Bahn-Haltestelle wirkt alt und verlassen, ich bin froh, einen geöffneten Blumenstand vorzufinden, an dem ich ein paar Tulpen kaufen kann. Gefühlte vier Kilometer geht es über eine schnurgerade, sonnenbeschienene Kopfsteinpflasterstraße, gesäumt von Gaslaternen und kahlen Bäumen. Während alle möglichen Baustile in Form von Bürgerhäusern, Prachtbauten und Mietskasernen im Schritttempo an mir vorüberziehen, male ich mir das Domizil aus, in dem Frau Koerner von Gustorf mich wohl empfangen wird. Irgendwie vermute ich einen von hohen Tannen umstandenen Bungalow mit abstrakter Druckgraphik an den Wänden, Stapeln von Nachrichtenmagazinen auf den ausgefransten Perserteppichen, kombiniert mit Insignien des Adels: dunkle Ölporträts, Wappen und silberne Schwerter.

Doch ich werde überrascht. Frau Koerner wohnt in einem Mehrparteienhaus mit jeder Menge Namensschildern neben den Klingelknöpfen. Über gebohntes Linoleum geht es die Treppe hinauf. In der dritten Etage steht sie vor mir, mit kleinen, leuchtenden Augen und dichten weißen Haaren. Der Händedruck ist, wie nicht anders zu erwarten, fest.

Wir sitzen in ihrem Erkerzimmer an einem Holztisch mit weißer Tischdecke. Grüne und blaue Glasvasen stehen im Fenster aufgereiht wie Flaschen in einem Laboratorium.

An ihre erste richtige Begegnung mit Günther erinnert sie sich genau. Das war in der Bismarckstraße. Zuvor hatte sie den *Chef* – wie Günther damals von seinen Studenten genannt wurde – schon ab und zu im Treppenhaus der Uni oder auf einer Veranstaltung gesehen; aber nun wollten Ernst und sie heiraten, und er wollte seinem Professor die Frau an seiner Seite offiziell vorstellen. Sie waren also am Wochenende zum Tee bei Schencks eingeladen. Sie hieß damals noch Schwendowius, war Anfang zwanzig und relativ aufgeregt, denn *der Chef* war bekannt für seine provokanten Fragen und wenig zimperlichen Urteile.

»Dann waren Ihre Großeltern aber ganz reizend! Ihre Großmutter sowieso. Und Ihr Großvater war so ein bisschen ironisch, witzig. Wir haben Tee getrunken und uns unterhalten. Am Ende hat Ihr Großvater dem Ernst durch die Blume zu verstehen gegeben, dass er meinte, mit mir habe er einen guten Fang gemacht.«

Frau Koerner schenkt mir Tee ein. Lady Grey. Wir trinken ihn aus dunkelblauen, gepunkteten Odenwald-Tassen, die die Verbindung zu Krauchs sichtbar machen und eine angenehme Vertrautheit herstellen, denn nachdem sich ja auch Dagmar von Ursel hatte inspirieren lassen, war seit den siebziger Jahren auch am Bühl die Odenwälder Keramik offiziell für Kaffee, Kakao und Tee eingeführt worden.

Heiner und Ernst seien beste Freunde gewesen, erzählt Frau Koerner, und Schenck-Schüler im gleichen Semester. »Und der Heiner, der war für uns alle der Prinz. Der hatte nämlich einen uralten Volkswagen, eine grässliche Klapperkiste, mit der man am Wochenende Ausflüge aufs Land machen konnte. Da nahm er alle möglichen Leute mit, manchmal sieben auf einmal.«

In Göttingen, während ihrer Studienzeit, seien sie arm wie die Kirchenmäuse gewesen, aber trotzdem war alles sehr lustig und irgendwie unbefangen. »Es war ja auch die Zeit, als man sich langsam vom Krieg erholt hat. Die fünfziger Jahre.« Genau diese Zeit interessiert mich, auch wenn ich spontan die fünfziger Jahre eher mit Wirtschaftswunder und Buttercremetorte zusammenbringe als mit dem Begriff Armut. »Das ist sicher nicht falsch«, räumt sie ein, »aber das galt nicht für uns Studenten, wir waren wirklich arm. Im Winter habe ich so gefroren, dass ich zeitweise zu meiner Freundin gezogen bin, die ein kleines Bulleröfchen im Zimmer hatte. Die Kohlekosten haben wir uns dann geteilt.«

Die Chemiker hatten es da besser, weil die in den Semesterferien einträgliche Arbeit fanden, zum Beispiel bei der *Badischen,* wie die BASF – Badische Anilin- und Sodafabrik – damals genannt wurde; dort arbeitete Heiner. Und Ernst bei Bayer. Bei Bayer hat Ernst dann gut genug verdient, dass er sich weigerte, mit ihr in der Mensa zu essen. »Der sagte: Das Geld, das du in der Mensa ausgibst, das gib lieber mir, dann gehen wir in den ›Schwarzen Bären‹.« Der »Schwarze Bär« war ein berühmtes Gasthaus, in dem bereits vor Jahrhunderten ein Mittagstisch für Studenten eingerichtet worden war. Ein häufiger Gast dort sei Otto Hahn gewesen. Ich spitze die Ohren. Otto Hahn ist positiv besetzt, insbesondere durch Christel; es schwang Wärme mit, wenn sie von ihm sprach, wenn sie erzählte, was er ihr beim Tanzen alles so erzählt habe.

»Ein gutaussehender alter Mann mit weißen Haaren«, fährt Frau Koerner fort, »um den die Kellner herumwieselten, weil sie wussten, das ist der berühmte Nobelpreisträger. Auch an unserem Tisch wurde es dann für einen Moment ruhig, wenn er vorüberging, und wir nickten alle freundlich, so dass er merkte, dass wir ihn erkannten.«

»Wie war das eigentlich«, ich denke an das schmale Büchlein *In der Sache J. Robert Oppenheimer,* das mich in der Oberstufe fasziniert hatte. »Er hatte doch so Gewissensbisse, oder?«

»Ja, wegen der Atombombe.«

»Haben Sie da als Studenten drüber gesprochen?«

»Nein. In den fünfziger Jahren wurde über gar nichts gesprochen. Über nichts, nichts, nichts. Kein Mensch erwähnte was.«

Das kam erst später, als es langsam auf die Achtundsechziger zuging, fügt sie noch hinzu, und ich denke: Also genauso, wie es immer gesagt wird. In den fünfziger Jahren habe man den Eindruck gehabt, alle Leute seien froh darüber, dass sie davongekommen waren. »Das galt auch für mich. Ich war mehrfach in Todesgefahr gewesen und oft in großer Angst. Wenn man all das irgendwann überstanden hat, dann freut man sich einfach seines Lebens. Wir waren alle richtig wahnsinnig froh.«

Richtig wahnsinnig froh. Ich merke, wie diese drei irgendwie kindlich klingenden Worte in mich einsickern und wie sie ein Gefühl von Leichtigkeit ergeben, ein Gegengewicht zur schweren Kriegs- und Nachkriegszeit.

»Die Politisierung kam erst später. Auch Amnesty International. Meine erste Demo war aber schon 1957. Da sollte so ein alter Nazi Kulturminister von Niedersachsen werden. Jemand, von dem bekannt war, dass er sich während der Nazizeit große Verdienste erworben hatte – als Nazi. Das war die erste Demo, und die war in Göttingen. Studenten und Professoren haben gemeinsam protestiert.«

»War mein Großvater da auch dabei?«, frage ich, für eine Überraschung offen. Günther, mit Anzug, Fliege und Hosenträgern bei einer Demo – ähnlich unvorstellbar wie Günther bei der Kirmes oder Günther bei McDonald's.

»Nein, es waren Professoren dabei, aber der Chef nicht. Der hatte keine Zeit für so was. Es waren vor allem Geisteswissenschaftler, die beriefen sich auf die *Göttinger Sieben*.«

Höflich überspielt sie ihr Erstaunen, dass ich die Göttinger Sieben nicht kenne, und fasst zusammen, dass es da diese sieben Professoren gegeben hatte, vor zweihundert Jahren, die gegen den König von Hannover aufgestanden waren, als dieser einfach die von seinem Vorgänger eingeführte fortschrittliche Staatsverfassung aufhob. Die sieben Professoren, allesamt berühmte Leute, unter ihnen auch die Brüder Jacob und Wilhelm Grimm, verloren ihre Stellungen, und einige von ihnen wurden sogar ganz archaisch aus dem Land verbannt. Kurz denke ich an die gar nicht mal so schleichenden Veränderungen in unserem System, an den NSA-Skandal, an Leute wie Edward Snowden, die im Exil leben. Ist es genug, dass ich hier und da eine Petition unterschreibe?

Zwei oder drei Stunden sitzen wir da übereck, die Tulpen sind ein wenig aufgegangen in ihrem Odenwald-Krug, das iPhone hängt am Strom, um die lückenlose Tonaufnahme zu garantieren, und mein Notizblock füllt sich mit Stichworten. Das Setting nimmt Konturen an, auch wenn nicht alles direkt mit Günther zu tun hat. Wir befinden uns im Göttingen der Nachkriegszeit, zwischen Fachwerkhäusern und Hügellandschaften nahe der Zonengrenze, dann geht es mit dem Konvoi der Schenck-Studenten, Matratzen und Sessel und Teppiche auf den Autodächern, über Landstraßen und durch kleine Dörfer bis nach Mülheim, ins Ruhrgebiet, wo es nach verbrannter Kohle roch und die Fensterbretter schwarz von Ruß waren, schon eine halbe Stunde nachdem man sie abgewischt hatte. Dabei war es oben auf dem Kahlenberg, bei den Instituten, noch relativ privilegiert, schlimm wurde es unten in der Stadt und erst recht in Bochum, wo man des guten Theaters wegen hinfuhr.

Frau Koerner fällt der nächtliche Fackelzug über den Kahlenberg ein, als Karl Ziegler den Nobelpreis bekam. »Gaudeamus igitur« wurde gesungen. Die Gottgleichheit der Wissenschaftler und der erschütternde Reichtum derer, die an den Polyethylen-Patenten Anteil hatten. Ich denke an Günthers Schwierigkeiten mit Ziegler und seine unerschütterliche Verehrung für ihn. Frau Koerner fällt vor allem ein, dass die Strahlenchemie immer im Schatten der großen Kohlenforschung stand. Von Anfang an habe sie um Anerkennung kämpfen müssen. Die Kohlenforschung sei nicht besonders nett zu Professor Schenck gewesen. »Wir haben uns oft gefragt, warum eigentlich. Die waren doch schon so groß, die hätten das doch eigentlich gar nicht nötig gehabt.«

Die etablierten Kohlenforscher seien den jungen Wissenschaftlern aus Göttingen mit Herablassung begegnet. Die Krauchs und die Koerners seien die Einzigen gewesen, die in ihre Kreise aufgenommen wurden, mit den anderen könne man sich ja nicht abgeben, so war der Tenor. All das hatte mit gesellschaftlichem Status zu tun; Heiner kam aus einer bekannten Chemikerfamilie, bei ihrem Mann mag der Adelstitel eine Rolle gespielt haben.

Und wie stand man zu Carl Krauch, Heiners Vater?

Den kannte sie natürlich, vom Falkenhof, wo sie Krauchs oft besucht hatten. Ein sanfter, höflicher, bescheidener Mann, der großen Eindruck auf sie gemacht hatte. Liebenswürdig. Sowieso sind sie damals den Eltern von Freunden mit Respekt begegnet, bei ihm kam noch dazu, dass man wusste, wie mächtig er einmal gewesen war. Dass er in Landsberg gesessen hatte, wussten sie, sagt Frau Koerner, aber da hatten sie eher gedacht, das war, weil er halt der Chef gewesen war. Das Ausmaß dessen, was ihm vorgeworfen wurde, habe sie erst später durch die Auschwitzprozesse erfahren. Da war sie entsetzt. An ihrem positiven Eindruck von Carl Krauch habe das rückwirkend aber nichts geändert.

Später sagte Frau Koerner noch, dass Günther für einen Professor ungewöhnlich zugänglich für die privaten Probleme seiner Mitarbeiter gewesen sei. Als einer seiner Göttinger Mitarbeiter an einem Nierenleiden erkrankte, habe Günther unermüdlich auf Karl Ziegler eingewirkt, bis dieser zweihunderttausend Mark für die notwendige Nierentransplantation lockermachte. Und er habe selber Geld geliehen, wenn es irgendwo nötig war. »Und das, obwohl er selber gar nicht so viel hatte. Wir fragten uns oft, wie Ihr Großvater das dann seiner Familie erklärte. Denn dort fehlte das Geld ja dann.«

Heiner Krauch sagte mal zu Günther: »Ich verstehe ja, dass Sie dem Geld nicht hinterherrennen. Aber dass Sie ihm davonlaufen, das verstehe ich nicht.« Frau Koerner lächelt, als ich ihr davon erzähle. Das passt. Sowohl zu Heiner als auch zu Schenck. Trotzdem hatte er natürlich den ungebrochenen Nimbus des Wissenschaftlers. Sehr autoritär.

»Wir waren ja bestürzt, als wir hörten, dass der Geo Chemie studieren wollte«, ruft sie plötzlich aus. »Wir haben die Hände über dem Kopf zusammengeschlagen!«

»Warum das?«

»Na, wir wussten einfach nicht, wie das gutgehen sollte, bei dem Vater! Der Geo war ja völlig anders. Der war sehr sensibel. Wir haben gesagt: Kann er nicht Kunstgeschichte studieren oder Germanistik, irgendetwas völlig anderes?«

Auf dem Rückweg zur S-Bahn mache ich Fotos von Häusern und Zweigen vorm Winterhimmel. In der S-Bahn betrachte ich die Gesichter der Leute, als wären sie Komparsen. Als sollten sie dem Film, in dem ich mich befinde, durch ihre Gegenwart mehr Realismus verleihen.

Mich interessiert dieser von Frau Koerner erwähnte Politiker, dessen Berufung zum Kulturminister in letzter Minute verhindert werden konnte. Doch als ich zu Hause nach *1957 Göttingen Protest* suche, führt mich das zu einer ganz anderen Demonstration – und ganz in Günthers Nähe: Angeführt von Otto Hahn protestierte eine Gruppe hochkarätiger Physiker, unter ihnen Max Born, Werner Heisenberg und Carl-Friedrich von Weizsäcker, gegen die geplante Aufrüstung mit Atomwaffen. Sie nannten sich *Göttinger Achtzehn.* Ihr Manifest für eine ausschließlich friedliche Nutzung der Kernenergie erschien in der *Frankfurter Allgemeinen,* der *Süddeutschen* und der *ZEIT* und löste ein riesiges Echo in der Bevölkerung aus. Und am Ende wurde die Bundeswehr tatsächlich nicht mit diesen »beinahe normalen Waffen«, wie Adenauer sich ausdrückte, bestückt.

Mein erster Gedanke: Schade, dass Günther da nicht unterschrieben hat! Schließlich war er genau zu der Zeit an der Göttinger Universität. Und er hatte doch Physik studiert. Als ich Geo danach frage, der damals vierzehn oder fünfzehn war, schreibt er mir, dass die Kampagne der Göttinger Achtzehn eine große Sache war. »Klar haben wir das mitgekriegt. Es war sehr aufregend. Etwas, das durch die Lande zog wie das sprichwörtliche Lauffeuer. Ich kann mich aber nicht erinnern, dass es meinen Vater besonders interessiert hätte. Glaube ich auch nicht. Ich fand ihn immer eher unpolitisch.«

Das entspricht dem Eindruck, den ich habe: Günther war nicht besonders politisch. Und das gefällt mir nicht. Genauso, wie es mir nicht gefällt, dass ich auch mich selbst und viele Menschen, die ich kenne, als nicht besonders politisch einschätze. Mit »politisch« meine ich die Bereitschaft, sich zu engagieren, Energie zu investieren, auch wenn nicht der eigene Radius betroffen ist. Ein jüdischer Freund, dem ich von meinen Nachforschungen erzähle und die SA-Mitgliedschaft meines Großvaters damit erkläre, dass er die Nazis zwar nicht mochte, aber eben eher unpolitisch gewesen sei und sonst nicht hätte studieren oder promovieren können, stellt mir die Frage: Darf man unpolitisch sein?

Als er das sagt, will ich meine Worte fast schon zurücknehmen. Tue ich Günther vielleicht unrecht? Hat er nicht in anderer Hinsicht sehr wohl politisches Interesse gezeigt? Sein jahrelanges Engagement gegen das Chloren von Trinkwasser. Seine

Forschung zum Waldsterben. Später las er alles über Klimapolitik und fuhr ins Wirtschaftsministerium, um seine Berechnungen zu präsentieren, die belegten, dass die von Kanzler Schröder versprochenen Klimaziele nicht einhaltbar waren. Da, wo es um seine Expertise ging, wo sein Interessengebiet und seine Neugier sich mit einer politischen Aufgabenstellung überlappten, da brachte er sich ein. Aber war seine Motivation eine politische?

Was die Göttinger Achtzehn angeht, schreibt mir Geo noch, solle ich mal mit seinem alten Schulfreund Luwi sprechen – Karl Ludwig Kuss. Dessen Vater sei genau zu der Zeit in Göttingen Oberstadtdirektor und politisch sehr engagiert gewesen. Außerdem könne er bestimmt einen weiteren Blick auf Günther bieten.

»Was macht Luwi beruflich?« Ich erwarte: Anwalt oder Mediziner. Und bin dann überrascht, dass Geo mir keine genaue Antwort geben kann. Auf jeden Fall habe er Philosophie studiert und darin auch seinen Doktor gemacht, erfahre ich. Außerdem sei er der Herausgeber der Zeitschrift *Planet* gewesen, für die Geo 1969 mal einen Artikel über den Smog in Los Angeles geschrieben hatte.

Ich zögere ein wenig mit dem Anruf. Nicht, dass ich nicht neugierig wäre. Aber bei Gesprächen mit Zeitzeugen war es bisher eher so, dass ich weniger Antworten auf konkrete Fragen bekam als eine Fülle von Anekdoten und Stimmungsbildern. In die ich mich dann verliebe und die ich am liebsten alle wiedergeben würde. Meine drei Hefter mit Günthers Aufzeichnungen, Christels Notizen und allem, was ich durch Gespräche mit Geo, Gudrun, Billi und anderen bisher zusammengetragen habe, sind voller Mosaikstücke. Eigentlich müsste ich die mal sichten und ordnen, bevor jetzt noch mehr Neues dazukommt.

Dann rufe ich doch an. Am anderen Ende der Leitung meldet sich »Kuss«. Aufgeräumt hört er sich an und stellt auch gleich klar, dass er der Luwi sei, Duzen sei angebracht, schließlich kenne man sich und habe sich zuletzt bei Geos Siebzigstem gesehen. Ich erinnere mich vage an einen Handshake. Weil ich bei Philosophen oft hoffnungsfroh denke, dass sie Antworten haben, möchte ich am liebsten gleich rausplatzen mit meiner Frage, woran es liegen mag, dass manche Menschen politisch und andere unpolitisch sind. Doch langsam. Erst mal frage ich nach Günther. Luwi hat ihn nicht gut gekannt. Er war halt der Vater seines Freundes und arbeitete Tag und Nacht. Die Familie Kuss hat in Göttingen gleich um die Ecke der Schencks gewohnt, schräg gegenüber von den Heisenbergs, in deren Vorgarten sie gucken konnten. Heisenberg habe schon damals einen enormen Ruf gehabt und sei oft Thema bei ihm zu Hause gewesen.

Worüber hat man sich da so unterhalten?

»Na, zum Beispiel, dass er eine Laternengarage hatte und einen Mercedes 170 und fünf Kinder und ob die mit uns Ball spielen. Der alte Schenck hatte übrigens auch eine Laternengarage.«

Laternengarage?

Das bedeute, dass man auf der Straße geparkt habe, sagt Luwi – unter einer Laterne. Eine richtige Garage habe zum Beispiel der Oberbürgermeister Schmidt gehabt, der keine hundert Meter entfernt wohnte. Genau wie übrigens Professor Smend, der Rektor der Uni. Die Herrschaften hätten damals noch den Hut gezogen, wenn sie sich begegneten. »Dazu musste man natürlich erst mal einen auf dem Kopf haben. Hatten sie aber alle. Wenn du das heute sehen würdest – wie in einem Charlie-Chaplin-Film.«

Auch »der alte Schenck« habe stets Hut getragen, sagt Luwi. Und auf dem Grünstreifen am Hainholzweg habe er so ein abgefahrenes Stück gehabt, wo er sein Auto hinstellte – einen Mercedes 220, den er gekauft hatte, gleich, als der rauskam. »Der war natürlich ein Held, wie er damit durch die Stadt fuhr! Der Mercedes wurde sehr bewundert wegen seiner fortschrittlichen Technik.«

Günther fuhr in Göttingen eigentlich einen alten Opel Rekord, fällt mir ein, Luwis Erinnerung muss sich also auf das letzte halbe Jahr dort beziehen. Günther kaufte den Mercedes erst, als klar war, dass er nach Mülheim gehen würde. Die Anschaffung rationalisiert er, wie Christel mir einmal erklärte, mit einer ausgeklügelten Logik: »Ich brauche sowieso irgendwann ein neues Auto. Wenn ich aber mit einem Opel in Mülheim ankomme und mir erst dort einen Mercedes anschaffe, wird es heißen: Kaum kommen die Leut' zur Max-Planck-Gesellschaft, schon stinken sie aus vollen Hosen! Ganz anders liegt der Fall, wenn ich gleich mit einem Mercedes in der Stadt eintreffe.«

Luwi erinnert sich auch an eine zweite Hupe, die Günther in den Wagen einbauen ließ; die er auch vom Beifahrersitz aus betätigen konnte, wenn Christel am Steuer saß. Ein ziemlicher Raser und Temperamentsbolzen sei er gewesen.

»Und die Väter haben sich auch gekannt?«

»Nee, eigentlich nicht. Die zogen ihren Hut auf der Straße, ansonsten gab es wenig Berührungspunkte.«

Kuss habe sich stark in der Politik engagiert und viel für die Stadt bewegt, zugleich sei für ihn der Krieg weitergegangen, jetzt gegen die alten Nazis, denn die hatten ihm die Karriere vermasselt – da war natürlich Hass, das hat er ihnen nicht verziehen. Vater Kuss war fertiger Jurist gewesen und wollte in Berlin Richter werden. »Da haben die gesagt: Schön und gut, aber du glaubst doch nicht, dass das was wird, wenn du nicht in die NSDAP eintrittst. Und der Boden wurde sofort heiß, als er das verweigert hat.«

Er habe sich dann verkrochen, bei seinem Schwiegervater im Harz, der Straßen baute, und in dessen Betrieb mitgearbeitet. Gegen Ende des Kriegs musste er russische Kriegsgefangene bewachen, die im Steinbruch arbeiteten. Als die SS kam und schnell noch alle erschießen wollte, half er, die Gefangenen zu verstecken.

Da ist mein Thema. »So eine Entscheidung: Nein, ich trete nicht in die NSDAP ein, auch wenn ich dann kein Richter werden kann, das ist ja eine politische Entscheidung. Da hat dein Vater immense persönliche Nachteile in Kauf genommen. Während mein Großvater gesagt hat: Ich muss bei diesen Blödmännern da eintreten, sonst kann ich nicht weiterforschen.«

Luwi widerspricht nicht. Vielleicht ist er ein bisschen perplex über die plötzliche Leidenschaft in meiner Stimme. Ich bin aufgestanden und laufe mit dem Telefon am Ohr ins andere Zimmer: »In letzter Zeit frage ich mich immer wieder, wie kommt es, dass der eine so handelt und der andere so? Einerseits liegt es auf der Hand, dass es für die Welt besser wäre, wenn mehr Menschen Verantwortung spüren, andererseits sehe ich viele, mich eingeschlossen, bei denen zuallererst die persönlichen Interessen kommen.«

Kurze Pause. Doch bevor er antworten kann, setze ich wieder an und verschieße noch mehr Pulver, jetzt mitten im Zimmer stehend, mit Blick aufs Klavier, die Günther-Zeichnung daneben, das weiß leuchtende Glas der Wagenfeldlampe. Wie man so was ändern könne, frage ich. Wie man es hinkriegen könne, dass es wieder interessanter wird, mit Zivilcourage zu handeln.

Wir sprechen eine ganze Stunde. Über die Göttinger Achtzehn, über die CDU, über die Bindung an den Westen, über Stalin, der ja bis in die fünfziger Jahre hinein gelebt hat. Sein Vater hatte die *Frankfurter Allgemeine* abonniert, und Luwi musste für ihn am Kiosk den *SPIEGEL* kaufen. *Warum liest du denn*

das linke Blatt, wenn du nicht damit gesehen werden willst? – Die
haben eine Bonn-Berichterstattung, das gibt's nirgendwo sonst.
Mit Geo habe er Pingpong gespielt und über die Hemisphärenteilung des Gehirns diskutiert. Über Politik wurde nur innerhalb der Familie gesprochen. Dort allerdings ständig.

»Habt ihr auch über die Nazizeit gesprochen?«

»Aber dick! Und natürlich hab ich meinen Vater gefragt, wie
das war mit seiner Kenntnis der KZs. Das war ja die Gretchenfrage dieser ganzen Spannungen. Da sagte er, er habe Transporte gesehen, im Harz. Sehr spät, gegen Ende des Krieges. Das
ist die Frage, die immer noch hochbrisant ist: Was haben diese
Deutschen gewusst?«

Oder sollte die Frage lauten: Was hätten die Deutschen wissen
können, wenn sie es hätten wissen wollen? Der Historiker Peter Longerich spricht davon, dass das Regime seit 1942 bewusst
Informationen und Andeutungen streute, um die Bevölkerung
zu Mitwissern zu machen und in jedem Einzelnen das Gefühl
herzustellen: *Ich hänge mit drin. Wir dürfen den Krieg auf keinen Fall verlieren, sonst muss auch ich mich rechtfertigen.* Auch
die kollektive Abwehrhaltung der Deutschen nach dem Krieg ist
umstritten, es gibt dazu viele Untersuchungen. Bei Umfragen,
die Meinungsforschungsinstitute in den fünfziger und sechziger Jahren machten, kam heraus, dass zwischen fünfundzwanzig und vierzig Prozent der Bevölkerung von Massenermordungen in den eroberten Gebieten gewusst hatten. Das waren etwa
fünfunddreißig Millionen.

Aber irgendwie werde ich langsam immun gegen Zahlen.
Sechs Millionen. Fünfunddreißig Millionen. Sie kommen nur
als Abstraktum bei mir an. Je kleiner die Zahl, umso mehr berührt sie mich. Am schwersten fällt es mir, den Gedanken an
das Schicksal eines Einzelnen auszuhalten.

Ich denke wieder an den Texter des Heidelberg-Lieds, Fritz Löhner-Beda, der übrigens auch promovierter Jurist gewesen war und über den ich mittlerweile alles gelesen habe, was ich finden konnte. Zu den Umständen seines Todes gilt die Aussage des Mithäftlings Raymund van der Straaten bei den Nürnberger Prozessen als maßgeblich: IG-Farben-Direktoren inspizierten das Buna-Werk in Auschwitz. Als sie bei van der Straaten und Löhner-Beda vorbeikamen, blieben sie stehen, und einer von ihnen sagte zu seinem SS-Begleiter: »Die Judensau könnte auch schneller arbeiten.« Von Löhner-Beda weiß man, dass er schon so krank war, dass er sich in seinen Holzpantinen kaum auf den Beinen halten konnte. Ein anderer der Direktoren sagte: »Wenn sie nicht mehr arbeiten können, sollen sie in der Gaskammer verrecken.« Welche der fünf diese Sätze gesagt hatten, daran konnte van der Straaten sich nicht mehr erinnern. Und auch darüber, wie es weiterging, gibt es widersprüchliche Aussagen. Ob Löhner-Beda noch am selben Tag starb oder erst am nächsten. Ob er durch einen Herzschlag starb, als er in die Gaskammer gebracht werden sollte, oder »durch das an vielen Häftlingen praktizierte Todesspiel, das Totprügeln«, wie es ein SS-Sanitäter bei den Auschwitz-Prozessen 1966 angab. Klar ist, dass Löhner-Beda kurz nach der Inspektion aus dem Arbeitskommando geholt wurde, dass er geschlagen wurde und dass er am gleichen oder am nächsten Tag starb.

Diese schreckliche Geschichte begleitet mich jetzt schon seit Wochen. Und immer wieder verdränge ich den Gedanken an Carl Krauch. War er einer der fünf Direktoren? Ich finde die Information nicht gleich und belasse es dabei. Doch es nagt an mir. Dann schaue ich noch mal nach und stoße sehr schnell darauf, dass bekannt ist, wer Teil der Inspektion war: Otto Ambros, Walter Dürrfeld, Fritz ter Meer, Heinrich Bütefisch – und Carl Krauch.

Ich lese die Lebensläufe der anderen Genannten. Otto Ambros und Walter Dürrfeld wurden im IG-Farben-Prozess als Hauptverantwortliche für den Einsatz von Zwangsarbeitern im KZ Auschwitz III Monowitz, dem Standort des Buna-Werks, verurteilt. Darf ich deshalb annehmen, dass sie es waren, die jene furchtbaren Sätze gesagt haben, und nicht Carl Krauch?

Ich merke, dass ich mich abwenden will von diesem Sumpf wohldokumentierter Fakten menschlicher Verrohung. Dass ich schwanke zwischen unfassbarer Traurigkeit und Wut, nicht nur über die Verbrechen dieser Männer während der Nazizeit, sondern auch über ihre märchenhaften Karrieren in der Bundesrepublik mit reihenweise Aufsichtsratsposten (mir wird einfach nur schlecht, als ich lese, dass die BASF Otto Ambros noch 1990 in einem Nachruf als »ausdrucksstarke Unternehmerpersönlichkeit« gewürdigt hat); dass ich mich dabei ertappe, diese Themen abschütteln und zu Günther und meinen guten Erinnerungen an ihn zurückkommen zu wollen.

In der Nacht habe ich einen Traum: Wir halten Stockbrötchen übers Lagerfeuer, als Kinder, unten im Garten am Bühl, und ich merke voller Ekel, dass meine nackten Arme über und über mit diesem weißen, klebrigen Teig bedeckt sind; und während ich immer weiter daran zupfe, bleibt er selbst an meinen Fingerspitzen haften.

Günther und meine guten Erinnerungen an ihn – vor einigen Monaten waren sie noch ganz frei von der Last der Geschichte. Mir fällt ein, dass er aus Prinzip keine traurigen Filme guckte. Christel erklärte mir: »Wenn man so alt ist wie wir, hat man schon so viel Trauriges erlebt, da braucht man nicht noch mehr davon.« Ich hatte das damals auf Beerdigungen bezogen, denn ich wusste, dass Günther nicht gern auf Beerdigungen ging. Einmal erzählte er mir, er habe aus Protest, weil Christel unbedingt wollte, dass er mitkam, zu seinem schwarzen Anzug dann rote Socken angezogen. Das fand ich natürlich witzig. Es passte dazu, dass er immer wieder als Frohnatur bezeichnet wurde. Wenn Christel und ich einen lustigen Film im Fernsehen sahen – *Dick und Doof* oder *Die kleinen Strolche* oder Komödien mit Jerry Lewis oder Cary Grant –, da passierte es durchaus, dass Günther dazukam. Er zog sich dann umständlich einen der dänischen Wohnzimmersessel heran und guckte eine Weile mit, tief eingesunken, die Beine weit nach vorne gestreckt. Wenn ich dann sein Profil betrachtete, entdeckte ich manchmal, dass er die Augen geschlossen hatte und schlief. Irgendwann erhob er sich aus dem Sessel. Dabei war sein Gesicht plötzlich verändert: Die Augen tanzten als schmale Sicheln hinter der großen quadratischen Brille herum; sein eigentlich schmaler Mund war in lautlosem Lachen aufgerissen wie bei einem Rockstar am Mikrophon. Gebeugt, kopfschüttelnd zog er sich in seinem silbergrauen Anzug wieder ins Arbeitszimmer zurück. Günther, dessen Lieblingslieder von einem Mann getextet worden waren, der dann umgebracht wurde, wofür ein Mann, den er als Chemiker respektierte und dessen Familie er zu seinen Freunden zählte, vielleicht die Verantwortung trug. Günther, der in die SA eintrat, aber kein Nazi war. Günther, der unpolitische Wissenschaftler, der über diese Dinge nicht redete. Und von dem ich eines vielleicht nie herausfinden werde: Was er wirklich dachte, wenn er über die NS-Zeit und seine Entscheidungen nachdachte, über das hinaus, was er seinen Aufzeichnungen anvertraute. Was er, zum Beispiel, über Carl Krauch dachte.

Ich werde nie wissen, ob er sich wegen irgendetwas schuldig fühlte. Aber ich weiß, dass meine Erinnerungen an ihn nie wieder so unschuldig sein werden, so unabhängig von den Zeiten, in denen er lebte, wie zuvor.

Claus will, dass ich mir einen Film auf YouTube angucke, über Hitlers Eliten, er schickt einen Link: *Juristen – Freispruch in eigener Sache.* Der reißerische Titel zieht mich an und stößt mich zugleich ab. Die dräuend pathetische Musik bestätigt, was der Titel verspricht. Warum soll ich mir das anschauen? Es gibt kaum ein Thema, das mich so sehr runterzieht wie das Weiterwirken der Eliten, die sich schuldig gemacht hatten. Es ist zum Resignieren, auch weil man plötzlich die Verzweiflung und die Wut jener Menschen versteht, die sich dann selbst ins Unrecht gesetzt haben, weil sie nicht von diesen Leuten beherrscht werden wollten, die noch nicht mal Reue zeigten. Außerdem, was hat das überhaupt mit Günther oder meiner Familie zu tun?

Erst mal nichts. Außer, dass einer der Protagonisten des Films Werner Best ist, ein hochintelligenter und fanatischer Antisemit, der einige der wichtigsten Institutionen des »Dritten Reichs« mit aufgebaut hatte. Und dass dieser Werner Best nach dem Krieg in Mülheim wohnte, gleich um die Ecke der Bismarckstraße, keine fünf Minuten von Christel und Günther entfernt. Bis zu seinem Tode 1989, dem Jahr, in dem ich Abitur gemacht habe.

Ich frage meinen Vater, ob er von Dr. Best wisse, und zu meiner Verblüffung sagt er, natürlich, er habe Best gekannt, er sei ja als Jugendlicher oft bei ihm im Auto mitgefahren. Zeitweise sogar täglich, denn Bests Sohn Diethard ging in die gleiche Schulklasse. So natürlich und sanft, so wenig sensationsheischend sagt Geo das, dass ich es äußerlich ganz gelassen aufnehme, obwohl gleichzeitig etwas in mir eine Riesensensation daraus macht.

Denn in der Zwischenzeit habe ich mir den Film natürlich angeschaut und einiges gelesen, und ich habe den Eindruck, dass Best, was das Ausmaß seiner Verbrechen angeht, in einem Atemzug mit Himmler genannt werden müsste. Als Theoretiker, Organisator und Personalchef der Gestapo war Best mitverantwortlich für alle Taten dieser Institution. Er spielte eine große Rolle bei der Gründung des Reichssicherheitshauptamtes, das von Reinhard Heydrich geleitet wurde und bei seinen Terroraktivitäten völlig freie Hand hatte. Best baute die »Einsatzgruppen« auf, die in Polen und der Sowjetunion planmäßige Massaker durchführten, unter anderem das im ukrainischen Babyn Jar, bei dem im September 1941 innerhalb von zwei Tagen dreiunddreißigtausend Juden ermordet wurden. Als oberster Verwaltungschef in Frankreich organisierte er die brutale Bekämpfung der Résistance und die Deportation der französischen Juden. In den letzten Kriegsjahren war er als Reichsbevollmächtigter in Dänemark tätig, wo er bei Kriegsende verhaftet und 1948 zum Tode verurteilt wurde. Die Todesstrafe wurde später in eine Haftstrafe umgewandelt, weil sich das Gericht von der Argumentation der Verteidigung überzeugen ließ, Best habe eine unterstützende Rolle bei der Rettung der dänischen Juden gespielt. Schon 1951 wurde er aus der Haft entlassen und an die Bundesrepublik ausgeliefert, wo keiner daran dachte, ihm den Prozess zu machen.

Auf den Jahren danach liegt das Hauptaugenmerk des Films. Er zeichnet nach, wie Best, ein eloquenter und charismatischer Mann, in den fünfziger und sechziger Jahren effektiv Einfluss auf die deutsche Gesetzgebung nahm und eine Schlüsselrolle dabei spielte, Ermittlungen gegen Nazis zu erschweren. Offiziell bei Hugo Stinnes junior – einem anderen Nachbarn meiner Großeltern – als Justiziar angestellt, schrieb er Hunderte von Briefen, in denen er ehemaligen Angehörigen der Gestapo und des Reichssicherheitshauptamtes die richtigen Formulierungen nahelegte; er koordinierte Aussagen, durch die Anklagen gegen viele ehemalige Verbrecher vereitelt werden konnten. Mit einem Juristenkollegen aus der Zeit des Nationalsozialismus, dem am Judenmord in Frankreich mitschuldigen und mittlerweile in der FDP engagierten Ernst Achenbach, erarbeitete er das Konzept einer Generalamnestie für Nazis. Obwohl diese von vielen deutschen Politikern befürwortet wurde, kamen sie nicht damit durch, weil sich der amerikanische Hochkommissar John McCloy entschieden dagegen aussprach. Die nordrhein-westfälische FDP, die durch großzügige Spenden aus der Industrie zum reichsten Landesverband der Bundesrepublik geworden war, half dabei, eine von Best und Achenbach erdachte Gesetzesänderung zur Verjährung von Beihilfe zum Mord auf den Weg zu bringen – als kleingedruckten Zusatzparagraphen eines harmlosen neuen Verkehrsgesetzes. Dadurch wurde Mitte der sechziger Jahre mit einem Schlag eine ganze Flut von Anklagen hinfällig. Die Staatsanwälte, die diese über Jahre akribisch vorbereitet hatten, »blieben auf ihrem Aktenberg zurück«, wie es im Film heißt. Auch Werner Best gelang es, sich aus den immer wieder neu gegen ihn erhobenen Anklagen herauszuwinden.

Der Film zeigt ein Foto des Hauses, in dem Best seit den fünfziger Jahren gelebt hat. Ich kenne das Haus, es steht in der Leonard-Stinnes-Straße und war mir manchmal aufgefallen wegen seiner rustikalen Laterne im Vorgarten. Gut möglich, dass ich ihm zwischen Bismarckturm und Witthausbusch begegnet bin und ihn genauso wenig beachtet habe wie andere ältere Männer mit Hut und Spazierstock.

Vor ein paar Jahren sei ein dickes Buch über Best herausgekommen, sagt Geo, von einem Historiker, der sich über ihn habilitiert habe; er habe es zwar nicht gelesen, aber den fünfundzwanzigseitigen Wikipedia-Artikel durchaus. Wir sprechen darüber, wie schwierig sich dessen Strafverfolgung gestaltete, zum einen aufgrund von Bests in der Bundesrepublik immer noch hervorragend funktionierendem Netzwerk, zum anderen, weil auch aus dem Ausland nicht die Kooperation kam, die sich die Staatsanwaltschaft erhoffte. Die französische Regierung etwa gab 1950 an, ein Dr. Best sei ihnen nicht bekannt, als die Bundesregierung um Mithilfe bat.

Und wie war Best so?

»Er war immer freundlich, wirkte aber auch irgendwie gespenstisch«, sagt mein Vater nach langem Überlegen. »Ich nahm ihm die Freundlichkeit irgendwie nicht ab. Obwohl ich damals keine Ahnung von seiner Vergangenheit hatte.« Frau Best habe er gemocht, sie sei Dänin gewesen, eine warme Ausstrahlung habe sie gehabt.

Es seien noch die fünfziger Jahre gewesen, in denen kaum über die Vergangenheit und den Krieg gesprochen wurde. Es fiel ihm jedoch auf, dass Bests irgendwie isoliert schienen in der Gesellschaft. »Das tat mir leid. So dass ich dann mal beim Diethard angeregt habe, seine Mutter solle sich doch mal bei meiner Mutter melden.«

Als Frau Best der Anregung folgte, habe Christel sie abblitzen lassen. »Ich weiß noch, wie ich am Wohnzimmerfenster stand«, sagt Geo, »und wie das Licht von der Seite einfiel, als ich meinen Vater fragte, was denn mit den Bests sei, ich hätte den Eindruck, die seien irgendwie isoliert. Mein Vater war ganz kurz angebunden und sagte so etwas wie: Da wollen wir nichts mit zu tun haben.«

Später habe sich Frau Best noch mal bei Christel gemeldet, erinnert er sich noch. Nach dem Abitur, als ihr Sohn wohl etwas von der Vergangenheit seines Vaters herausgefunden und den Kontakt zu seinen Eltern abgebrochen hatte.

»Da hoffte sie wohl, irgendwie über Christel oder mich Kontakt zu ihrem Sohn Diethard zu bekommen. Aber da war ich schon in Amerika und habe erst Jahre später davon erfahren.«

Über nichts, nichts, nichts. Den ganzen Tag schon habe ich die Worte von Frau Koerner über die fünfziger und sechziger Jahre im Kopf. *Es wurde über gar nichts gesprochen!* »Ich möchte echt gerne verstehen«, sage ich zu Geo, »wie das sein konnte, dass zwanzig Jahre lang praktisch nicht über die Nazizeit gesprochen wurde, also bis Mitte der sechziger Jahre oder so.«

Es ist oft so, dass ich Dinge etwas allgemeiner formuliere, als Geo es gut findet, der darauf achtet, sich möglichst genau auszudrücken. Und er präzisiert dann auch: Es wurde nicht *nicht* darüber gesprochen – sondern es wurde nicht so viel darüber gesprochen, dass es etwas in Bewegung gebracht hätte. »Netto heißt das: Es wurde verdrängt. Bis dann eine kritische Masse da war.«

Ich mag Metaphern aus der Naturwissenschaft. Vielleicht, weil ich das Gefühl habe, durch die übertragene Bedeutung der ursprünglichen Bedeutung auf die Spur zu kommen. In diesem Fall also ein Begriff aus der Kernphysik: Die kritische Masse ist die Masse, die mindestens nötig ist, um eine bestimmte Reaktion auszulösen. Den Begriff könne man auch auf geistige Prozesse anwenden, sagt Geo. Denkanstöße müssten aufgegriffen werden, damit sie nicht verpufften. In den fünfziger Jahren war die kritische Masse nicht erreicht worden, erst im Jahrzehnt darauf habe sich das Klima verändert und eine Reaktion in Gang gesetzt. »Du kennst das Prinzip der Kernreaktion?«

»Ähm, ja. Schon.« Aufpassen, denke ich, auch wenn wir jetzt noch eine Schleife drehen, unbedingt wieder zurückkommen zum Thema. Geo beginnt mit Kernreaktoren, in denen die Atome des spaltbaren Materials voreinander geschützt werden, damit sie sich nicht gegenseitig in eine Explosion bringen. Er bemüht sich um eine verständliche Sprache. Ich male eine große 68 auf die nächste freie Seite meines Notizhefts. »Wie hast du selber zu den Achtundsechzigern gestanden?«, frage ich schließlich.

»Ich habe differenziert dazu gestanden«, sagt Geo, ohne mir meine frontale Frage übelzunehmen. »Sehr vieles fand ich abenteuerlich. Es gibt das berühmte Beispiel, und es mag ein bisschen extrem sein, aber tatsächlich wurde auf der Seite der protestierenden Studenten gefordert, dass alle mitsprechen sollten, also auch der Hausmeister.«

Die Geschichte kenne ich schon von Christel, sie erinnert mich an die wenigen Situationen, in denen ich mich über sie ärgerte. Sie saß mir gegenüber, am Tisch in der Diele, wir kamen auf die Achtundsechziger zu sprechen, und irgendwie war klar, dass ich eher auf Seiten der Studenten und sie eher auf Seiten des Establishments stand. Ich wusste nicht genug, um richtig diskutieren zu können, und war deshalb frustriert, und sie brachte das Beispiel mit dem Hausmeister als ultimativen Beweis, dass das ja leider alles ziemliche Idioten waren, die man nicht ernst nehmen konnte.

»Aber war es nicht gut«, sage ich jetzt, bemüht, meine rapide abgesunkene Laune aus dem Tonfall fernzuhalten, »dass die Studenten anfingen, Missstände zu beklagen und zu fragen, wie das sein konnte, dass jede Menge Nazis die schönsten Positionen in Industrie und Politik innehatten?«

»Was viele, die nicht dabei gewesen sind, für achtundsechzig halten, war ja nicht achtundsechzig«, sagt Geo, auch nicht mehr so gut gelaunt wie zuvor. Die sogenannten Studentenunruhen, manche hätten auch von Krawallen gesprochen, hätten schon viel früher angefangen. Er selber sei bei einem dieser Krawalle dabei gewesen, in München, 1964, die Ludwig- und die Leopoldstraße seien voll gewesen mit jungen Menschen. Am dritten Tag der Krawalle habe er sich mal angeschaut, was da los sei. Zunächst sei alles sehr friedlich zugegangen, dann seien auf einmal sehr viele Polizisten da gewesen. Für ihn das Signal, abzuhauen.

»Worum ging es bei dieser Demo?«

»Das weiß ich nicht mehr. Insgesamt fing es mit den Vorwürfen zur Nazizeit an: Aufarbeitung ungenügend. Das wurde dann aber zur Pauschallegitimation, gegen alles Mögliche zu protestieren. Es hat eine Eigendynamik bekommen, und das meiste fand ich nicht sehr gut.«

Als ich sinngemäß sage, dass er, Geo, ja nicht besonders politisch gewesen sei, meint Geo, dass es gar nichts schade, wenn ich beim Versuch, meinen Großvater zu verstehen, auch merke, wie schwer es sei, den eigenen Vater zu verstehen. »Für mich ist politisch, wer sich für das Gemeinwesen, in dem er lebt, leidenschaftlich engagiert. Diese Leidenschaft habe ich nie vor mir hergetragen, aber praktiziert. Was ich wichtiger finde. Im Fußballjargon: Was zählt, ist auf dem Platz. Nicht das Gequatsche.«

Später, am Abend, klingelt es noch mal. Es ist Geo. Fast habe ich das Gefühl, er wolle mir entgegenkommen, als er sagt, es habe in unserer Familie auch einen richtigen Nazi gegeben: Fritz Rychel, der Mann einer Cousine von Günther. Er buchstabiert den Namen, und ich tippe zeitgleich bei Google ein und finde einen Artikel: »Fritz Rychel – Arzt mit Sinn für die Kunst.«

Dieser Rychel war also Nazi. Geo hat in Familienunterlagen gelesen, dass Rychel im Büro von Heydrich gearbeitet habe. Seit etwas über hundert Jahren treffen sich die Schencks, der »Schenckenverband«, jeweils am Wochenende nach Pfingsten, meist irgendwo im süddeutschen Raum. Und in dem Protokoll des Familientags von 1942 ist verzeichnet, dass Fritz Rychel schön grüßen lasse, er sei kürzlich befördert worden und seine neue Stellung im Büro von Heydrich ließe ihm kaum eine freie Minute.

Geo fährt fort, er habe nun neulich eine Verwandte getroffen, die sehr von Rychel geschwärmt habe. Er sei ein hervorragender Geiger gewesen, ein großer Musikliebhaber und Unterstützer der Jugendmusikschule.

»Ich habe zu ihr gesagt, du weißt, dass er Nazi war«, sagte Geo. »Da war sie ganz überrascht. Was, der? Jetzt frage ich mich: Hat sie das verdrängt? Oder war es so, dass Rychel, wie Werner Best, ein wohlgepflegter Schreibtischtäter war?«

»Aber es gab doch jede Menge kultivierte und intelligente Menschen, die Nazis waren und später Gutes getan haben.«

»Dieses Engagement für die klassische Musik finde ich aber schon bemerkenswert.«

Ich bemerke eine Verschlechterung meiner Laune. Nazi zu sein und klassische Musik zu lieben, was soll daran ein Widerspruch sein? Hitler, Bayreuth, Karajan. Die Verehrung der Nazis für die Romantiker. Halb formulierte Argumente stehen sich gegenseitig auf den Füßen; soll nicht Heydrich selber ein begnadeter Geiger gewesen sein? Ich weiß nicht recht, wo ich ansetzen soll. Und dann sage ich plötzlich etwas ganz anderes und wundere mich selbst darüber: »Denk doch nur mal an Carl Krauch.« Ich hatte Geo ein paar Wochen zuvor einen Link zu Löhner-Beda geschickt. »Der war mit Sicherheit auch ein sehr kultivierter Mann.« Einen Moment lang ist es still. Ich habe eine Grenze übertreten. Krauchs sind Freunde, fast Familie.

Als wir aufgelegt haben, fällt mir ein Gespräch mit Christel in der Bismarckstraße ein, Ende der achtziger Jahre muss das gewesen sein. Das hatte sich ähnlich angefühlt. Ich hatte mich vorgewagt und etwas angedeutet, das mir wichtig war und von dem ich zugleich wusste, dass sie es nicht gerne hören würde. Es ging um Werner Höfer, den Christel verehrte und der gerade wegen eines Skandals seine Sendung hatte aufgeben müssen. Ein Zeitungsartikel von 1943 war ans Licht gekommen, in dem er die Hinrichtung des Pianisten Karlrobert Kreiten verteidigte, der im privaten Kreis am Endsieg der Deutschen gezweifelt hatte und denunziert worden war. Jetzt stand der Star ihrer Lieblingssendung in der öffentlichen Kritik, und ich spürte, dass er Christel leidtat.

Müsste es aber nicht ein innerer Konflikt für sie gewesen sein? Kreiten hatte damals nur ausgesprochen, wovon wohl auch sie und Günther überzeugt gewesen waren. Wie nah diese Leben beieinanderlagen, zeitlich und geographisch, wird mir erst jetzt klar, als ich die Details noch einmal nachlese: Kreiten wurde im selben Jahr geboren wie Christel, Höfer im selben Jahr wie Günther. Kreiten wurde in Heidelberg verhaftet, bevor er dann, trotz Fürsprache Wilhelm Furtwänglers, im Gefängnis Berlin-Plötzensee wegen Wehrkraftzersetzung gehängt wurde.

Ich habe herausgefunden, dass Werner Bests Sohn Diethard Teilhaber einer Anwaltskanzlei in Bonn ist. Soll ich ihn anrufen? Ich zögere. Habe ich Angst, dass er mir mit einer Klage droht, wenn ich über seinen Vater schreibe? Oder dass er so nett ist, dass ich meine Haltung seinem Vater gegenüber abmildere? Oder dass ich emotional werde, ihm die Verbrechen seines Vaters an den Kopf werfe und mich zum Affen mache?

Als ich schließlich zum Hörer greife, reagiert Best freundlich und offen auf mein Anliegen. Er hört aufmerksam und, soweit man das übers Telefon feststellen kann, wohlwollend zu. Ich erzähle, dass ich in der Biographie meines Großvaters schnell auf die Nazizeit gestoßen bin und dabei auf eigene, widerstreitende Gefühle – dass ich viele seiner Entscheidungen nicht gut finde und zugleich den Impuls verspüre, ihn zu verteidigen. Dass ich überrascht bin von diesem geradezu archaischen Schutzinstinkt, der ganz unabhängig von der Schwere der Vergehen zu sein scheint. Er versteht, was ich meine, sagt aber, dass es bei ihm anders gewesen sei. In seiner Familie sei ja alles viel klarer gewesen, er wusste, welche Funktionen sein Vater gehabt hatte. Er wusste, dass er verurteilt worden war, er hatte ihn ja als kleiner Junge im Gefängnis besucht, und auch später gab es noch Ermittlungsverfahren. Allerdings kannte er keine Details, die habe er auch erst aus dem »Riesenschinken« des Historikers Ulrich Herbert erfahren.

Das habe aber nicht so sehr mit einem Schutzimpuls dem Vater gegenüber zu tun gehabt, eher habe er sich selbst geschützt. Er sei in einem mittelständischen Haushalt ganz ähnlich dem der Schencks aufgewachsen, in dem er sich ohne Konflikte mit den Eltern frei entwickeln konnte – und so sei es einfacher gewesen, die Dinge nicht zu hinterfragen. »Natürlich haben wir Kafka und Musil und Kästner und Tucholsky gelesen, wir wussten auch, was die übers Dritte Reich dachten. Aber wir sind nicht rumgelaufen und haben nach den Tätern gesucht. Was sollen wir hier Knatsch produzieren, uns geht's doch eigentlich gut. Man wusste schon von Auschwitz, aber das wurde rituell abgehakt: *Ja, ja, das war alles ganz furchtbar mit den Juden.* Es war kein großes Thema in der Adenauer-Ära. Die Publizität war nicht so da. Es gab nicht so eine Informationsdichte zu dem Thema wie in den letzten fünfundzwanzig Jahren.«

Zu Hause seien eher Anekdoten erzählt worden. Wie Heinrich George zu Besuch war in Dänemark und wassergläserweise Aquavit getrunken habe. Wie alle möglichen Leute da ein und aus gingen, Knut Hamsun zum Beispiel.

»Es gab also erst mal gar nicht den Wunsch nachzuhaken«, stelle ich fest.

»Das ist eine Frage, die ich mir auch schon gestellt habe und nicht so richtig beantworten konnte. Erst die Achtundsechziger haben ja gefragt: Was habt ihr damals eigentlich gemacht? Dann natürlich verbunden mit der antiautoritären Haltung:

Nach dem, was ihr da alles getan habt, habt ihr uns gar nichts mehr zu sagen! Der Aufstand gegen die Vergangenheit der Eltern ist viel später gekommen.«

Eine kurze Stille tritt ein, dann sagt er, ich würde ja eigentlich auch die Frage nach der Zweitschuld der Nachkommen stellen, die ihre Eltern nicht zur Rede gestellt hätten. »Vielleicht spielte da die gleiche Bequemlichkeit eine Rolle, die es bei vielen Leuten im Dritten Reich gab: *Was soll ich mir Ärger machen.*«

Dann geht es darum, ob sein Vater, wie einige Historiker sagen, die dänischen Juden gerettet habe, indem er die Bemühungen des Diplomaten Georg Ferdinand Duckwitz, für sie eine Aufnahme in Schweden zu erlangen, stillschweigend duldete und zuließ, dass das Datum der geplanten Verhaftung der jüdischen Bevölkerung des Landes bekannt wurde. Siebentausend Juden entgingen so der Deportation, Bests Rolle bei ihrer Rettung ist umstritten.

»Ich weiß nicht, ob das einen Menschen salvieren kann, wenn er das gemacht hat«, sagt Best am Telefon. »Mein Vater war ja neben allem anderen auch ein Verwaltungspragmatiker. Der wollte in Dänemark seine Ruhe haben. Er wusste, dass die Dänen nicht so antisemitisch waren wie die Deutschen, und da kann ich mir gut vorstellen, dass er das aus diesen Gründen ermöglicht hat.«

»Kann es auch sein, dass er das Ende des Krieges absah und wusste, dass ihm so etwas helfen würde, wenn er irgendwann zur Rechenschaft gezogen würde?«

»Auch möglich.«

»Haben Sie je darüber geredet?«

Er erzählt, dass es eine Zeit gab, in der er seinen Eltern sehr entfremdet war. Ich denke daran, dass Frau Best über Christel Kontakt zu ihrem Sohn gesucht hatte und dass Geo davon ausgegangen war, Diethards damalige Abkehr habe mit der Vergangenheit seines Vaters zu tun gehabt. Aber offensichtlich war das gar nicht so; es hatte private Gründe gehabt. »Als wir dann wieder zusammenkamen, war er so alt, da hatte ich nicht das Bedürfnis, mit ihm über die Vergangenheit zu diskutieren. Vielleicht war ich auch einfach feige und hatte keine Lust, mir meinen Vater demontieren zu lassen. Der für mich vorher durchaus ein Gesprächspartner war. Ich war sehr an Philosophie interessiert, er auch. Wir haben viel über Kant gesprochen.«

Woran ich bei Kant denke, ist der moralische Imperativ. Kann man über Kant sprechen, ohne sich selbst zu hinterfragen? Jetzt, beim Aufschreiben, im Nachhinein, merke ich, wie schnell ich emotional werde, wenn ich den Quellen nachgehe, die mir Bests Wirken immer nur ausschnittweise vor Augen führen.

Aber am Telefon war ich in einem anderen Modus. Und sagte nur, dass ich mir von ehemaligen Nazis oft wünschen würde, dass sie bekannten: *Ich bereue, was ich getan habe.* »Kam so etwas von Ihrem Vater mal?«

»Nein. Nein, kann ich nicht sagen. Schon aus Selbsterhalt, er hätte ja sagen müssen: Ich habe das völlig falsche Leben gelebt. Mein Vater hat versucht, das philosophisch zu deuten. Er hat gesagt: *Es ist alles falsch gelaufen. Ich war historisch auf dem falschen Dampfer.*«

Nach dem Gespräch mit Diethard Best bin ich regelrecht beseelt. Es ist ein gutes Gespräch geworden, entgegen meinen ursprünglichen Bedenken. Am Ende hat er mir noch eine Geschichte von seiner Tochter und einem alten jüdischen Ehepaar aus Zürich erzählt. Seine Tochter sei wegen ihres Großvaters von einem Schüleraustausch mit einer israelischen Schule ausgeschlossen worden. Die Sache sei nach außen gedrungen, die Deutsche Welle habe eine Sendung darüber gebracht, woraufhin sich das Ehepaar gemeldet und angeboten habe, für die

Tochter eine Reise nach Israel zu organisieren. Daraus sei eine Freundschaft geworden, die bis heute bestehe.

Die Geschichte hat mich berührt. Und zuerst lasse ich mich auch von Claus nicht beirren, der verhalten reagiert. *Ja, ja, die Leute lieben Versöhnungsgeschichten.* Dann fällt mir auf, dass ich vergessen habe, Best auf die späteren Aktivitäten seines Vaters anzusprechen. Darauf, dass dieser auch später ein aktiver Täter war, in den fünfziger und sechziger Jahren, als die Söhne sich so frei entwickeln durften. Dass er sich konsequent und erfolgreich für die falsche Sache eingesetzt hat. Dass er weiter aktiv das Recht in sein Gegenteil verkehrte. Dass seine Strategien, die er mit Hilfe eines Netzwerks aus Juristen, Politikern und Geldgebern aus der Industrie umsetzte, bewirkten, dass ein Großteil der NS-Verbrecher nicht mehr belangt werden konnte.

Kann man die Abwesenheit von Reue einfach dem Selbsterhalt zuschreiben? Wieder steigt Wut in mir auf. Sind nicht die meisten dieser netten alten Männer bei ihrer inneren Überzeugung geblieben und mit sich im Reinen gewesen? Werner Best hat vielleicht mehr als jeder andere dafür getan, dass sich viele von ihnen der Auseinandersetzung mit ihren Taten nie stellen mussten.

Berlin. Eine hellerleuchtete Neubauwohnung mit Blick über den Spielplatz am Koppenplatz. Eine Essensgesellschaft stößt mit Cremant an. Einige der vielleicht zwölf Gäste sprechen über Porzellanmalerei, andere über den *Tatort*, der am Sonntag lief. Wir sitzen an einem langen, von modernen Kristalllüstern beleuchteten Holztisch. Es gibt Barszcz. Nicht russischen Borschtsch, sondern die polnische Variante. Jemand erklärt den Unterschied zwischen schlesischen und hochpolnischen Weihnachtsgerichten, dann bewegt sich das Gespräch von der polnischen Küche zur polnischen Landschaft und zu polnischen

Städten. Breslau, eine Stadt, der man kaum ansähe, dass sie zum Ende des Kriegs fast ganz zerstört wurde und erst in den letzten Jahrzehnten wiederaufgebaut worden ist.

In den letzten Tagen habe ich nicht mehr an Werner Best gedacht, ich habe mich dazu gezwungen, keine Artikel mehr über ihn zu lesen, weil mir davon so übel wird. Aber jetzt ist der Gedanke an ihn wieder da, daran, dass er eine Liste der polnischen Intelligenz erstellen ließ, dreißigtausend Namen standen darauf, Menschen, die als potenzielle Widerstandskämpfer ausgeschaltet werden sollten. Etwa sechzigtausend waren es dann, die tatsächlich bei der sogenannten »Intelligenzaktion« in Polen umgebracht wurden, weitere fünfzigtausend wurden in Konzentrationslager gebracht. Die Ermittlungen der Berliner Staatsanwaltschaft, die achttausendsiebenhundertdreiundzwanzig der polnischen Morde juristisch nachweisen konnte, wurden Anfang der siebziger Jahre wegen Verhandlungsunfähigkeit des Angeklagten Best endgültig eingestellt.

Viele am Tisch geben an, noch nie in Breslau und kaum je in Polen gewesen zu sein, der ein oder andere war mal in Warschau oder Krakau. Einer, der in Dresden aufgewachsen ist, also nahe der polnischen Grenze, erzählt, nach Polen habe man nie gewollt, das täte ihm jetzt leid.

Ich werde gefragt, woran ich arbeite, und erzähle von meinem Großvater-Projekt und davon, dass ich die Nazizeit, von der ich irgendwann einmal dachte, sie würde vielleicht ein oder zwei Kapitel in diesem Buch ausmachen, kaum noch loswürde.

Verständnisvolles Nicken. Dann die Frage des Tischherrn: »Und, wie war es bei deinem Großvater?« Ich weiß schon, dass er keine komplexe Antwort will, er will ein Ja oder Nein. Nazi oder nicht. Alle wollen immer diese Eindeutigkeit. Ich zögere. »Na ja, es ist nicht so einfach«, sage ich. »Ein Nazi war er nicht.

Dann habe ich aber irgendwann rausgefunden, dass er in der SA war. Andererseits – «

»Ab wann war er in der SA?«

»November 33. Andererseits – «

»Also bei denen, die so früh eingetreten sind, geht man schon davon aus, dass sie überzeugt waren.«

»Überzeugt war er ganz sicher nicht.«

»Du willst ihn retten.« Er lächelt. »Alle wollen sie ihre Familie retten! Das ist ja auch sympathisch.«

»Moment mal«, protestiere ich, »ich bin mir des Phänomens sehr wohl bewusst. In seinem Fall war es allerdings tatsächlich so, dass – «

»Es gab keinen Zwang«, unterbricht mich mein Tischherr mit dem sanften Selbstbewusstsein dessen, der sich seiner Sache absolut sicher ist. Und natürlich hat er recht, es gab keinen Zwang. »Er wollte studieren«, sage ich, mich über meine defensive Haltung ärgernd. »Die Heidelberger Uni war damals schon total braun, und sein Vater, also mein Urgroßvater, der Vorsitzender der Heidelberger DDP gewesen war, hatte gerade seinen Job als Schulleiter verloren, weil er den Nazis nicht passte.«

»Bei der politischen Einstellung kann man nicht unbedingt vom Vater auf den Sohn schließen. Im Gegenteil, habe ich bemerkt.« Er lächelt. »Du willst ihn retten. Das wollen alle.«

Natürlich will ich ihn retten, Herrgott noch mal, vor allem vor Vorverurteilungen! Ich bleibe höflich, aber mich nerven die mitfühlenden Blicke, ein Gast hat sich extra vorgebeugt, um mich besser sehen zu können. Jemand nennt einen Namen, der mir vage bekannt vorkommt: Bernanos. Ein Schriftsteller, der Ende der vierziger Jahre gesagt habe: Was uns verzweifeln lasse, sei nicht so sehr das Massaker, sondern die Tatsache, dass es nach dem Massaker so wenige Zeichen persönlicher Reue gegeben habe.

Reue, das beschäftigt mich auch. Fast bin ich enttäuscht, als ein anderer darauf hinweist, Bernanos' Wort sei *conscience* gewesen, also Gewissen. »Reue wäre *repentir*«, sagt er. »Das Wort Gewissen schließt das Vergewissern ein. Also eine Haltung, einen Prozess, ein Prüfen.«

»Wie hieß noch mal dieser Staatsanwalt.« Der Schauspieler, der sich bisher zurückgehalten hatte, erhebt seine Stimme. »Ich habe mich mit einem Staatsanwalt unterhalten, der auch bei Günter Jauch war an dem Abend mit den Überlebenden des Holocaust. Der sagte, dass unter den zweiundzwanzig ehemaligen SS-Leuten, die bei den Auschwitzprozessen verurteilt wurden, nur ein Einziger war, der gesagt hat: Es tut mir leid. Es tut mir unendlich leid.«

»Hast du ihn gefragt, wer dieser eine war?«

»Nein, das habe ich leider vergessen.«

»Es heißt ja auch, bei Johannes oder so«, mein Tischherr guckt um sich, »zeigt ihr wahre Reue, ist die Last von euch genommen.« Er hüstelt, als sei ihm seine Bibelfestigkeit peinlich.

»Warum ist Reue so schwer?«, frage ich in die Runde und bekomme ein zaghaftes »Weil's weh tut?« von der Galeristin, bevor wieder der Schauspieler die Stimme erhebt: »Guck dir *Wundkanal* an. Den Film. Hast du den gesehen?«

Wundkanal. Natürlich. Ein Bekannter hat mir die DVD geliehen. Vorne auf dem Titel, vor weißem Hintergrund, sieht man einen alten Mann in schlechtsitzendem Anzug und mit wirrem Haar, der sich eine Pistole an den Kopf hält. Ein paar Minuten habe ich reingeguckt, aber es war nicht der richtige Moment für den entblößenden Realismus, der da geboten und abverlangt wurde. Es war nie der richtige Moment, und irgendwann gab ich den Film zurück, ungesehen.

»Das ist doch der mit diesem alten Mann«, sage ich, »diesem Nazi.«

»Ja, richtig. Der Regisseur hat einen ehemaligen SS-Mann überredet, sich mit ihm in ein Studio sperren zu lassen. Und dann geht es los. Ganz höflich. Einfach nur Fragen.«

»Ich habe den Film nie ganz geguckt.«

»Ja, siehst du, der ist nämlich hart, der Film. Weil er einen mit der Ausweglosigkeit konfrontiert.«

»Der alte Mann tut einem doch dann so leid.«

»Ja, der tut einem natürlich leid. Aber das heißt ja Reue. Dass man sich auch bedrängen lässt.«

7

Auf der anderen Seite

Seit etwa zwei Jahren habe ich in der *Frankfurter Allgemeinen Zeitung* Texte und Fotos unter der Überschrift »Kann ich mal Ihre Wohnung sehen?« veröffentlicht. Auf der oberen Hälfte der Zeitungsseite ist ein großes Foto eines Interieurs abgebildet; darunter steht eine Geschichte, die davon handelt, was ich an diesem Ort erlebt habe oder was mir dort durch den Kopf gegangen ist. Auf die meisten Wohnungen bin ich durch meine hauptberufliche Motivsuche gestoßen; aber mein Interesse dafür, wie Menschen leben, bringt mich auch jenseits meines Berufs in die Häuser anderer Leute. Ich erzähle die Geschichten aus meiner Perspektive, nur manchmal finde ich eine andere Form, wie im Fall des Geschäftsmannes deutscher Abstammung aus New York, der mich im Auto aufs Land mitgenommen hat, wo ich sein Wochenendhaus fotografieren durfte. Auf dem Weg dorthin sprachen wir über mein Großvater-Buch, und er erklärte mir sein Konzept des moralischen Kompasses:

Ihr Englisch ist phantastisch! Auf jeden Fall Lichtjahre besser als mein Deutsch. Die Art, wie Deutsche Englisch sprechen, ist mir sehr vertraut. Meine Mutter hat ihren Akzent nie abgelegt. Gestern war ich wieder daran erinnert: Ich musste einen Film gucken, für ein Treffen, bei dem über Kino gesprochen wird. Dabei wurde mir so langweilig, dass ich nach einer halben Stunde einschlief. Es war ein deutscher Film, über eine Frau namens Hannah Arendt.

Weil ich aber unbedingt musste, habe ich einen erneuten Anlauf gemacht, den Film anzusehen. Und es stellte sich raus, er war interessant. Es ging darum, wie wichtig es ist, einen moralischen Kompass zu haben, wenn die Welt ihren moralischen Kompass verliert. Das ist doch auch Ihr Thema, oder? Sie fragen doch, warum ein hochintelligenter Mensch sich unter den Nazis so verhalten hat, wie er sich verhalten hat. Hatte ich das richtig verstanden? So halbwegs, na immerhin. Wie? Keine Entschuldigungen! Es gab immer Leute, die noch schlimmer waren. Es gab durchaus Leute, die anders gehandelt haben. Aus welcher Stadt kommen Sie noch mal? Mülheim? Also, es steht mir nicht zu, einen solchen Vorschlag zu machen, aber wenn ich Sie wäre, würde ich das Buch »Die Mülheimer Prozesse« nennen.

Das Anklagen sei Ihre Sache nicht? Ja, wessen denn dann? Ist es nicht sogar Ihre Pflicht? Schweigen ist das größte Verbrechen. Und nicht nur, wenn der Papst schweigt. Nein, machen Sie sich nichts vor. Deutsche sind übrigens sehr schnell darin, zu sagen: Das geht mich nichts an. Das sage ich Ihnen als Halbdeutscher.

Jetzt verteidigen Sie ihn wieder! Wie? Natürlich kann er selber es nicht mehr. Vielleicht verteidigen Sie ihn ja, weil Sie spüren, dass er verteidigt werden muss. Weil da etwas ist, was nicht so ganz in Ordnung war. Sagen Sie doch einfach: Da hat der moralische Kompass versagt.

Man kann immer sagen: Ich verstehe, wie es unter den Umständen dazu kam. Aber es geht gar nicht darum, ob Sie sich möglicherweise genauso verhalten hätten. Es geht darum, wie Sie sich gerne verhalten hätten. Wie ein mitfühlender Mensch Ihrer Meinung nach hätte handeln müssen.

Als meine Frau meine Memoiren las, hat sie mich gefragt: »Gab es eigentlich irgendetwas an deiner Mutter, was du mochtest?« Es stimmt, meine Mutter war schwierig für mich. Aber eines weiß ich: Der moralische Kompass meiner Mutter ist zutiefst in meinem Charakter verankert. Ich reagiere schrecklich emotional, wenn ich Zeuge des Missbrauchs von Macht werde. Besonders, wenn Bürgerrechte mit System ausgehebelt werden. Ich könnte oft weinen. Und tue es auch. Und frage mich ernstlich, was los ist mit mir. Aber eigentlich weiß ich, was mit mir los ist: Als junger Mensch habe ich einen starken Glauben an die Prinzipien dieses Landes entwickelt. Und wenn dieser Glaube enttäuscht wird, immer wieder tief enttäuscht, heißt das, ich gerate in eine Krise meines Glaubenssystems. Wie gehe ich also mit dieser Lücke zwischen Glaubenssystem und realen Erfahrungen um? Jeder hat seine Strategien. Verleugnung ist eine davon. Viele entscheiden sich, wegzugucken, damit es nicht so weh tut. Mir aber tut es weh, wenn ich stillhalten muss. Deshalb mache ich Krach. Ich ändere vielleicht nichts, aber ich mache Krach. Don't go gentle into that good night.

Nein, ich bin nicht jüdisch. Meine Mutter kam aus einer lutherischen Familie in Berlin. Sie hat ihre Heimat in den Dreißigern verlassen, obwohl sie keine Jüdin war. Sie war auch keine Intellektuelle. Sie hat einfach die Nazis gehasst. Sie ist nach Frankreich gegangen und hat dort mit ihrem Geliebten, der bei der Résistance kämpfte, in den Bergen gelebt.

Ihr Geliebter wurde erschossen, kurz bevor mein Bruder zur Welt kam. Meine Mutter ging mit dem Kind nach New York und heiratete meinen Vater. So kam ich ins Spiel. Die Mutter meiner Mutter verbrachte in den fünfziger Jahren einige Zeit bei uns in New York. Von meiner Berliner Großmutter weiß ich, dass sich der Austernfisch im Hudson zur dreifachen Größe aufbläst, wenn er Gefahr wittert, und die Flunder friedlich mit ihrer Wange auf dem Flussgrund liegt und mit ihren beiden ganz nach Picasso-Art schräg übereinanderstehenden Augen alles und nichts beobachtet.

Ja, sie war eine schwierige alte Dame. Nicht schwierig für mich, aber für meine Eltern. Meinem Vater erzählte sie, wie unmöglich meine Mutter sei, und meiner Mutter sagte sie, wie schrecklich mein Vater sei. Schließlich haben sie sie zurück nach Ber-

lin geschickt, und das war's. Mein Großvater lebte da schon nicht mehr. Er war Sportjournalist. Ich glaube, er war ein Rasmus. Rasmus Grüttefien. Sonst weiß ich nicht viel über ihn. Schade eigentlich. Hier sind wir übrigens. Das ist mein Haus.

Der Beitrag ist gerade rechtzeitig erschienen, dass ich ihn mit nach Los Angeles nehmen kann. Im Flugzeug schaue ich mir die Seite noch mal an. Das Foto zeigt ein Schlafzimmer im amerikanischen Landhausstil, mittig die blau gestrichene offene Holztür, an der Wand eine indianische Pfeife mit Federn und das gerahmte Schwarz-Weiß-Foto einer schönen jungen Frau, die mit geschlossenen Augen am Strand liegt. Das ist die Mutter des Mannes, die Deutschland Mitte der dreißiger Jahre verlassen hatte, obwohl sie keine Jüdin war. Aufgenommen von ihrem Freund, der wenig später in der Résistance umkam. Jetzt muss ich natürlich an dessen direkten, am Schreibtisch sitzenden Gegner denken: Werner Best war genau zu dieser Zeit aus Berlin nach Paris beordert worden, um den französischen Widerstand zu vernichten und Frankreich »judenfrei« zu machen.

Die Überschriften für meine Texte werden von der Redaktion gemacht. Bei diesem Beitrag war ich besonders gespannt und bin sehr einverstanden: *Statt stillzuhalten, mache ich lieber Krach!*

Den Text überfliege ich nur, eigentlich vor allem, um zu prüfen, ob ein Hauch von Albert Camus' *Der Fall* durchschimmert; Christel hatte mir dieses Buch, in dem es auch um einen moralischen Kompass geht, gegeben, als ich sechzehn oder siebzehn war. Damals hatte mich die Monologform fasziniert, die eingestreuten Reaktionen des Sprechers auf die nicht hörbaren Einwürfe des Gegenübers, und ich hatte mir vorgenommen, selbst irgendwann mal diese Perspektive auszuprobieren.

Und dann lese ich noch mal einzelne Stellen und denke über diese amerikanische Fähigkeit nach, in kurzen, eindringlichen Sätzen genau auf den Punkt zu kommen. *Jeder hat seine Strategien. Verleugnung ist eine davon. Mir aber tut es weh, wenn ich stillhalten muss. Deshalb mache ich Krach.*

Ich dagegen mit meiner Eigenart, ein Thema ewig suchend zu umkreisen, immer die Zweifel mitdenkend. So wie Günther, bei dem »unzulässige Vereinfachung« in der Wissenschaft ein Dauerthema war; mit einem – ausgerechnet amerikanischen – Kollegen lag er deswegen jahrelang im Streit. Und ich erinnere mich, wie er mir mal, in ganz unwissenschaftlichem Kontext, die Frage stellte: »Und woher weißt du, dass du nicht doch irgendwann auf ein anderes Ergebnis kommen wirst?« Manchmal war ich von solchen Einwänden genervt, wenn ich meinte, sie würden mich in meiner Zielstrebigkeit oder Begeisterung für etwas bremsen. Zugleich finde ich es richtig, wenn man es sich auf der Suche nach der richtigen Beurteilung nicht leichtmacht.

Doch manchmal ist es vielleicht wirklich so klar, wie der Mann aus New York auf der Autofahrt formulierte: *Sagen Sie doch einfach: Da hat der moralische Kompass versagt.*

Die Flugzeit dehnt sich endlos. Eigentlich ist es ein Wahnsinn, für nur sechs Tage nach Los Angeles zu fliegen. Aber mehr Zeit war nicht bis zum Beginn meines nächsten Films. Und sobald ich in meinem Mietwagen sitze und Seite an Seite mit all den anderen Autofahrern über den Highway 10 die Stadt durchquere bis nach Los Feliz, dazu »All things considered« im NPR, wird der lange Flug vergessen sein. Wenn ich oberhalb des steilen Dundee Place aus dem Auto steige, werden mich die Hitze und die Pflanzen und der Anblick des modernistischen, weißen, auf den Berg gebauten Hauses so willkommen heißen, als wäre ich wieder da, als könnte ich nahtlos anknüpfen an das Jahr, das ich hier verbrachte, um die Jahrtausendwende herum.

Ich werde wieder bei Ruth und Cooney sein. Ruth ist eine der beiden Töchter von Ernest und Eva Eliel, mit denen sich meine Großeltern in den sechziger Jahren während ihrer Zeit in Amerika angefreundet hatten. Ich hatte die Eliels immer als erweiterte Familie begriffen, so war es ganz natürlich, dass sie für mich auf Reisen nach Kalifornien oder Mexiko Zwischenstation und Anlaufstelle waren. So wie es die Bismarckstraße für Ruth und ihre Schwester Carol bei ihren Europareisen gewesen war.

Als ich mit Ende zwanzig den Wunsch hatte, eine Zeitlang an dem Ort zu leben, an dem ich geboren bin, bot Ruth an, dass ich bei ihr wohnen könne. Ich konnte mein Glück kaum fassen, sie gab mir tatsächlich das Gästehaus, das oberhalb des eigentlichen Hauses thront und deshalb von den beiden »Adlernest« genannt wird, mit eigenem Eingang und eigener Terrasse. Von den sechs unterschiedlich großen Fenstern konnte man in alle Himmelsrichtungen blicken: im Norden der hügelige Griffith Park mit seinen Eukalyptusbäumen und staubigen Pfaden; östlich Berge mit vereinzelten Anwesen im hispanischen Stil; westlich das *Griffith Observatory*, die schneeweiße Sternwarte aus den zwanziger Jahren, die schon James Dean als Kulisse diente. Und im Süden die Stadt, die aus einer gelbbraunen Smogschicht aufragenden Wolkenkratzer von Downtown und das Häusermeer, über das man an klaren Tagen bis zum richtigen Meer sehen kann, bis zu der sanften grauen Erhebung namens Catalina Island.

Ruth' und Cooneys Haus wurde zu einer Zeit gebaut, als es noch viel mehr Land gab als Häuser, 1927, und von einem berühmten Architekten: Rudolph Michael Schindler, der besonders in Kalifornien die klassische Moderne wesentlich geprägt hat. Während meines Jahres in L. A. habe ich mich in seine Architektur verliebt, auch nach Monaten fielen mir noch Details auf, Unterzüge oder kleine Nischen, die das Licht lenken, dem Auge einen Halt geben, eine Form spiegeln. Dem menschlichen Maß entsprechend. Sehr klar, zugleich freundlich und warm. So, wie ich Schindlers Satz verstand: *Architektur wird nicht mit dem Auge erlebt, sondern in der Erfahrung des Wohnens.*

Zwölf Jahre später bin ich wieder hier, dieses Mal, um für die *FAZ* eine Geschichte über das Schindlerhaus zu machen. Deshalb dieser Kurztrip, natürlich auf eigene Kosten: um es neu zu fotografieren.

Mir fällt ein, dass es ursprünglich Günthers Idee war, dass ich Reisetexte schreibe. Während meiner Zeit in L. A. rief er mich einmal an. So etwas war bisher noch nicht vorgekommen, er rief normalerweise nur einmal im Jahr an, am ersten Advent, um der Tradition gemäß wortlos »Macht hoch die Tür« auf dem Klavier zu spielen. Ansonsten war es immer Christel gewesen, die anrief, aber Christel lebte zu dem Zeitpunkt nicht mehr, und Günther hatte manche ihrer Angewohnheiten übernommen. Nach ihrem Tod hatte er eine Weile schrecklich traurig und alt und nach innen gekehrt auf mich gewirkt, mittlerweile schien er mir aber wie zuvor, er arbeitete und machte immer noch seine spitzbübischen oder provozierenden Bemerkungen.

Wir sprachen, und ich beschrieb ihm meinen Blick durch das Fenster der Waschküchentür, das mittig die weiße Sternwarte einrahmte zwischen Himmel und Landschaft, so harmonisch, dass es schien, als habe Schindler das ganze Haus nach diesem Blick ausgerichtet.

Günther hörte aufmerksam zu. Auf meinen Plan, länger in Kalifornien zu bleiben, reagierte er dann aber gar nicht begeistert. Nach Amerika könnte ich ja häufiger noch, aber meinen Opa hätte ich vielleicht nicht mehr so lange.

Dass er sich mit seinen siebenundachtzig Jahren Gedanken über den Tod machte, fiel sonst eigentlich kaum auf, meistens waren Gespräche mit ihm gegenwarts- oder zukunftsorientiert. Auch in diesem Gespräch ging es eigentlich um etwas Aktuelles: Er wollte mich auf die Reiseschriftstellerin Loni Skulima aufmerksam machen. Diese schreibe fabelhafte Reiseberichte in der *Frankfurter Allgemeinen Zeitung*, und da sei ihm der Gedanke gekommen, so etwas könne ich doch eigentlich auch machen. Ich bedankte mich für seinen Tipp, hatte aber zu der Zeit ganz andere Sachen im Kopf. Drehbuchschreiben zum Beispiel.

Es dauerte dann zehn Jahre, bevor ich tatsächlich auf gut Glück der Reiseredaktion der *FAZ* einen Bericht über Dreharbeiten im Regenwald von Borneo schickte.

Zu der Zeit unseres Gesprächs war ich bereits ein Dreivierteljahr lang bei Ruth und Cooney gewesen, und ich hatte schon ein Thanksgiving mit der ganzen Familie Eliel erlebt. Auch Eva und Ernest, damals Ende siebzig, waren von der Ostküste gekommen, denn in Amerika ist Thanksgiving so wichtig wie bei uns Weihnachten, und für Juden allemal.

An das Fest habe ich zwei konkrete Erinnerungen: zum einen, wie Ruth den gigantischen Truthahn mit einer Masse aus Brot, Zwiebeln und Ei ausstopft und fachmännisch hinten mit Nadel und Faden verschließt; zum anderen das Gespräch mit Ernest, mit dem ich noch in der Küche stand, während die anderen schon mit ihren Weingläsern auf die Terrasse umgezogen waren. Wir sprachen über die Unterschiede zwischen dem Englischen und dem Deutschen, und ob diese Ausdruck unterschiedlicher Denkstile seien; die berüchtigten deutschen Schachtelsätze, die für mich oft verblüffend klare Rhethorik der Amerikaner. »English is more relaxed«, fasste Ernest abschließend zusammen. Und dann erzählte er mir von Deutschland, wie er es in Erinnerung hatte. Anders als viele Juden habe er die Deutschen nie gehasst: »Das lag daran, dass ich noch so lange da war, bis 1939, und so viel mitgekriegt habe. Ich habe auch ihre Angst mitgekriegt.«

Bis zu seinem achtzehnten Lebensjahr war Ernst Eliel noch in Köln gewesen und hatte sogar noch das Abitur gemacht, als allerletzter Jude der Stadt. Irgendwann habe ein Klassenkamerad – der einzige, der noch mit ihm sprach – ihn in einer dunklen Ecke des Schulkorridors abgefangen und sich entschuldigt, dass er ab jetzt leider nicht mehr mit ihm reden könne. Er habe ihn verstanden.

Weil ich Köln gut kannte – die meisten der Filme, bei denen ich bis dahin mitgearbeitet hatte, waren dort gedreht worden –, fragte ich ihn, ob er sich erinnere, wo er gewohnt habe.

»Sicher.« Er nannte mir die Adresse mit Hausnummer, und ich starrte ihn ungläubig an. Sofort stand mir das Bild eines runden Platzes im Süden der Kölner Innenstadt vor Augen, mittig das begrünte Rondell mit den Straßenbahnschienen, geradeaus einer meiner Lieblingsitaliener und rechts der mächtige graue Altbau mit den großen Sprossenfenstern. Dort gab es in der ersten Etage eine Wohnung, die ich ein oder zwei Jahre zuvor Margarethe von Trotta als Motiv für einen Fernsehfilm vorgeschlagen hatte. Es war die größte Altbauwohnung in der Kartei des Location Scouts, Wohnungen dieser Größe, wie es sie im Berliner Westen noch viel gibt, sind in Köln außerordentlich selten, weil die Kölner Innenstadt zu über neunzig Prozent zerstört wurde.

»Welcher Stock?«, fragte ich Ernest, fast sicher, dass dieser Zufall noch weiter reichen würde.

»Erster Stock«, sagte er tatsächlich, »die ganze Etage. Es waren dreizehn Zimmer.«

Ich kenne die Wohnung, jedenfalls einen Teil davon: sechs

Zimmer, die seitlich zum Park und vorn zum Platz hinausgehen. Das letzte Zimmer ist ein türkisblau gekachelter Wintergarten mit Springbrunnen. Ernest beschrieb den Wintergarten im Detail, und die Schiebetür zwischen zwei Räumen, die noch immer so aussah.

In der Parterrewohnung lebte sein Onkel mit seiner Familie, in der Etage über ihm der andere Onkel, in der dritten Etage seine Tante. Das Haus hatte ihnen nie gehört, es war die Überzeugung von Ernests Vater, dass man als Jude besser zur Miete wohnte, um nicht durch Grundbesitz gebunden zu sein. Der Vater war Rechtsanwalt gewesen, ebenso wie ein Onkel. Die Familie war wohlhabend, alle besaßen Anteile an der Leonhard Tietz AG, dem Warenhausunternehmen, das Ernests Großvater gegründet hatte und das später in Kaufhof umbenannt wurde. Ich weiß nicht mehr, ob ich ihn fragte oder ob ich nur fragend guckte, bevor er dann nickte – doch, doch, sie seien später entschädigt worden. Mir fiel auf, dass er darum bemüht war, jeden Vorwurf zu vermeiden, anders als Eva, so liebenswert sie auch war. Die gebürtige Hamburgerin, die nach dem Krieg für das *Time Magazine* arbeitete und dann Musikredakteurin beim Rundfunk wurde, konnte sehr gut schimpfen. Als Kind hatte ich ihre Strenge manchmal als Ablehnung meiner Person gedeutet, später wusste ich die trockenen oder etwas bissigen Kommentare, die genauso zu ihr gehörten wie zu Ernest die Gutmütigkeit und Gelassenheit, besser einzuordnen. *Good cop, bad cop.*

Im Jahr 2005 unternahmen die beiden eine Europareise, um Verwandte in London und Amsterdam zu besuchen. Sie waren schon an die achtzig Jahre alt und wussten, dies würde ihre letzte große Reise sein. Ernest und Eva kamen auch nach Köln, und ich nahm mir einen Nachmittag frei, um mit ihnen den jüdischen Friedhof an der Venloer Straße zu besuchen, die Grä ber von Ernests Familien Tietz und Eliel. Ich hatte sie mit dem Mietauto der Filmproduktion am Bahnhof abgeholt, und nun liefen wir gemeinsam auf das freiliegende, gelb gestrichene alte Friedhofsgebäude am Ende einer großen Wiese zu, an dem ich schon oft vorbeigefahren war auf dem Weg zum Requisitenfundus des WDR und über dessen Funktion ich mir nie Gedanken gemacht hatte. Am Tor nestelte Ernest ein kariertes Taschentuch aus seiner Jacke und legte es sich auseinandergefaltet auf den Kopf, eine andere Kopfbedeckung hatte er nicht dabei. Eva schüttelte leicht genervt den Kopf und murmelte in meine Richtung: »Ein Taschentuch! Also wirklich. Aber es muss sein, es ist die Regel …«

Ich fragte, ob ich Fotos machen dürfte. Eigentlich wusste ich, dass sie ihre Reisen gern dokumentierten, aber auf dem Friedhof war es vielleicht etwas anderes. »Oder ist das pietätlos?« Eva guckte Ernest an, und Ernest schüttelte verwundert den Kopf, nein, warum sollte das pietätlos sein?

So gibt es also noch die Fotos, wie sie über den Weg zu Gräbern laufen, Ernest, der mich mit seinen vollen Lippen und dem karierten Taschentuch auf dem Kopf an Jassir Arafat erinnerte; Eva, anderthalb Köpfe kleiner, aufrecht, mit dichtem weißem Haar und scharfgeschnittenem Profil. Die Gräber der Familien Tietz und Eliel kamen schon recht bald auf der rechten Seite, beide sehr groß und mit einigen wenigen Kieselsteinen am Rand, denen sie jetzt selber einen Stein als Zeichen ihres Besuchs hinzufügten.

Vom Friedhof fuhren wir zu Ernests ehemaliger Wohnung. Ich hatte über den Location Scout einen Kontakt zu dem Mieter hergestellt. Ein netter Typ aus der Werbebranche, der gern bereit war, uns zu empfangen.

Bevor wir hochgingen, stand Ernest eine Weile vorm Klingelbrett. Ungläubig angesichts der über vierzig Klingeln, die anzeigten, in wie viele Einheiten die ehemals nur vier herrschaftlichen Wohnungen aufgeteilt worden waren. Ausgerechnet die Wohnung, in der Ernest mit seinen Eltern gelebt hatte, entsprach aber immerhin noch zur Hälfte dem ursprünglichen Grundriss.

In der Wohnung passierte dann etwas Eigenartiges. Zunächst war alles sehr freundlich, wir wandelten gemächlich durch die riesigen Räume mit ihrem alten Eichenparkett und dem aufwendigen Deckenstuck; einige wenige Designerstücke waren wirkungsvoll darin platziert, eine italienische Sitzlandschaft, ein USM-Regal mit Schallplattensammlung. Im gekachelten Wintergarten standen wir eine Weile und unterhielten uns über die weißen Kalkflecken am Rande des Springbrunnens; schließlich fanden wir uns wieder am Beginn der Wohnung ein, in der offenen Küche mit Edelstahlhockern am Tresen. Und dort war plötzlich noch jemand: eine ältere Dame mit hochgesteckten Haaren, klein, geschminkt, in schwarzem Kleid und hohen Schuhen. Der Mieter stellte sie etwas verlegen vor, sie sei die Besitzerin des Hauses, und er habe ihr Bescheid gesagt, dass wir kämen.

Wir schüttelten einander die Hände, Ernest tauschte ein paar Freundlichkeiten mit der Hausbesitzerin aus, Eva hielt sich im Hintergrund, etwas misstrauisch, wie mir schien – und erst recht, als die Hausbesitzerin erwähnte, sie habe ein Architekturmodell des Hauses. Ein wunderschönes Modell sei das, auf dem man alle Details genau erkennen könne. Eventuell würde sie es sogar abgeben, wenn jemand sich dafür interessiere. Für zweitausend Euro, was nicht viel sei für so ein großes, schönes Modell. Das Gespräch verebbte. Wir verabschiedeten uns höflich.

Ich erzähle Ruth die Geschichte, die sie offensichtlich noch nicht kannte. Wir sitzen in tiefen Gartensesseln auf ihrer Terrasse und trinken Wein, den sie aus dem Napa Valley mitgebracht hat; im Hintergrund läuft Jazz des Oscar-Peterson-Trios. Der Kumquat-Strauch hängt voller Früchte, und schräg über dem knorrigen Baum mit den roten Pfefferbeeren ist im Adlernest das Bett für mich bezogen.

Außer Ruth' Mann Cooney ist noch Taylor mit dabei, ein sehr netter brauner Königspudel. Ihm wird eine hohe Intelligenz nachgesagt und seit ich mit ihm gespielt habe, bin auch ich davon überzeugt: Mehrfach warf ich seinen Ball zum Fangen fort, worauf er ihn holte und zurückbrachte. Dann machte ich nur die Armbewegung, behielt den Ball aber in der Hand. Taylor peste natürlich wie jeder Hund sofort los, in die Richtung, in der er den Ball vermutete. Aber er ließ sich kein zweites Mal sinnlos durch die Gegend jagen, von nun an wartete er erst mal aufmerksam ab, ob der Ball auch wirklich flog, und rannte erst dann los.

Dass auch beim Hund auf Intelligenz Wert gelegt wird, passt dazu, dass Eliels in meiner Familie immer als hochintelligent angesehen wurden; besonders Ruth hat das Image, ein Mathematik- und Sprachgenie zu sein. Sie beherrscht sechs oder sieben Sprachen, darunter Kantonesisch und Mandarin; Deutsch spricht sie, wie einer meiner ebenfalls hochbegabten Cousins als Kind treffend bemerkte, »so gut wie eine Deutsche, nur schneller«.

Ich muss an die Intelligenzverehrung in unserer Familie denken – diesen Geniekult, der mich so geprägt hat, gerade weil ich zu den Familienmitgliedern gehörte, die nicht hochbegabt waren. Natürlich war ich stolz auf die Schlauen unter uns, fand es toll, wenn Toby bereits als Kind mit endlosen Zahlenkolonnen aus Nullen und Einsen Geos Computer programmierte, wenn Jost mit zehn Jahren den *Faust* las (und zerknirscht zugab, *Faust II* nicht verstanden zu haben); faszinierend war auch mein Cousin Guido, der offenbar nicht nur in jedem Fach eine Eins hatte, einschließlich Sport, sondern in den großen Ferien auch noch als Geiger mit einem Orchester durch Kanada tourte. Von Geo, der als Kind das einbändige Lexikon von Knaur wie einen Roman durchgelesen hatte und verblüfften Gästen bereitwillig alle Testfragen beantwortete, kursierten sowieso die irrsten Geschichten. Allgemein schienen für erwachsene Schencks Doktoren- und Professorentitel normal zu sein. Und über allem thronte Günther in seinem Arbeitszimmer, mit seinen riesigen Ohren (»Schenck-Ohren«, die ich ebenfalls nicht geerbt habe, Gott sei Dank) und seinem Elefantengedächtnis, aus dem er sagenhafte Details aus seiner Kindheit, aber auch aus Träumen reproduzieren konnte.

Meine eigene Unzulänglichkeit war mir immer bewusst, auf Schritt und Tritt spürte ich meine Grenzen, die des Gedächtnisses, des Denkvermögens und des sprachlichen Ausdrucks. Kompetent fühlte ich mich eigentlich nur in schwer messbaren Teilgebieten, zum Beispiel in dem, was ich als »Aufnehmen von Atmosphären« bezeichnete. Das hatte etwas mit Spüren oder Wahrnehmen zu tun, mit dem Nachdenken darüber und auch damit, aus diesen Beobachtungen eine Conclusio zu ziehen. Aber das spielte sich sozusagen im Geheimen ab, denn aus Sorge, rhetorisch unterlegen zu sein und meine Ergebnisse nicht angemessen vertreten zu können, behielt ich sie lieber für mich. Meine Mutter sprach manchmal von sozialer Intelligenz, über die ich angeblich verfügen würde, *im Gegensatz zu so manchem Intelligenzler*. Ihre eigenen schulischen Leistungen seien auch nicht toll gewesen, sagte sie, außer in Englisch. Wobei sie ihren Vater, also den Emmigünter, als mitschuldig ansah. Dieser habe sie, wann immer sie zu Hause einen Satz mit *Ich denke* begann, unterbrochen: *Überlass das Denken den Pferden, die haben einen größeren Kopf.*

Ruth und ich rekonstruieren die Freundschaft unserer Familien, und ich erfahre, dass Günther und Ernest sich bereits während Günthers Göttinger Zeit kennengelernt hatten, zunächst über Milton Burton, der für ein *sabbatical year* nach Göttingen gekommen war. Burton war Mitglied des Manhattan-Projekts gewesen, in dem in den vierziger Jahren unter Leitung von J. Robert Oppenheimer die Atombomben entwickelt wurden. Jetzt leitete er das Radiation Laboratory an der University of Notre Dame, Indiana, das sich als weltweit einziges Institut außerhalb der Sowjetunion ausschließlich mit Strahlung beschäftigte. Für Günther, der bereits seine Strahlenchemie plante, waren die Gespräche mit Milton Burton sehr anregend. Und als er ihn in Indiana besuchte, lief er Ernest Eliel als Leiter des Chemischen Instituts von Notre Dame beinahe zwangsläufig über den Weg.

Sie trafen sich später in Zürich wieder, wo Ernest einige Zeit verbrachte, um mit dem späteren Nobelpreisträger Vladimir Prelog über Stereochemie zu forschen. Bei der Stereochemie geht es, wie Ruth es erklärt, um die Anordnung der Atome im Molekül. Deshalb Stereo – wie 3D. Für Günther war das wohl damals relevant, weil das Gift der Spanischen Fliege, das er in Halle synthetisiert hatte, zu den Stoffen gehört, die man chiral nennt, was eine bestimmte Atom-Anordnung bezeichnet, nämlich, so wie es Ruth mir erklärt: wie eine rechte und eine linke Hand.

Mittlerweile ist die Sonne hinter dem Berg verschwunden. Der kommunale Golfplatz auf der anderen Seite des Tals, über den sich die ganze Zeit noch, klein wie Strichmännchen, Spieler bewegt haben, ist leer. Mit der Dunkelheit kommen der Jetlag und die Müdigkeit.

Als ich aber endlich mit schweren Gliedern im Bett liege, bin ich im Kopf hellwach. An Schlaf ist nicht zu denken. Von unten klingen schwach die Jazzmusik und die Stimmen von Ruth und Cooney zu mir hoch.

Eigentlich, überlege ich, gab es eine Arbeitsteilung bei uns: einerseits die Überflieger, andererseits die weniger Begabten, die die Geschichten der Überflieger erzählten. Zum Beispiel Christel, die nicht nur englische *Sayings* und polnische Aphorismen parat hatte, sondern auch immer wieder verblüffende Erfolgsgeschichten aus der Familie.

Oder jetzt ich.

Neulich hat Geo gesagt, er habe sich nie als Überflieger empfunden. Ich hatte ihm erzählt, dass Jochen Senges mir gegenüber von der »Geo- und Geniebezogenheit« in der Bismarckstraße der sechziger Jahre gesprochen hatte und dass Gudrun meinte, Günther habe sich ja bei Tisch am liebsten mit Geo unterhalten, »Billi und ich waren ja eher so die Dummies.« Er selbst habe das nicht so empfunden, sagt er, sondern eher gedacht, er sei jemand, der Schwierigkeiten habe.

Bei anderer Gelegenheit hat er mal gesagt, ihn habe immer eine Mischung aus höchster Erwartung und fehlendem Zutrauen, dass er diese Erwartungen erfüllen könnte, begleitet.

Ich weiß nur von einem einzigen Mal, dass Günther sich dumm gefühlt hat: in seinem Traum vom Neandertaler. Er wohnte damals noch in Heidelberg und träumte, dass er einem Mann im Trenchcoat hinterherlief, weil er ihm eine bestimmte Frage stellen wollte. Endlich hatte er ihn eingeholt. Da drehte sich der Mann zu ihm um – und er sah, dass es ein Neandertaler war. »Das war mir furchtbar peinlich«, sagte Günther, »denn eigentlich weiß ich doch, dass Neandertaler nicht sprechen können.«

Von dem Traum hatte mir Günther mal erzählt und davon, dass er viele Jahre lang immer wieder an den Neandertaler und diese ungeheure Peinlichkeit denken musste. Vor allem, wenn er jemanden von hinten im Trenchcoat sah.

Ich muss damals noch recht klein gewesen sein, denn ich dachte immer daran, wenn wir auf der Autobahn am Neandertal vorbeifuhren. Ich wunderte mich, warum wir dort nie Halt machen, warum es für niemanden aus meiner Familie von besonderem Interesse war. Ich stellte mir wohl vor, dass es dort so eine Art Zoo für Neandertaler gab, in dem man die letzten überlebenden Exemplare besuchen konnte. Als wir auf meine Anregung mal dort hinfuhren, stand auf dem Parkplatz, wo Geo seinen Mercedes abstellte, kaum ein anderes Auto, und es folgte ein wenig aufregender Spaziergang durch einen Wald mit Gestein und vom Regen aufgeweichtem Boden. Von den Neandertalern selbst kannte ich nach wie vor nur Illustrationen. Herausragendstes Merkmal war wohl ihre flache Stirn. Wenig über den Augen fing schon der Haaransatz an.

Irgendwann fragte ich mal meinen Vater, ob die Höhe der Stirn etwas mit der Intelligenz zu tun habe. »Wieso fragst du?«, antwortete er, »habe ich eine niedrige Stirn?«

»Nein«, sagte ich etwas verärgert, denn Geo wusste ganz genau, dass er eine ziemlich hohe Stirn hat. Eigentlich kannte ich nur einen Menschen, der eine noch höhere Stirn hatte als Geo und Günther: Heiner Krauch. Heiners ultrahohe Stirn konnte man besonders gut auf Ursels Scherenschnitten sehen: Unten gab es einen kleinen, harmonischen Bereich mit Kinn, Mund und Nase; darüber begann eine sensationell steile, kaum enden wollende Fahrt in die Höhe, die irgendwann in sanfter Rundung in den kurzgeschorenen Kopf überging.

Hätte ich mir meine eigene Stirn genauer angeschaut, hätte ich vermutlich festgestellt, dass sie eine ausgewogene Höhe hatte, und vielleicht den Schluss gezogen, dass ich irgendwo zwischen Neandertaler und Heiner Krauch lag. Aber darauf kam ich gar nicht. Meine eigene Stirn bedeutete für mich nur eins: Es war so ungefähr der einzige Teil meines Gesichts, der mir keine Sorgen bereitete. Mit allem anderen hatte ich leider Pech gehabt: Die Nase war birnenförmig und viel zu groß, die Pausbacken waren schnell gerötet, die Augen traurig. Mein Mund war asymmetrisch: beim Lachen ging der eine Mundwinkel runter, der andere rauf. Meine Mutter behauptete, nicht zu wissen, was ich meinte. Mein Lachen sei schön. Außerdem sei Asymmetrie interessant. Ich glaubte ihr kein Wort.

Als Schencks 1967 für ein Jahr nach Indiana kamen, regte Eva Eliel sich zunächst wahnsinnig auf. Wie Ruth mir erzählt, hatte Günther kurz vor Weihnachten Ernest einen Brief geschrieben, sie würden im Januar anreisen und bräuchten bitte ein Haus mit sieben Schlafzimmern. Die Zahl wurde damit erklärt, dass jedes der drei Kinder ein eigenes Zimmer bräuchte, Christel und Günther aufgrund ihrer unterschiedlichen Schlaf- und Wachzeiten ebenfalls, ein Zimmer wäre Günthers Arbeitszimmer, und außerdem würde seine Sekretärin Dagmar Elsäßer mitkommen.

Eva war außer sich. Was stellten sich diese Deutschen eigentlich vor? Wo sollten sie kurz vor Weihnachten ein solches Haus finden? Und reiste dieser Professor allen Ernstes mit Sekretärin an?

Irgendwie gelang es ihnen, ein relativ großes Haus zu finden. Dass Dagmar mehr Geos Freundin war als Günthers Sekretärin, war bei ihrer Ankunft sofort deutlich. Und auch, dass die Familien sich mochten.

Eva und Christel verstanden sich hervorragend, und die Eliel-Töchter Carol und Ruth waren wie jüngere Geschwister für Gudrun, Billi, Dagmar und Geo. Während die Väter arbeiteten, machten sie Ausflüge und Städtereisen zusammen, sie besuchten Museen und – da die Eliels große Musikliebhaber waren – vor allem Konzerte, oft in anderen Städten. Besonders häufig fuhren sie ins zwei Autostunden entfernte Chicago.

Für Günther war es eine gemischte Zeit. Einerseits war er sehr darauf aus, sie zu genießen. Die ganzen sechziger Jahre waren eine einzige große Durststrecke gewesen, vor allem seit Ziegler es ihm am Institut so schwer machte. Jetzt war er mit der Familie in Amerika, und er war entschlossen, endlich auch ein zugänglicher Vater zu sein.

Andererseits ging es ihm nicht gut: Er hatte diese unerklärlichen Symptome, er fror, er hatte Schmerzen und war ständig so müde, dass er sich nur mit Überdosen von Tee wach halten konnte. Er trug dicke Handschuhe, um seine schmerzenden Finger nicht so viel zu bewegen, und hatte alle möglichen medizinischen Koryphäen aufgesucht. Die Vermutung, dass es etwas mit der Schilddrüse zu tun habe, brachte ihn nicht viel weiter, denn es waren ungefähr zweihundert verschiedene Krankheitsbilder bekannt, die mit der Schilddrüse zu tun haben – aber es gab keine gescheite Diagnostik und keinen wirkungsvollen therapeutischen Hebel. Er besuchte verschiedene Sanatorien und iterierte da herum (mit »herumiterieren« meinte Geo: in kleinen Schritten die Parameter verändern und dabei die Reaktionen beobachten). Erst in Europa, dann in den USA. Unter anderem ließ er sich in der Mayo-Klinik untersuchen, was eine Art Mekka der Medizin war. Ohne Ergebnis.

Dann kam das große Sommerfest des Chemischen Instituts. Sie saßen an einer langen, weiß eingedeckten Tafel unter einer alten Eiche. Es war heiß, und entsprechend gekleidet waren die Gäste. Bis auf Günther, der Anzug, Hemd und Weste trug, über der Weste noch eine Strickjacke und über dem Jackett seinen Trenchcoat. Normalerweise gaben sich die Leute damit zufrieden, wenn er auf die Frage, warum er all diese Sachen anhabe, sagte: »Weil ich sonst friere.« Aber jetzt saß ihm Professor Rice gegenüber, eine Psychiaterin, die außerdem promovierte Biochemikerin war und ein Spezialinteresse an Endokrinologie hatte. Nach all den Spezialisten, die Günther vergebens aufgesucht hatte, war sie es, die mit ihrer seltenen Kombination von Ausbildung und Interesse die richtige Diagnose stellte: Hashimoto-Thyreoiditis. Endlich konnte Günther die richtigen Medikamente bekommen.

Ich habe die *FAZ* wieder an mich genommen, nachdem sie zwei Tage lang auf dem runden Marmortisch gelegen hat, an dem sich Ruth morgens ihre Nägel lackiert.

Ich weiß, dass Ruth meinen Text gelesen hat, ich hatte am Morgen meines zweiten Tages gesehen, wie sie nach ihren Tai-Chi-Übungen darübergebeugt war. Bisher hat sie nichts dazu gesagt, es ist schon drei Tage her. War es unsensibel von mir gewesen, Ruth den Monolog des deutschstämmigen Amerikaners zu geben? Hat der Text Wunden aufgerissen? Andererseits spüre ich auch keine Verstimmung zwischen uns, alles fühlt sich so vertraut an wie immer.

Carol hatte ich den Artikel per Mail geschickt, und auch von ihr hatte ich nichts gehört. Jetzt fällt mir ein, dass ich schon mal den Eindruck hatte, die Eliel-Schwestern würden diese Themen eher vermeiden. Vor ein paar Jahren hatte es so eine Situation gegeben, dass von ihnen keine Reaktion kam, da war es um das Israel-Gedicht von Günter Grass gegangen, über das Geo sich sehr aufgeregt hatte. Das Schweigen ist nicht nur ihr Recht, denke ich, es ist vielleicht das einzig Angemessene aus ihrer Perspektive. Und für mich wäre es angemessen, dieses Schweigen zu respektieren.

Weil es mir aber keine Ruhe lässt, frage ich dann doch – in der Küche, wo ich, auf einem Barhocker sitzend, ihr beim Kochen zusehe, nach einer etwas verschwurbelten Einleitung –, was sie zu dem Artikel meine. Gespannt warte ich, während Ruth die gesäuberten Shiitake-Pilze in eine Schüssel wirft und dann erst mal mit lautem Krach die Gemüsereste im Müllwolf entsorgt.

Als wieder Ruhe eingekehrt ist, sagt Ruth in neutralem Tonfall und ohne ihre Tätigkeit zu unterbrechen, es falle ihr schwer, etwas dazu zu sagen. Das Konzept eines moralischen Kompasses erinnere sie aber an Peter Wirz, jenen Freund ihres Vaters, der als Einziger auf dem Gymnasium Mitte der dreißiger Jahre noch mit ihm gesprochen habe. Offenbar kam Wirz aus einer Familie, die nicht von der allgemeinen Nazi-Begeisterung mitgerissen war. Vielleicht lag es daran, dass sie katholisch war? »Jedenfalls, viele Jahre später, als er Arzt geworden war und mein Vater Chemiker, las Peter einen Artikel, den mein Vater veröffentlicht hatte, und nahm Kontakt zu ihm auf. Er und seine Frau besuchten meine Eltern, und es entwickelte sich eine innige Freundschaft. Du hast ein Bild, das Peter gemalt hat.«

Stimmt, jetzt erinnere ich mich. Ruth gab mir ein gerahmtes Bild, nachdem Eva gestorben war. Ich hatte bisher keinen Platz dafür gefunden, vielleicht weil es mir nicht ganz geheuer war. Es zeigt einen ordentlichen deutschen Garten mit Haus und Tanne. Auf den ersten Blick heimelig, auf den zweiten gespenstisch, durch Tiere und Symbole, die in verkehrten Größenverhältnissen das Bild bevölkern. Eine schwebende weiße Katze; ein verschnörkelter Schlüssel; ein riesiger schwarzer Vogel.

Als ich schon einige meiner Wohnungstexte in der *Frankfurter Allgemeinen* veröffentlicht hatte – Venedig, Zürich, Kota Kinabalu und Andalusien –, war ich an den Punkt gekommen, an dem mir die ausländischen Wohnungen ausgingen; deutsche Wohnungen konnte ich fürs Reiseblatt nicht verwenden. Damit die Reihe nicht ins Stocken geriet, plante ich jetzt also Reisen zu Orten, auch ohne konkrete Filmprojekte. Claus und ich machten Kurztrips nach Paris, Amsterdam und Andalusien. Das ging natürlich ins Geld. Um mir Reisen zu finanzieren, bot ich dann Goethe-Instituten in ganz Europa Vorträge über Setdesign an. Das Institut in Krakau reagierte am schnellsten.

Als Honorar handelte ich den Flug und vier Tage Hotel aus. Den Aufpreis fürs Doppelzimmer zahlten wir selbst.

»Dann will ich aber auch nach Auschwitz«, sagte Claus. »Das ist nur fünfzig Kilometer entfernt.«

Das Partnerhotel des Goethe-Instituts war ausgebucht, also wurden wir zum Hotel Alef gebracht, das sich in einer ehemaligen Synagoge befand. Die Wände waren in kräftigem Grün gestrichen, im Salon gab es ausgetretene Teppiche und Biedermeiersofas und Stühle verschiedenster Dekaden, die um ovale Nussbaumtische herumstanden. Kunst bis an die Decke, dazwischen ein Foto von Prince Charles, der sich ins Gästebuch einträgt. Der junge Kerl an der Rezeption trug Holzfällerhemd und Hipsterbart. Er sprach kein Englisch, was ich ihm als echte Chuzpe auslegte.

Die Straße runter, zwischen Wawelburg und dem pittoresken Teil der Altstadt bekam Claus endlich sein Bier, und es war so heiß, dass selbst ich eines trank, aus einem wabenförmigen Glashumpen. Zwischen alten Bäumen stand eine fette Litfaßsäule mit spitzem Dach; ein neongelbes Plakat warb mit Tagestouren nach Auschwitz-Birkenau und zur Wielisczka Salt Mine, *all included.*

Der kleine Bus hielt vorm Hotel. Die Fahrt ging fünfundvierzig Minuten durch Landschaft, die mich an Deutschland erinnerte, aber ein Deutschland, wie ich es lange nicht mehr gesehen hatte: eine Landschaft zwischen Stadt und Land, Bäume, Wiesen, ein paar Einfamilienhäuser, ungemähtes Gras. Nach einer ganzen Weile stand auch Oświęcim auf den Schildern. Trzebina, Chrzánow, Oświęcim, Byrún.

Und dann nur noch Oświęcim. Nicht die deutsche Bezeichnung, wofür ich dankbar war. Kurze Übung: sich vorstellen, Oświęcim sei einfach der kleine Ort, als der er sich hier ankündigte, mit Parkplatz, Supermarkt und Kreisverkehr, mit Menschen, die hier wohnen, einkaufen, zur Arbeit fahren, mit Helm auf dem Mofa, mit Einkaufstüte auf dem Fahrrad, auf dem Weg zur Schule, und Oświęcim sei für sie etwas anderes als für den Rest der Welt, nämlich einfach das Heimatdorf.

Am Anfang sprachen wir noch, Claus und ich, etwa über das Tor mit dem Schriftzug *Arbeit macht frei*, durch das jeder musste, damals und heute. Es war viel zierlicher als in unserer Vorstellung. Drei junge Engländer mit Rucksäcken fotografierten sich feixend davor, meinen strafenden Blick bemerkten sie nicht. Unsere Gruppenleiterin hieß Renata, blond, in unserem Alter, sie sprach ein perfektes, achtsames Lehrbuchdeutsch, ganz ohne die zeitgenössischen Schludrigkeiten, die jeder übernimmt, der mal eine Zeit vor Ort gewesen ist. Als ich ihr ein Kompliment machte, sagte sie, sie habe die Sprache studiert, sei aber nie in Deutschland gewesen. Ruhig und eindringlich erzählte sie von der Organisation, den Abläufen, dem konkreten Alltag der Häftlinge. Ich bewunderte ihre Art zu sprechen: ohne Pathos, ohne Klage, aber mit großem Mitgefühl.

Ich hatte mich immer gefragt, was ich empfinden würde an diesem Ort. Oder genauer: was für Gefühle kommen und ob ich sie aushalten würde. Claus sagt manchmal, es sei bekannt, dass ich ein Herz aus Stein hätte und Gefühle nicht zu mir durchdrängen. Ein bescheuerter Vorwurf, denke ich jedes Mal, aber ich wusste: An diesem Tag würde er mich treffen. Als ich dann da war, auf dem trockenen Gelände, zwischen Brachland, Baracken und Menschengruppen, die ihren Gruppenleitern zuhörten, mit Fetzen unterschiedlicher Sprachen, die zu uns drangen, merkte ich: Es ging. Ich sperrte die Augen auf, die Ohren, schob mich entlang der Absperrungen, im Tempo der Gruppe; die anderen Menschen störten mich nicht. Nur ein paar Mal wies Claus mich leise auf etwas hin oder ich ihn; die meiste Zeit verzichteten wir auf Austausch, sogar Blickkontakt, mit anderen Menschen sowieso.

Überraschenderweise dachte ich immer wieder: Gott sei Dank bin ich hier, Gott sei Dank sehe ich das alles. *Es ist wichtig, dass ich hier bin, hier gewesen zu sein, ich muss es allen sagen.*

Und dann kam die Sache mit dem Eisenbahnwaggon. Unsere Gruppe hatte sich nach einer kurzen Busfahrt von Auschwitz I nach Birkenau, also Auschwitz II, an diesem Waggon gesammelt; ich stand recht weit vorne, ich wollte keines von Renatas Worten verpassen; während sie noch auf die letzten Nachzügler wartete und Claus hinter mir seinen Fotoapparat herauskramte, schaute ich mir den Waggon an, an dem wir standen. Ein Güterwaggon auf Schienen, mit ausgewaschenem rotem Bretterverschlag und eisernen Rädern. Kieselsteine unterschiedlicher Größe waren auf den umlaufenden Rahmen und den Halterungen der Räder abgelegt; sie lagen da wie auf einem jüdischen Friedhof. Es waren so viele, dass kaum noch Platz für neue war, manchmal lagen zwei oder drei kleine auf einem größeren Stein, und jeder von ihnen schien sorgsam dort hingelegt; es hatte etwas Tröstliches, dass so viele Menschen hier gewesen waren und etwas hinterlassen hatten, das ihr Mitgefühl und ihre Trauer in sich trug.

Von den Steinen ging mein Blick weiter zu den eisernen Wagenrädern, den großen, ineinander verwachsenen Schrauben und Schraubenmuttern, den Zapfen, der gerillten, sich zu den Seiten verjüngenden Radaufhängung. Dann wanderte er tiefer,

zur Felge, zur Achskappe, auf die Buchstaben, die dort eingeprägt waren. Sie waren so groß, dass ich sie lesen konnte, ohne
mich zu ihnen hinunterzubeugen, und es war seltsam surreal,
dort ein Wort zu lesen, das ich schon unzählige Male in meinem
Leben gelesen hatte. Ein Wort, das so sehr zu mir gehörte wie
mein Name: *Mülheim-Ruhr.*

»Da steht ›Mülheim-Ruhr‹ auf dem Waggon«, rief ich spontan aus, »Mülheim-Ruhr, da komme ich her!« Meine erstaunte
Begeisterung entsprach jener, mit der manche Leute reflexhaft
aufschreien, wenn sie in einem Urlaubsland plötzlich ein Auto
mit dem Kennzeichen ihrer Heimatstadt überholen. Ich guckte
also Renata an, die bereits wieder mit ihrer Ansprache begonnen hatte und nun innehielt, und dann Claus, als erwartete ich
Zuspruch oder Lob. »Ich komme nämlich aus Mülheim«, murmelte ich noch schnell hinterher, während mich schon diffu-
se Scham überkam, und Renatas große, graue Augen prägten
sich in mich ein; sie guckte mich ernst an, ohne Vorwurf, ohne
Erstaunen. Sie guckte mich einfach nur an, auch wenn Claus
später behauptete, sie habe mich völlig entgeistert angesehen.

Zur Gruppe gewandt, fuhr sie fort, den Unterschied zwischen
Auschwitz I und Auschwitz II zu erläutern. Auschwitz II ist Birkenau. Es war ihr wichtig, dass wir den Unterschied verstanden:
Auschwitz II war kein Arbeitslager, es war ein Vernichtungslager. Ein Lager, das nur den Zweck hatte, Menschen zu ermor-
den. Und als hätte sie gespürt, dass die Bedeutung dieser Worte
noch nicht ganz zu mir durchgedrungen war, wiederholte sie
noch einmal, eindringlich und leise: Es war kein Arbeitslager.
Es war ein Vernichtungslager.

»Und von allen Worten dieser Welt«, sagte ich, als wir in dieser Nacht im Bett lagen und ich wusste, dass auch Claus noch
nicht schlief, »von allen Worten, die in das Eisenrad des Waggons hätten eingeprägt sein können, stand da ausgerechnet

Mülheim.« Claus sagte, wenn er in Auschwitz plötzlich *Ahaus* lesen würde, also den Namen der Stadt, aus der er kommt, würde ihn das völlig fertigmachen.

Gut, aber Christel und Günther sind erst Ende der fünfziger Jahre nach Mülheim gekommen, gab ich zu bedenken. Vorher hatte es überhaupt keine Verbindung meiner Familie zu dieser Stadt gegeben. Und selbst der Waggon, das hatte ich mittlerweile recherchiert, musste lange vor diesen Transporten gebaut worden sein, denn außer »Mülheim-Ruhr« stand da noch »Wilhelms-Hütte«, und die war mit zwei anderen Hütten bereits 1933 in die Deutsche Eisenwerke AG umgewandelt worden, er war also zumindest nicht zu dem Zweck gebaut worden, Menschen in den Tod zu transportieren. Die letzten Worte kamen nur noch etwas gemurmelt heraus, weil mir bewusst wurde, dass ich gerade einen Waggon in Schutz nahm.

»Was hat Auschwitz eigentlich mit Günther und deinem Buch zu tun?«, sagte Claus noch. »Hast du rausgefunden, dass er doch an Zyklon B oder so geforscht hat?«

Ich ignorierte die Provokation und begann noch einmal von vorne: »Also. Auf dem Parkplatz vor dem Lager stand dieser Güterwaggon ...«

Unverständnis bei Claus: »Warum sagst du, der Waggon habe auf dem Parkplatz vor dem Lager gestanden?«

»Na, da stand er doch. Und im Hintergrund war das lange Gebäude mit dem Turm, das man von den Fotos kennt.«

»Der Waggon stand mitten im Lager. Wieso sollte er draußen stehen?«

Das wusste ich auch nicht. Es kam mir selbst komisch vor, aber ich erinnerte es so. Claus schwankte zwischen Verwunderung und Empörung. Es sei unglaublich, dass ich sagte, der Waggon habe außerhalb des Geländes gestanden. Ich sei eine Verdrängerin, Verkorkserin, eine Verdreherin von Tatsachen, die, wenn auch nicht aus böser Absicht, aber vielleicht doch ein bisschen, die Geschichte umschreibe, die den Mülheimer Waggon einfach rausschreiben wolle aus Auschwitz!

Google Earth gab ihm dann recht; der Waggon steht mitten auf dem Gelände. Es ist nur ein einziger Waggon, der als Erinnerungsstück auf die ansonsten leeren Schienen gestellt wurde. Er wirkt lächerlich winzig in diesem weiten, baumlosen, von den Rechtecken der Baracken gegliederten Areal.

Los Angeles. Halbschatten auf der Terrasse, Eiswasser im zerkratzten Plastikglas. Keine Musik heute, weil Ruth und Cooney nicht da sind und ich mich nicht an Cooneys Musikanlage zu schaffen machen möchte. Es ist ein heißer Tag, irgendwie bewegungslos, bis auf das Hitzeflimmern und die Golfspieler auf der anderen Seite des Tals.

Mir fällt ein, dass ich mit Geo mal über Auschwitz gesprochen hatte. Das muss Mitte der Achtziger gewesen sein, denn zunächst war es um Warschau gegangen; Günther war von der Polnischen Biologischen Gesellschaft geehrt worden, und meine Eltern hatten ihn und Christel mit dem Auto hingefahren.

»Warschau ist ja von den Deutschen restlos plattgebombt worden«, hatte Geo damals gesagt. »Die gesamte Stadt. Einfach plattgemacht. Flächendeckend.« Das sei ihm bei der Reise nach Warschau auf Schritt und Tritt bewusst gewesen, dass dort praktisch kein Stein mehr auf dem anderen gestanden hatte. Sie seien von einer wissenschaftlichen Delegation ins Stadtzentrum geführt worden, das liebevoll wiederaufgebaut worden war. Das Café, in das sie dann einkehrten, habe so ausgesehen, als sei es zur Zeit des Jugendstils errichtet worden. In Wirklichkeit war es vielleicht zehn Jahre zuvor rekonstruiert worden.

»In diesem Café wurde uns dann angeboten, dass man eine Reise nach Auschwitz organisieren könne.«

Geo machte eine seiner Pausen, bei denen ich nie weiß, ob er ganz nah ist oder in einer anderen Galaxie. »Und bei diesem Stichwort passierte es plötzlich, dass ich anfing zu weinen. Mir liefen einfach plötzlich Tränen über die Wangen. Das hat aber keiner gemerkt. Keiner außer Christel, die mir nämlich gegenübergesessen hat und die sagte: *Oh, hast du auf ein Pfefferkorn gebissen.*«

»War das ihre Art, die Situation zu retten?«

»Nein, sie hat es einfach nicht verstanden.«

»Und was hast du gesagt?«

»Ich bin aufgestanden und aufs Klo gegangen. Danach habe ich die Sache nicht weiterverfolgt. Für mich war jedenfalls klar, dass ich mich dem nicht in einer Art Touristengruppe aussetzen würde.«

Ich schreibe Geo eine E-Mail, ob er sich daran erinnere. In Deutschland ist es jetzt Nacht, aber er antwortet nach wenigen Minuten: Es gebe ein paar Dinge, über die er nicht reden wolle. Nicht, dass es für ihn unmöglich wäre, aber er habe früh in seinem Leben die Erfahrung gemacht, dass wichtige Dinge zerredet werden können. Je wichtiger, desto mehr.

Zerredet, das hört sich brutal an. Wie zermahlen. Es erinnert mich an ein Hörspiel von Heiner Goebbels, in dem es um den Genozid an den Indianern geht.

Wenig später ertönt das Brummgeräusch, das einen Facetime-Anruf ankündigt. Ich sehe Geo vor dunklem Hintergrund, das Gesicht nur von dem bläulichen Schimmer seines Computers beleuchtet. Er will sicherstellen, dass ich ihn richtig verstehe: Seine Scheu, über bestimmte Dinge zu sprechen, sei nicht als Kritik an mir als Gesprächspartner zu verstehen. Und dann sagt er, er habe nie mit seinen Eltern über Auschwitz geredet. Es sei nicht nötig gewesen, denn er wusste ja alles darüber, was man wissen konnte, durch die Dokumentationen der Amerikaner. Die hätten ja alles dokumentiert, weil sie dachten, das glaube ihnen sonst keiner.

»Und wo hast du diese Dokumentationen gesehen?«

»Es gab ja schon Fernsehen. Wenn auch schwarz-weiß.«

»Hast du allein geguckt? Mit deinen Geschwistern? Oder mit Christel?«

»Nein. Vielleicht war das in der Bismarckstraße. Oder noch früher, in Göttingen. Ich habe mit meinen Eltern nicht darüber geredet, weil es nichts zu reden gab. Aber man nimmt ja als Kind trotzdem die Dinge auf. Du kennst den Ausdruck, etwas ›bis zur Vergasung‹ tun?«

»Ja.«

»Du weißt, dass das ja ein Uraltausdruck ist, der von dem physikalischen Prozess des Vergasens abgeleitet ist?«

»Ja.«

»Als ich ein Kind war, war es durchaus üblich, das zu sagen. Jemand, der es häufiger sagte, war zum Beispiel meine Mutter.«

»Okay.«

»Dann kamen die Dokumentationen, und man bekam mit, was Vergasung bedeutete. Und dann wurde es nicht mehr gesagt.«

Erneut frage ich mich, was in Günther vorging, als nach und nach die Tatsachen des Holocaust ins öffentliche Bewusstsein vordrangen. Was hat er darüber gedacht? Hat es ihn dazu bewogen, die eigene Geschichte in der Nazizeit zu hinterfragen? Oder war er zu hundert Prozent davon überzeugt, dass er nicht anders hätte handeln können, als »mitzulaufen«? Kamen ihm manchmal Zweifel, vielleicht wenn er von Leuten hörte wie Luwis Vater, der auf seine Karriere als Richter verzichtete und stattdessen im Sauerland Straßen baute, weil es für ihn undenkbar war, in die Partei einzutreten? Oder waren die vergraben unter dem Gefühl, dass ihm selber genug Unrecht widerfahren war? Dass die Nicht-Dabeigewesenen die Dabeigewesenen niemals wirklich verstehen könnten? Vermied er es, ähnlich wie Geo, wichtige Dinge zu zerreden? In persönlichen Dingen war Günther durchaus verschlossen, das habe ich mittlerweile mitgekriegt. Die Symptome seiner Krankheit behielt er, so gut es ging, für sich; die Ziegler-Geschichte, die ihn tief verletzt hat, thematisierte er kaum. Wie war das, wenn nicht er das Opfer war, sondern andere? Wie tief hat er da mitgefühlt?

Versuch, mir meinen Großvater weinend vorzustellen. Wie er vorm Fernseher sitzt und ihm Tränen über die Wangen laufen. Der Versuch glückt.

Versuch, mir meinen Großvater desinteressiert vorzustellen, sich vom Fernseher abwendend, seiner Arbeit zu. Der Versuch glückt ebenfalls.

Versuch, mir Heiners Vater vorzustellen, wie ihm und anderen Verurteilten die Dokumentationen der Amerikaner gezeigt werden. War er einer von denen, die sich die Hände vors Gesicht gehalten haben, die geweint haben, oder einer von denen, die versteinert dasaßen?

Worin besteht der Unterschied? Woher weiß ich, dass einer, der wie versteinert dasitzt, weniger empfindet als einer, der laut weint? Ist der, der laut schluchzt, am Ende vielleicht der bessere Schauspieler?

Mein Kopf sagt mir, ich sollte an das Manipulative von Bildern gewöhnt sein, trotzdem wünsche ich mir immer noch diese Bilder, die zeigen, dass das Leid gesehen und anerkannt wird.

Dinner Party bei Carol Eliel, Ruth' Schwester, und ihrem Mann Tom Muller, die ebenfalls in einem architektonisch spektakulären Haus wohnen, gebaut in den zwanziger Jahren von Lloyd Wright, dem Sohn von Frank Lloyd Wright. Es liegt an einem besonders steilen und steinigen Hang der Hollywood Hills und ist von der Straße aus über einhundertsiebenundsiebzig Stufen zu erreichen oder über einen Lift, den sich Carol und Tom mit einigen Nachbarn teilen. Das Haus schmiegt sich in geometrischer Verschachtelung an den Berg; innen verteilt sich das Tageslicht gleichmäßig auf die Räume; eierschalenfarbene Stuckfriese, die an indianische Muster erinnern, führen über Kamin und Wände.

Carol ist Kuratorin am L. A. County Museum of Art, Tom ist Senior Partner einer großen Anwaltskanzlei. Passend zu ihren Metiers scheinen alle Anwesenden entweder Kunsthistoriker oder Juristen zu sein. Einer der Juristen – mit seinem schwarzen Lockenkopf und dem Seemannshemd hatte ich ihn zunächst für einen Künstler gehalten – erzählt, dass er gerade aus dem San-Quentin-Gefängnis komme, wo er als Gast an einer Gruppensession mit Mördern teilgenommen habe. Leiter dieser Gruppe sei ein charismatischer holländischer Psychotherapeut namens Jacques Verduin gewesen, der sich der Konfrontation von Tätern und Opfern verschrieben habe. Er führe damit das Werk seines Vaters fort, der in einem deutschen Konzentrationslager gewesen war und später die Auseinandersetzung mit seinem Lageraufseher suchte und fand. Es gehe heute sehr darum, sagt der Jurist, eine Beziehung zwischen Tätern und Opfern herzustellen. Ein Beispiel ist Ruanda. Auf seinem iPad zeigt er mir eine Fotostrecke, die im *New York Times Magazine* erschienen war. Es sind Bilder ungleicher Paare: ältere Frauen und junge Männer. Die Frauen haben keine Familie mehr, nur noch den Mörder ihrer Familie, der sich nun um sie kümmert. Es gibt ein Wort dafür, lerne ich: *restorative justice*.

Auf dem Rückweg, eingezwängt auf den Rücksitz von Ruth'

BMW Cabrio, denke ich über dieses Wort nach. Restaurative Justiz könnte es heißen. Wiederherstellende Gerechtigkeit.

Auf dem Flug zurück nach Deutschland sitzt schräg vor mir ein alter orthodoxer Jude. Er trägt einen schwarzen Anzug, einen langen grauen Bart, eine Kippa. Er ist der älteste Mensch, den ich je in einem Flugzeug gesehen habe, ich schätze ihn auf Ende achtzig. Er liest nicht und guckt keinen Film. Er schläft auch nicht. Er wirkt gesund und neugierig, wie er so durch die Gegend blickt von seinem Platz aus. Wann immer es geht, verwickelt er die Stewardess in ein kleines Gespräch, und meistens lachen beide. Fast bin ich ein wenig neidisch, ich würde auch gern mit ihm reden.

Ich überlege, wie ich es anstellen soll.

Wenig später ist er von seinem Platz aufgestanden und steht vor mir. Er deutet auf meinen Computer und macht mit den Fingern pantomimische Tipp-Bewegungen. Ob ich denn die ganze Zeit über schreibe? Seine Tochter würde auch immer schreiben. Ich stehe auf, um besser mit ihm sprechen zu können. Was er in Deutschland vorhabe? Er besucht seinen dreiundneunzigjährigen Bruder, der in Düsseldorf lebt. Nun schon zum vierten Mal. Ich frage, wie es für ihn ist, in Deutschland zu sein. Er mag es. Die Leute sind sehr respektvoll, sehr freundlich. Er fragt, was ich schreibe, ob ich etwa ein Buch schreibe. Ich sage, es soll ein Buch über meinen Großvater werden. Der kein Nazi war, aber sich irgendwie mit dem System arrangiert hat. Er nickt, scheint sich seinen Teil zu denken; ich hoffe, dass er mich etwas fragt, aber er sagt nur, seine Tochter habe auch ein Buch geschrieben und jetzt schreibe sie für eine Wochenzeitung, die immer mittwochs in Brooklyn und Israel erscheint. Mit unübersehbarem Stolz fügt er hinzu, sein Enkel arbeite nun bei derselben Zeitung als Korrekturleser!

Fast habe ich den Eindruck, die Vergangenheit interessiere ihn nicht so. Aber als ich frage, woher er kommt, erzählt er mir seine Geschichte. Er fängt damit an, dass er vier Jahre lang im Konzentrationslager war. *In the camps.* Er habe dort im Bergbau gearbeitet. »Als ich rauskam, waren meine Hände wie Eisen.« Er lächelt und hält seine schmalen Hände so, dass ich sie sehen kann, umfasst sie, als würde er dem Eisen von damals nachspüren. Nach der Befreiung sei er vier weitere Jahre in einem Lager in Wien gewesen, bis er ein Visum für Amerika bekam. Seine Brüder waren da schon weggegangen, einer nach Israel, einer nach Argentinien und einer nach Schweden.

»Nach Israel hätte ich sofort gehen können. Aber das wollte ich nicht.«

»Warum nicht?«

»Ich habe immer das gemacht, was mein Vater mir sagte. Und der sagte mir, bevor er starb: Geh nicht nach Israel. Geh nach Amerika.«

Sie waren vier Brüder aus Siebenbürgen, dem deutschsprachigen Teil von Rumänien. (Er zählt die Sprachen auf, die er spricht, auch Deutsch zählt dazu, aber bis auf ein paar Worte bleibt er bei Englisch.) Der Vater war Textilhändler. Sie lebten in der Stadt Cernavodă an der Donau. Mit viereinhalb Jahren habe er zum ersten Mal nachgedacht.

»Da hatte meine Mutter mir und meinem Bruder, als wir am großen Schrank im Schlafzimmer standen, ihren Diamantring gezeigt, den sie an der Hand trug. Und gesagt, dass unser Vater ihr diesen Ring zur Verlobung geschenkt habe. Dabei hat ihr Gesicht so gestrahlt, unglaublich.«

Ein intensives, glückliches Strahlen geht über sein Gesicht, und auch als er wieder ernst wird, bleibt etwas davon zurück. Er fährt fort, dass er ab diesem Moment das Leben bewusst wahrgenommen habe. Und weil er es so bewusst wahrgenommen habe, könne er auch sagen: In den acht Jahren, bis seine Mutter dann im Lager gestorben sei, habe er nie ein unfreundliches Wort zwischen seinem Vater und seiner Mutter gehört.

Die Zugfahrt zum ersten Camp dauerte drei Tage. Die ganze Familie war zusammen. Als sie ausstiegen, stand ein SS-Mann an der Rampe. Um den SS-Mann nachzumachen, streckt er die Brust raus und plustert sich auf, indem er die Arme von seinem Körper forthält. Seine Darbietung im Flugzeuggang ist überzeugend, verblüfft stelle ich fest, wie transparent die äußere Hülle wird, wenn das Dargestellte für einen Moment übernimmt.

»Meine Mutter war immer ganz ruhig«, erzählt er, »auch während der Fahrt in dem Viehwaggon. Aber als wir da rausgingen, sah sie, dass der SS-Mann eine Schale hatte, in die man den Schmuck legen musste. Da hat sie furchtbar angefangen zu schreien und hat sich geweigert, den Ring abzunehmen. Der SS-Mann hat gesagt, wenn sie sich weigert, wird ihr die Hand abgehackt.«

Wieder spricht er mit den Händen: Die Handkante der oberen Hand trifft im rechten Winkel das Gelenk der anderen Hand. Auch wenn diese Geste einen brutalen Vorgang beschreibt, sie wirkt sanft und kontrolliert wie eine Figur aus dem Tai-Chi.

»Da hat mein Vater zu ihr gesagt: ›Gib ihm den Ring. Wenn die Welt die Welt bleibt, die wir kennen, kaufe ich dir einen neuen Ring.‹ Sie hat den Ring abgegeben und war wieder ruhig.«

Zwei Jahre später, als er zwölf war, ist seine Mutter dann gestorben. »Sie hat gespürt, dass sie stirbt, und hat es uns kurz vorher gesagt. Zu der Zeit waren die Männer schon von den Frauen getrennt worden. Meine Mutter war also in einem anderen Trakt. Irgendwie hat sie es aber geschafft, in der Nacht zu uns zu kommen, um es uns zu sagen. Sie hat gesagt, der Herr will, dass ich gehe, also gehe ich. Sie hat auch gesagt, dass sie weiß, dass alle ihre vier Söhne gerettet werden. Nur eins machte sie traurig: ›Wenn ihr gerettet seid und wieder mit den anderen Kindern im Hof spielt, dann werden die anderen Kinder irgendwann von ihren Müttern ins Haus gerufen. Was wird dann mit euch sein, die ihr keine Mutter mehr habt, die euch ruft?‹«

Der alte Mann schüttelt den Kopf. Sein Lächeln ist immer noch da, aber seine Augen glänzen mehr als noch einen Moment zuvor. »Sie war zweiundvierzig Jahre alt.«

Seine Mutter sei witzig gewesen und gebildet, erzählt er. »Eine Gräfin, die in derselben Stadt wohnte und manchmal mit der Kutsche vorbeifuhr, hielt immer an, wenn sie meine Mutter auf der Straße sah, und nahm sie in der Kutsche mit, weil sie sich so gern mit ihr unterhielt.«

Sicher eine halbe Stunde lang stehen wir im Gang des Flugzeuges, während die anderen Passagiere dösen oder Filme gucken. Er erzählt, dass er die Schule nachgeholt und dann Religionswissenschaften studiert habe; er wurde schließlich sogar der Direktor der Rabbinerschule, die er selber besucht hatte, nachdem er von Wien nach Brooklyn gekommen war. »Nur einmal im Jahr ist es schwer für mich«, sagt er. »Um den Todestag meiner Mutter herum. Dann kann ich drei Nächte lang nicht schlafen.«

Zum Schluss gebe ich ihm meine Karte. Er liest, dass ich einen jüdischen Vornamen habe. Diese Entdeckung lässt sein großes Lächeln ein weiteres Mal erstrahlen.

Wie er heißt, weiß ich nicht. Ich sehe ihn nur noch einmal, auf der Treppe in Richtung Gepäckband, wo er sein Handgepäck hinter sich über die Stufen nach oben zieht und ich mich frage, warum ihm keiner der männlichen Fluggäste Hilfe anbietet. Andererseits, er wirkt durchaus kräftig.

8

Die letzten fünfhundert Jahre

Ein Spielplatz am Waldrand, Mitte der achtziger Jahre. Ein paar Jugendliche mit Zigaretten. Ans kalte Eisen der Turnstange gelehnt, in Jeans und lila Sweatshirt: ich. Das Wort hat Titus, er trägt sein Selbstbewusstsein wie ein zu großes Sakko. Ich betrachte seine schöne große Nase, während er in einem Nebensatz fallen lässt, dass ein Onkel von ihm Graf Soundso heißt. Ihr seid also adelig, sage ich. Er nickt. Ich fühle mich bemüßigt, beizutragen, dass »wir« auch mal von Schenck geheißen haben. Titus' Blick streift mich, und ich wundere mich über die feine Änderung im Mikroklima, die meine Aussage bewirkt hat. Die Pause, die entstanden ist, soll mir Gelegenheit zu weiteren Erklärungen geben. Also packe ich aus und erzähle die Geschichte ungefähr so, wie ich sie irgendwann einmal erzählt bekommen habe: »Und zwar gab es zwei Schencks, die Brüder waren und gegeneinander gekämpft haben, während der Bauernkrieg ...«

»Die Bauernkriege!« Titus verdreht die Augen. »Die sind doch ewig her.«

»Der eine auf der Seite der Adligen«, fahre ich tapfer fort, »der andere auf der Seite der Bauern. Und der gab natürlich seinen Adelstitel ab.«

»Und du stammst natürlich ausgerechnet von dem ab.«

Grinsen, Feixen, Pluspunkt geht flöten. Auf dem Rückweg grübele ich über die Antwort, die ich geistesgegenwärtig hätte geben sollen: »Klar sind die Bauernkriege ewig her – wir sind nämlich Uradel!« Aber so ist das mit der Schlagfertigkeit. Und jetzt muss ich erst mal in Erfahrung bringen, in welchem Jahrhundert die Bauernkriege stattgefunden haben.

Geo hatte unseren Vorfahren als Idealisten dargestellt, doch als ich ihn jetzt darauf anspreche, weiß er nichts mehr davon. »Na ja, das möchten wir vielleicht denken«, sagt er. »Es könnte auch einfach ein fieser Opportunist gewesen sein, der gedacht hat, die Bauern gewinnen, und sich schnell auf die richtige Seite schlagen wollte.« Unterhaltung beendet.

Auf jeden Fall stammten in meiner Vorstellung alle Schencks der Welt von diesem Bruder ab und alle von Schencks von dem anderen. Im Telefonbuch hatte ich mal nachgeschaut und ungefähr acht Schencks allein in Mülheim gefunden. Die Schreibweise war natürlich entscheidend; Schenks mit einfachem »k«, von denen es wesentlich mehr gab, galten nicht, und in der Schule verbat ich es mir, mit dem Äppelwoi schwenkenden Fernsehunterhalter Heinz Schenk in Verbindung gebracht zu werden. Wirklich beschäftigt hatte mich die Familiengeschichte nie – eigentlich erst, nachdem ich begann, Günthers Leben von seiner Herkunft her aufzurollen, bei seinen Eltern guckte, bei seinen Großeltern, und die Spuren weiter zurück in die Vergangenheit führten, tatsächlich bis in die Zeit der Bauernkriege und davor. Ich stieß auf adelige und nichtadelige Schencks – wann allerdings den einen der Adelstitel abhandenkam und wer die beiden einander bekämpfenden Brüder aus der Familienmythologie waren, lässt sich nicht ganz aufklären.

Der Deutsche Bauernkrieg ereignete sich einige Jahre, nachdem Martin Luther seine fünfundneunzig Thesen 1517 an die Tür der Wittenberger Kirche angeschlagen hatte; im gleichen Jahrhundert, in dem Kopernikus die Sonne als Zentrum des Universums behauptete und Adam Ries das moderne Rechnen unter die Leute brachte, indem er die lateinischen Zahlen durch arabische ersetzte. Cervantes schickte seinen Ritter von der traurigen Gestalt gegen die Windmühlen, Cortés zerstörte die Aztekenstadt Tenochtitlán. Deutschland bestand aus zig Fürstentümern. Und Georg Schenck, genannt Jörg, war Kanonikus der Stiftskirche St. Peter zu Wimpfen. Dies war, obwohl er sicher auch regelmäßig Gebete sprach, eine recht weltliche Angelegenheit: Er war verheiratet, hatte Kinder, sein Job war eigentlich der eines Vermögensverwalters. Speziell verwaltete er die Häuser, Weinberge und anderen Werte, die alte Witwen und sonstige Personen, die etwas für ihr Seelenheil tun wollten, dem St.-Kilians-Altar hinterließen. Jörg kam aus recht wohlhabendem Haus; wie aus dem Archiv der Stadt Wimpfen hervorgeht, hatte sein Vater einige Immobilien in der Gegend erworben, unter anderem ein »Hofgütlein«, dessen Wert einem Viertel des Werts des gesamten Dorfes entsprach. Fest steht auch, dass dieser Zweig der Familie bereits einen bürgerlichen Namen führte.

Jörg, geboren 1470, hatte studiert. An der Universität Heidelberg war er als Georgius Schenck de Wimpina eingeschrieben gewesen und hatte das Grundstudium an der »Artistenfakultät« absolviert, an der die *Sieben Freien Künste* gelehrt wurden, die als Vorbereitung für Theologie, Jurisprudenz und Medizin galten. Jurisprudenz interessierte ihn am meisten, denn die Juristerei gewann zu dieser Zeit gerade an Bedeutung: 1495, nur wenige Jahre nach Jörg Schencks Baccalaureat, wurde das Reichskammergericht geschaffen, eine vom damaligen König und späteren Kaiser Maximilian eingeführte Neuerung, die endlich ein geregeltes Streitverfahren schaffen sollte, um Gewalt, Fehden und Selbstjustiz einzudämmen.

Jörg hatte an der Uni einen Kommilitonen gleichen Vornamens, der, wie bei Jörg selbst, in mehreren Variationen vorkam. Georgius, Jörg, Jeorius oder gar Jorio. Vielleicht kam er aus Helmstadt, vielleicht war er auch ein Sprössling des Adelsgeschlechts von Helmstatt. Auf jeden Fall, so berichtet Geo per Mail, war er ein verrückter Luftikus, der so gute Finanzen im Rücken hatte, dass er vier Jahre lang studieren konnte oder sogar mehr, alle möglichen Fächer, quer durch die Bank. Folgt man den Forschungsergebnissen von Historikern und der Darstellung der Uni Heidelberg selbst, so war es dieser ungewöhnliche Student, der später als Zauberer, Berater und Sterngucker Dr. Faustus (lateinisch »der Glückliche«) durch die Lande tingelte, bis er in einem Gasthaus beim Hantieren mit Chemikalien eine Explosion verursachte und starb. Was später immer wieder in der Literatur verarbeitet wurde.

Mein Vorfahr soll Faust gekannt haben? Ich kann es nicht fassen! *Habe nun, Ach! Philosophie, Juristerei und Medizin, und leider auch Theologie, durchaus studiert mit heißem Bemühen …*

Fällt mir jetzt wirklich nur dieser eine, meistzitierte Satz ein? Dabei war ich doch mal so begeistert vom *Faust*, der irgendwie für mich auch mit der Bismarckstraße verknüpft ist. Christel hat immer wieder daraus zitiert, überhaupt Goethe. Geo hat mal erzählt, er habe seinen Vater für literarisch nicht besonders beschlagen gehalten, bis Günther ihn mit einer umfassenden Interpretation des *Faust II* – vorgetragen beim Rasieren im Bad – überraschte, den er als Zukunftsvision deutete.

Ich stehe vorm Bücherregal, hoffend, dass meine alte weiße Taschenbuchausgabe noch da ist, sicher habe ich sie nicht weggetan, denke ich sorgenvoll, als ich sie unter G nicht finde, und bin dann gerührt und erleichtert, das Buch, das kleiner und schlanker ist als in meiner Erinnerung, in einem anderen Regal vorzufinden und in ihm all meine Notizen aus dem Deutsch-Leistungskurs. Mein Blick bleibt hängen bei den mit grünem Kugelschreiber geschriebenen, per Pfeil einem bestimmten Vers zugewiesenen Worten:

Vorfahren. (Entgrenzung zw. Tod + Leben) kann nur durch M.
auf diese Höhen gelangen.

M = Mephisto, ergänze ich gedanklich, und der Hauch eines Schauers läuft mir über den Rücken, bei dieser Handreichung meiner jüngeren Persona, die aus der willkürlich aufgeschlagenen Buchseite plötzlich zu mir spricht. Der von mir als Schülerin unterstrichene Vers spricht von Felsenwänden, wo »aus dem feuchten Busch der Vorwelt« silbrige Gestalten aufschweben ...

Sollte die Geschichte so stimmen: Was mag Jörg Schenck wohl von seinem exzentrischen Kommilitonen gehalten haben? Dass sie sich zumindest kannten, ist gut denkbar; sie waren ungefähr gleichaltrig, und die Universität Heidelberg war damals winzig. Besonders ähnlich waren sie sich sicher nicht. Nach dem, was aus Jörgs Lebenslauf zu erkennen ist, war ihm das *Faustische,* das Grenzüberschreitende eher nicht gegeben. Er war ein Pragmatiker und studierte mit ganz klaren Zielen. Er wollte Geld verdienen, und das gelang ihm offenbar auch, als Gutsbesitzer und als eine Art juristisch-kaufmännischer Berater. Sobald er genug Geld beiseitegelegt hatte, ging er noch mal für ein Jahr an die Universität und studierte das Kirchenrecht. Mit dieser Zusatzqualifikation hatte er reelle Chancen, einer der sechs nichtadeligen Kanoniker von St. Peter zu werden, was sogar noch eine bessere Stellung war als Ratsherr. Die Stiftskirche St. Peter befand sich im Tal der damals gerade noch wichtigen Reichsstadt Wimpfen, in einer weiten Schleife des Neckars zwischen Stuttgart und Heidelberg. Es handelte sich um einen beschaulichen Arbeitsplatz mit dreischiffiger gotischer Kirche und schönem Kreuzgang – und um eine Steueroase. Denn bereits über vierhundert Jahre zuvor hatte Kaiser Otto I. das damals noch kleine Stift und seine Angehörigen von allen Abgaben befreit. In der Zwischenzeit war es gewachsen und hatte sich zu einem der größten Geldhäuser der Region entwickelt.

Besonders durch die Verpachtung von Immobilien, wie sie Jörg verwaltete, wurden beträchtliche Summen erwirtschaftet. Der Pachtzins floss dem Stift »in Form von Geld, Korn, Gänsen, Hühnern oder gar Eiern« zu, wie es in einem Buch von Albrecht Endriss über die religiös-kirchlichen Verhältnisse vor der Reformation heißt. Es muss spektakulär gewesen sein, zweimal im Jahr den zahllosen Fuhrwerken zuzuschauen, die Naturalien ins Stift brachten – das mit seinen riesigen Lagerhäusern, Verwaltungsgebäuden und Weinschenken rund um die Stiftskirche eine Art Stadt in der Stadt geworden war. Der auf den Berg gebauten Stadt Wimpfen war sie ein böser Dorn im Auge; die Städter mussten zusehen, wie das Stift zu ihren Füßen – eine Art Liechtenstein – immer reicher wurde, während ihnen selbst die Einnahmen fehlten. Alle paar Jahrzehnte versuchte die Stadt geltend zu machen, das kaiserliche Dekret sei längst abgelaufen, und als das Reichskammergericht gegründet wurde, sahen sie ihre Chance, endlich juristisch die Oberhand zu gewinnen. Doch einer der Stiftsjuristen präsentierte vor Gericht einen Brief des aktuellen Kaisers, aus dem hervorging, dass dieser das Privileg der Steuerfreiheit für St. Peter rückwirkend verlängert hatte. Zu vermuten ist, dass dem Kaiser von nun an ein Teil der ersparten Steuern zufloss.

Ob es Jörg war oder einer seiner adeligen Kanonikerkollegen, der den Deal mit dem Kaiser machte – auf jeden Fall scheint mein Vorfahr eher den Typus des erfolgreichen, vielleicht sogar gerissenen Kaufmanns verkörpert zu haben. Und er hatte auch Feinde. Ein besonders unangenehmer war ein Mann namens Jakob »Jäcklein« Rohrbach, der sich als ein Anführer im Bauernkrieg einen Namen machen und mit einem Massaker an Ostern 1525 (»Blutostern«) in die Geschichte eingehen sollte. Er hatte einen der von Jörg Schenck verwalteten Gutshöfe gepachtet und war seit mehr als einem Jahr seine Pacht schuldig geblieben.

Jörg, der noch nicht ahnte, mit wem er sich anlegte, schleppte ihn vor Gericht und gewann. Daraufhin stachelte Jakob die durch jahrelange Knechtschaft immer unzufriedener gewordenen Bauern an und rief dazu auf, »die Pfaffen des Stifts zu erwürgen« und ihren Besitz an sich zu bringen. Weil er an den hinter Stift-Mauern verschanzten Jörg nicht herankam, ermordete er einen anderen Schenck, einen entfernten Cousin Jörgs, den Ritter Konrad Schenck von Winterstetten. Der trug zwar noch den adeligen Familiennamen, aber das bedeutete nicht, dass es ihm deshalb besserging. Im Gegenteil: Die Schenck von Winterstetten gehörten zum niederen Adel, der von Generation zu Generation mehr verarmte. Immerhin hatte Konrad noch einen Knecht. Und der wurde gleich mit getötet.

Jörg hatte einige Kinder und viele Enkel, von denen mir nur zum Teil Namen und Lebensdaten bekannt sind; die Ahnenforschung meiner Familie hat sich eher auf die direkte Linie konzentriert, in der sich die Vorfahren sozusagen von Jörg bis zu Günther die Klinke in die Hand gaben. Von Jörgs Sohn Georg kenne ich nur Ämter, in die er vom Wimpfener Stadtrat über die Jahre gewählt wurde: Baumeister, Brotbeseher und Fleischschätzer. Und ich weiß, dass er sich eine teure Grabstätte kaufte, mit der Vorgabe: »in der Kirche oder an der Kirchenmauer«. Georgs Sohn Hanns besaß eine Zinngießerei, in der Kannen, Teller, Becher hergestellt wurden, und er heiratete die Tochter des Bürgermeisters von Heilbronn, weswegen die Familie von nun an dort ansässig war.

Von Balthasar, Jörgs Urenkel, sind wieder mehr Details bekannt: Balthasar wurde Amtmann für das Adelsgeschlecht derer von Gemmingen und residierte mit Frau und drei Kindern im Schloss Lehrensteinsfeld; er trieb die Steuern seines Amtsbezirks ein und sorgte mit einer kleinen bewaffneten Einheit für Recht und Ordnung. Hauptsächlich kümmerte er sich aber um das Weingut. Das Schloss war stattlich, aber auch bodenständig, wie ein französisches Winzer-Chateau: Im Erdgeschoss rollten die Fässer, die Amtmannswohnung dürfte im ersten Stock gewesen sein. Zur Arbeit trug Balthasar vermutlich einen ehrfurchtgebietenden roten Samtrock mit rotem Samtbarett, über alledem die Art von glockigem, offenem Mantel mit weiten Ärmeln und Pelzbesatz, die für begüterte Bürger und die höheren Stände charakteristisch war: eine Schaube. So beschreibt es mir zumindest meine Freundin Bettina, die gerade als Kostümbildnerin einen historischen Film vorbereitet.

Auch Balthasar hat wohl die Sache mit dem verlorenen Adelstitel erzählt bekommen. Und er mühte sich vergeblich, wieder in den Adelsstand erhoben zu werden, denn brauchbare Beweise waren nicht vorhanden. Immerhin war Balthasars Bedürfnis nach gesellschaftlicher Geltung groß genug, dass er sich bei einer schillernden Persönlichkeit namens Paul Schede (der unter dem Namen Paulus Melissus Francus auch lateinische Liebesgedichte schrieb und für den Kurfürsten Übersetzungen anfertigte) gegen bare Münze einen Wappenbrief zulegte.

Das von Paul Schede entwickelte Wappen zeigt einen auf zwei Pfoten laufenden Löwen in gelben Knickerbockern, der Wein aus einem Krug einschenkt. Eine postkartengroße Abbildung des Schenckenwappens hängt gerahmt im Saunazimmer meiner Eltern.

Balthasar starb als wohlhabender Bürger. In den Gerichtsakten von Heilbronn wurde seine Hinterlassenschaft verzeichnet: mehrere Grundstücke, Schmuck sowie sechzigtausend Liter Lehrensteinsfelder Wein. Der Wein soll von mäßiger Qualität gewesen sein, heißt es in einer alten Quelle.

Beginnend mit Balthasars 1600 geborenem Sohn Friedrich trugen die meisten Stammhalter bis hin zu Günthers Generation den Vornamen Friedrich. Hiermit wurde die adlige Marotte imitiert, möglichst vielen männlichen Nachkommen denselben Vornamen zu geben. So wie in bestimmten Comics alle Charaktere dieselbe Knollennase oder denselben federnden Gang haben, so haftet meinen männlichen Ahnen als hervorstechendes Merkmal also der Name Friedrich an. Immer wieder bin ich versucht, diese Leute intern bei ihren Zweit- oder Drittnamen zu nennen: Ernst, Johann, Jakob, Wilhelm oder Wolfgang. Doch wie die Unterschriften auf den vergilbten Schriftstücken, die mein Vater mir immer mal wieder einscannt und mailt, belegen, haben sie sich vor allem als Friedrich verstanden, denn diesen Namen haben sie ausgeschrieben, manchmal latinisiert als Fridericus. Beruflich waren sie Amtmänner, Bürgermeister, Gutsverwalter. Vor allem Amtmänner. Zu Balthasars Zeiten noch eine Art Manager und Steuereintreiber, entwickelte sich dieser Beruf in der Neuzeit zu einer Mischung aus Jurist und Finanzmann, der die adeligen Landesherren in der Verwaltung vertrat. Es muss eine begehrte Position gewesen sein, denn Amtmänner waren sowohl den Nichtadligen als auch den Adligen gegenüber in gewisser Weise privilegiert. Nichtadlige waren auf ihr Wohlwollen angewiesen und zogen höflich ihren Hut, wenn sie am Haus des Amtmanns vorbeigingen; bei besonders unangenehmen Amtmännern sogar dann, wenn diese nicht zu Hause waren. Aber auch der Adel war auf die Amtmänner angewiesen, da er dringend Juristen brauchte, jedoch anfangs selbst kaum Juristen stellte. Zu verpönt war das arbeitsintensive Studium bei den jungen, an die Privilegien der Geburt gewöhnten Adligen. Ein drittes, ganz pragmatisches Privileg lag darin, dass die Amtmänner aufgrund ihrer herausgehobenen Stellung die besten Voraussetzungen für gute Geschäfte hatten.

Während die Gebeine all dieser Amtmänner und ihrer Familien im süddeutschen Raum ruhen, sind die schriftlichen Beweise ihrer Existenz – Urkunden, Anträge, Briefe – in abgehefteter und fotokopierter Form neuerdings in Mülheim an der Ruhr abgelegt. Genauer gesagt, bei meinen Eltern am Bühl. Vor etwa zwei Jahren wurden sie in einer Art Nacht-und-Nebel-Aktion von Frankfurt nach Mülheim transportiert, als mein Vater sich spontan bereit erklärte, den Vorsitz des Schenckenverbands zu übernehmen und damit offiziell Herr über die familiäre Ahnenforschung zu werden. Der Aufschrei meiner Mutter war nicht zu überhören: Jetzt auch noch die Schenckenakten! Als wäre das Haus nicht schon voll genug. Und eigentlich habe er sich doch an die Günther-Akten aus der Speldorfer Garage machen wollen, die immerhin sechzig Euro Miete im Monat koste. Ich unterstützte Dagmar damals, man dürfe den Bühl auf keinen Fall noch voller machen, als er ohnehin schon ist. Jetzt profitiere ich von Geos Neugierde auf die Vorfahren.

Ich glaube, Günther hat sich nie besonders für die Familiengeschichte interessiert; sein Sinn war auf die Arbeit gerichtet, in seiner Freizeit hat er Musik gemacht; Familienhistorie interessierte ihn nur insoweit, als sie eine gute Anekdote abwarf. Ganz anders Geo, der über Jahre beharrlich versucht hat, uns erwachsen gewordene Kinder für die jährlichen Familienzusammenkünfte zu rekrutieren. Doch ich hatte am Wochenende nach Pfingsten meistens etwas anderes vor. Außerdem waren »Schenckentage« für mich ein Relikt aus der Kindheit, das eher gemischte Gefühle hervorrief. Lange Autofahrten nach Heidelberg, zu viert mit den Geschwistern auf dem Rücksitz; vor Ort das typische Chaos, wenn mehrere Familien mit Kindern zusammenkommen und die Übernachtungsfragen nicht geklärt sind. Im Zweifelsfall Matratzenlager mit Cousinen, allesamt jünger als ich, und ein Badezimmer, das man nicht abschließen konnte. Ansonsten viele alte Leute, sogenannte Verwandtschaft, deren Namen ich durcheinanderbrachte, was mir peinlich war. Weswegen ich sie lieber erst gar nicht mit Namen ansprach, was mir noch peinlicher war. Denn sie alle wussten, wer ich war – und wenn man mit Namen begrüßt wird, doch ohne namentliche Anrede antwortet, ist es so, als würde man dem anderen etwas schulden.

Einmal fuhren wir sogar noch zwei Stunden weiter als sonst, bis ins Allgäu. Es hieß, wir führen zur Schenckenburg. Erwartungsvoll kraxelten wir im Nieselregen einen kargen Hügel hinauf, nur um oben vor einigen Mauerresten zu stehen. Was für eine Enttäuschung. Die Verzückung der Erwachsenen angesichts der alten, schief in der Erde steckenden Steinblöcke, die so ungefähr von 1210 stammen sollten, wollte nicht recht auf uns überspringen. Auf der Rückfahrt erzählte Geo mit leiser Stimme, wie Konrad Schenck von Winterstetten, der auf dieser Burg wohnte, gestorben sei: Aufständische Bauern – Jäcklein Rohrbach und sein Haufen, wie ich inzwischen weiß – hätten ihn durch die Spieße gejagt. Ob wir wüssten, wie man sich das vorzustellen habe? Doch die Grausamkeit dieser Leibesstrafe kam gar nicht bei mir an. Bei den zwei Reihen einander gegenüberstehender Leute mit Spießen dachte ich an Kindergeburtstag und an die Hellebarde aus Holz und grauem Plastik, mit der Toby ganz stolz an Karneval losgezogen war.

Seit das Schenckenarchiv am Bühl eingezogen ist, nimmt sich Geo ab und zu eine Kiste mit Akten vor und arbeitet sich durch Protokolle, untersucht Fotos, verfolgt Querverweise und Längsachsen. Er berichtigt Fehler im Stammbaum und transkribiert Briefe und Dokumente aus Sütterlin in die heutige Schrift. Um 1910 herum waren im Umkreis der Schencks vier verschiedene Sütterlinarten im Umlauf, hat er entdeckt. Alle paar Tage erhalte ich ein Update per E-Mail oder einen Anruf. Dann wieder höre ich wochenlang nichts, weil er beim Konsultieren von Fachliteratur in den dicken Büchern britischer und österreichischer Historiker versunken ist – nichts außer dem selbstkritischen Satz, ihm gehe durch den Kopf, wie wenig wirklich Verwertbares er mir von seinen Expeditionen liefern könne.

»Manchmal komme ich mir vor wie ein Goldwäscher, der besser Tellerwäscher geworden wäre«, schreibt er. »Aber das ist am Rand des Bildes, das ich derzeit von mir habe. In der Mitte sehe ich den Fluss – den Klondike, wenn du willst, zu dem ich zurückgekehrt bin – mit all seinem Geröll und Geschiebe, mit seinem Bett und den Ufern.«

Geo arbeitet nachts; wie Günther genießt er die Ruhe, die ein antizyklischer Rhythmus ihm bietet. Außerdem ist das Internet nachts schneller. Wenn ich tagsüber anrufe, geht meistens Dagmar ans Telefon. Das Ritual sieht vor, dass sie anbietet, Geo zu wecken, was sie ja sowieso gerade vorgehabt habe, denn er schlafe schon viel zu lange, zu viel Schlaf mache depressiv; ich gebiete dann Einhalt und erzähle zum Beweis, dass er nächtlich nicht untätig war, von den Ergebnissen seiner Recherchen, von den Highlights, die er frühmorgens für mich in den Computer gehackt hat. Zuletzt sind drei neue Familienmitglieder hinzugekommen, und nachdem mir die ganzen Amtmänner der frühen Jahrhunderte eher fremd waren, gibt es nun, in einer Nebenlinie und zweihundert Jahre später, nämlich ab dem Zeitalter der Aufklärung, auch andere Charaktere.

Zum Beispiel Friedrich Schenck, Leibarzt Wilhelms V. von Oranien-Nassau. Er begleitete Wilhelm, der 1795 von den Franzosen aus seinem Amt als Statthalter der Niederlande gejagt wurde, auf dessen Flucht mit einem Fischerboot nach England, wo königliche Verwandtschaft saß. Weil das Fischerboot zu klein war, musste Frau Schenck mit den minderjährigen Kindern nach Deutschland zurückkehren. Friedrich aber residierte für die Zeit des Exils, immerhin sechs Jahre, mit seinem Chef auf Schloss Hampton-Court und schrieb in der Zeit einige Dutzend Tagebücher voll.

Sein ältester Sohn, natürlich ein Friedrich, wurde – in Ermangelung einer Vaterfigur, wie Geo vermutet – Hauptmann beim hessischen Militär und schrieb anhand der Tagebücher seines Vaters ein Buch über Wilhelm V. Eine Ausgabe davon steht in der Bayerischen Staatsbibliothek und ist online als Faksimile verfügbar.

Der älteste Sohn des hessischen Hauptmanns, der traditionsgemäß ebenfalls Friedrich Schenck hieß, ging nach München, um bei Alois Senefelder, dem Erfinder der Lithographie, diese gerade aufkommende moderne Steindrucktechnik zu erlernen. Nach seiner Ausbildung zog er nach Paris, das der bedeutendste europäische Markt für Kunst und die wichtigsten Hilfshandwerke war. Dort lernte Friedrich einen schottischen Verleger kennen, der ihn mit nach Edinburgh nahm. Friedrich nannte sich nun Frederic und arbeitete als Lithograph in dem Verlag, er heiratete die Tochter des Verlegers und wurde schließlich Partner. Der Verlag hieß jetzt Schenck & MacFarlane. Viele Nachkommen. Sie blieben in Schottland oder gingen nach Australien, nach London und in die USA.

Warum interessiert mich das eigentlich alles? Glaube ich, dass aus der Geschichte meiner Vorfahren Hinweise darauf zu bekommen sind, warum Günther so geworden ist, wie er geworden ist? Warum ich so bin, wie ich bin?

Bisher kann ich nur ablesen, dass bei den Unsrigen ein gewisses Standesbewusstsein ausgeprägt war. Der Ehrgeiz, sich zu verbessern. *Upward mobile oder downward mobile* – diese Begriffe hatte ich am Bühl aufgeschnappt, irgendwann, als ich noch gar nicht so gut Englisch konnte. Ich glaube, mein Vater erzählte davon, er hatte ja durch seine Arbeit bei Henkel die Möglichkeit, sich in diversen Management-Seminaren weiterzubilden, auch zu Themen der Soziologie und Psychologie. Den Begriff der protestantischen Arbeitsethik lernte ich etwa zur selben Zeit kennen, und es leuchtete mir sofort ein, dass er perfekt auf unsere Familie passte. Es war erleichternd, einen Oberbegriff zu kennen, so wie es immer erleichternd war, wenn ich meinte etwas über mich selbst verstanden zu haben; das war ja das Ziel all des Beobachtens und Analysierens, das ich ständig betrieb, und der Grund dafür, dass ich sofort die Ohren spitzte, wenn meine Eltern sich über die aktuellen Theorien zur menschlichen Persönlichkeitsstruktur unterhielten; immer ging es darum, sich und andere besser einzuordnen, sein Verhalten zu reflektieren, zu optimieren, sich irgendwie zu verbessern. Dagmar räumte dabei die Spülmaschine aus, machte Zwischenbemerkungen und organisierte nebenbei meine Geschwister, von denen ab und zu eines herumwuselte, während ich auf der Küchenbank saß, vorm Fenster, scheinbar desinteressiert. Manchmal brachte ich mich ein, aber eher theoretisch, im Konjunktiv. Allzu Persönliches behielt ich lieber für mich. Ich mochte nicht zugeben, dass ich lieber eine andere gewesen wäre, dass ich mich oft fragte, ob jemals ein interessanter Junge erkennen würde, wie ich wirklich bin, und warum ich wohl niemals so apart und begehrenswert sein würde wie meine Freundin Susi, selbst wenn ich die gleichen Klamotten tragen würde.

Wir sind nicht markengläubig!, sagte meine Mutter streng, wenn ich quengelte, dass ich auch mal was von Marc O' Polo haben wollte oder ein Polohemd von Lacoste. *Wir brauchen keine Statussymbole. Wir sind kreativ!*

Die schmachvolle Wahrheit war, dass wir als Familie mit vier Kindern und einem Berg Schulden offenbar angewiesen waren auf so Sachen wie den Würmeling-Ausweis, mit dem die Sprösslinge kinderreicher Familien zum halben Preis Bahn fahren konnten. Das waren natürlich noch Sachen, über die man scherzen konnte, Karnickelpass und so weiter – wenn man, wie von meiner Mutter gefordert, »drüberstand«.

Als ich dann tatsächlich irgendwann, wahrscheinlich durch Christels Unterstützung, ein weißes Polohemd mit grünem Krokodil mein Eigen nennen durfte, schlich sich ein neuer, unerwarteter Zweifel in meinen Stolz: Ich fühlte mich wie ein Hochstapler. Es stand mir nicht zu, mich mit diesen Insignien zu schmücken, ich konnte sie nicht ausfüllen, sie bedeuteten mir zu viel, wirklich cool waren nur die, für die so etwas ganz normal war – und die kamen aus einem anderen Stand.

Andererseits: Als einmal auf dem Schulhof abfällig von der *unteren Mittelklasse* gesprochen wurde, fand ich das arrogant und nicht okay. Nachts im Bett packte mich dann die nackte Angst, selber zu der so bezeichneten Gruppe zu gehören. Bei nächster Gelegenheit brachte ich in der Küche am Bühl das Gespräch darauf. Vorsichtig, mit lauter Erklärungen, Abmilderungen und Einschränkungen, denn ich wollte meine Eltern ja auch nicht verletzen.

Nach längerer Pause meinte Geo: »Nun müssen wir zuallererst einmal zugeben, dass wir untere Mittelklasse *sind*.«

Das war natürlich ironisch gemeint. Ernst fügte er hinzu: »Nein, du weißt schon, dass wir uns durchaus als Elite verstehen. Aber nicht die Elite von Lions und Rotary.«

Unterhaltung vorerst beendet. Ich mochte es nicht, wenn ich bei meinen Eltern eine Kritik an den von mir bewunderten Ständen heraushörte.

Neulich habe ich mich auf einer Vernissage mit einem Künstler über Tätowierungen unterhalten. Ich bewunderte seine Tätowierung am Arm und stellte gleichzeitig klar, dass ich für diese Mode nichts übrighabe. Darauf erzählte er mir, Tätowierungen würden klassischerweise nur von der Unterschicht und vom Adel getragen. Das Bürgertum sei immer darauf aus, sich zu verbessern, irgendwie gesellschaftlich aufzusteigen, und brauche dazu einen unversehrten Körper. *Upwardly mobile*, dachte ich.

Meine Vorbilder haben sich mit der Zeit verändert, frühere Ziele wurden durch neue Begehrlichkeiten abgelöst. Das Nach-oben-Streben aber ist so sehr in mir verankert, so sehr Motor für alles, was ich tue, dass da nicht nur diese Pflicht ist, sich weiterzuentwickeln, zu verfeinern, zu verbessern, sondern dass ich darin sogar ein primäres Ziel sehe. Es kommt mir auch ganz normal vor, ich denke an Blumen, die sich nach dem Licht recken. Oder an Günther, dessen großer Held Baltasar Gracián die Machtstrukturen bei Hofe analysiert und in dreihundert Lebensregeln konkrete Vorschläge gemacht hat, wie man sich in diesen Systemen schützt und zugleich vorankommt, indem man selbst die Techniken der Mächtigen anwendet.

Claus hat sich manchmal über mich lustig gemacht, wenn ich mal wieder in dem großen roten Buch *Macht* von Robert Greene las, eine Art moderne Version von Graciáns *Handorakel* (auf das sich der Autor häufig bezieht). Jetzt denkt Claus, ich sei in meinem Element, weil ich auch bei meinen Vorfahren dieses Streben zur Macht wiederfinde. Selbst bei den Frauen. Zumindest seitdem sich die Bildung als hoher Wert in unserer Familie etabliert hatte und die Lebensläufe einiger unverheirateter Frauen überliefert sind, wie der von Friederike, der Schwester meines Ururgroßvaters, die Privatlehrerin der Kinder des bedeutenden Rechtswissenschaftlers Georg von Maurer war. Sie begleitete die Familie nach Athen, als von Maurer 1832 zum Berater des minderjährigen griechischen Königs Otto berufen wurde.

Die Zeit, in der die Schencks mit der fast dreihundertjährigen Tradition der juristischen und Wirtschaftsberufe brachen und sich hin zur Bildung wandten, war nicht zufällig die der Aufklärung – mein Lieblingszeitalter im Deutsch- und Geschichtsunterricht, das einzige, das mich wirklich packte. Und es war eine Frau, eine Elisabeth, die diese Wende einleitete – indem sie nach dem frühen Tod ihres Mannes die Kinder ganz anders prägte, als es der Tradition entsprach.

Aber im Kontext: In den siebziger Jahren des achtzehnten Jahrhunderts geht Friedrich von Steuben, ein hoher Offizier Friedrichs des Großen, in die gerade gegründeten Vereinigten Staaten von Amerika. Dort unterstützt er George Washington, indem er die amerikanische Armee nach preußischem Vorbild organisiert – woraufhin diese, vereinfacht gesagt, den Unabhängigkeitskrieg für sich entscheidet. Noch heute gibt es die Steuben-Parade in New York, bei der die Wolkenkratzer unter Konfettibeschuss gesetzt werden. Als Friedrich der Große mit den USA einen Freundschaftsvertrag schließt und Preußen die Vereinigten Staaten anerkennt, erreichen in Europa die Temperaturen der sogenannten Kleinen Eiszeit gerade ihren Tiefpunkt und sorgen für schlechte Ernten und Hungersnöte bei all jenen, deren Vorratsspeicher nicht so gut gefüllt sind wie die der weltlichen und geistlichen Grundbesitzer, die von der Arbeitskraft der Bauern und Handwerker leben. Etwas später beginnt die Französische Revolution, doch die deutschen Fürsten haben ihre Untertanen noch relativ gut im Griff.

Und Johann Friedrich Schenck, geboren 1751 als Sohn eines Mannes desselben Namens, der Bürgermeister von Marbach ist, steigt auf bis ins Kabinett des Fürsten zu Löwenstein, der in Wertheim am Main residiert – heute eine halbe Autostunde von Würzburg entfernt. Johann Friedrich ist eine Art Finanzcontroller. Zu seinen Privilegien gehört es, in einem Nebengebäude des Schlosses zu wohnen. Seine Frau Elisabeth kommt aus gebildetem protestantischem Hause, ihr Vater ist Kirchenrat und etwa einem Dutzend Pfarrer vorgesetzt. Johann Friedrichs bester Freund ist der Kabinettssekretär Duffing, mit dem er regelmäßig ausreitet. Duffing und seine Frau Christiane bleiben eng mit Elisabeth befreundet, als Johann Friedrich mit vierzig Jahren an den Pocken stirbt.

Elisabeth erhält eine Witwenrente vom Fürstenhaus, außerdem behält sie ihre Wohnung, was damals nicht selbstverständlich war. Sie will ihre Söhne unbedingt aufs Lyzeum schicken, und so arbeitet sie nachts als Weberin und Näherin, um das Schulgeld aufzubringen. Nur am Sonntagmorgen setzt sie sich in den Sessel ihres verstorbenen Mannes. Dort ist an der linken Armlehne eine Art Notenständer mit Kerzenhalter angebracht, auf dem ihre in Schweinsleder gebundene Bibel genau den richtigen Leseabstand hat.

Ihr ältester Sohn, Friedrich Ernst, kommt am Ersten Weihnachtstag 1783 zur Welt. Er ist der Vater von Günthers Großvater, von mir also nur drei Handschläge entfernt (Dieter Jung hatte mich auf dieses System mit den Handschlägen aufmerksam gemacht, als er meinte, aufgrund der Bekanntschaft seines Großvaters Fugmann mit Hitler sei er selber von diesem nur zwei Handschläge entfernt). Im April 1804 schreibt sich Friedrich Ernst in die Matrikel der Halleschen Universität für Philosophie und Theologie ein. Er ist der erste unter seinen Vorvätern, der nicht Jurist oder Finanzmann werden will. Von nun an ist unser Zweig der Schencks anders ausgerichtet: Bildung steht ganz vorne. Auf die Idee mit Halle an der Saale war Elisabeth gekommen, weil sie wusste, dass dort Freiplätze vergeben wurden. Das System, das sich der pietistische Pfarrer August Francke hundert Jahre zuvor zunächst für sein Waisenhaus ausgedacht hatte, funktionierte so: Studenten erhielten Unterkunft und freie Kost, wenn sie vier Stunden täglich die Waisenkinder unterrichteten. Fortan strömten talentierte mittellose Leute aus ganz Europa in der Hoffnung auf eine akademische Ausbildung nach Halle an der Saale. Zugleich stieg der Ruf der Schule stetig, und der preußische König half der Stiftung, Einnahmen zu erwirtschaften. Da mittlerweile auch begüterte Bürger ihre Kinder zu Francke schicken wollten, gründete Francke eine zweite Lehranstalt, die das prestigeträchtige königliche Siegel trug und Schulgeld kostete – das Francke wiederum in seinen Bildungskomplex investierte. Mit eigenen Apotheken, Bäckern, Kräutergärten und sogar einem Krankenhaus entwickelte sich eine Art autarke Stadt in der Stadt.

Heute sind die Francke'schen Stiftungen immer noch eine Bildungseinrichtung, in der viertausend Menschen lernen und lehren, und sie sind Anwärter für den Titel Weltkulturerbe der UNESCO. Zur DDR-Zeit wurde die umlaufende Mauer abgerissen, um eine vierspurige Hochstraße zu errichten, die heute die wichtigste Achse durch Halle bildet. Doch die hohen schneeweiß gestrichenen Barockgebäude sind erhalten, und als ich im letzten Jahr dort war, sah das barocke Naturalienkabinett noch in etwa so aus, wie Friedrich Schenck es vorgefunden haben musste: bemalte Vitrinenschränke mit den Kuriositäten der ganzen damals bekannten Welt, und in der Mitte des Raumes zwei mannsgroße Universumsmodelle mit Planeten. Das eine nach heliozentrischem Weltbild, das andere mit der Erde im Zentrum.

Im Januar 1804 machte sich Friedrich also auf nach Halle an der Saale – zu Fuß. Laut Routenplaner sechsundsiebzig Stunden, wenn man heute die B 87 entlanggehen würde, die immer noch weitgehend durch Felder, Wälder und Dörfer verläuft. Wie viele Tage hat er gebraucht? Wo hat er geschlafen? Als könnte man in die Vergangenheit von oben hineinschauen wie in eine Modell-eisenbahn-Landschaft, sehe ich einen Wanderer auf dunklen, moosigen Hügeln; manchmal Kutschen und Fuhrwerke, die Baumstämme oder andere Waren transportieren und auf denen Friedrich aufsitzen und eine Weile mitfahren darf. Mal überholt eine schnelle Postkutsche, aus deren Fenstern gutgekleidete Fahrgäste schauen; die wird zu teuer für ihn gewesen sein. Friedrich trägt sechs von seiner Mutter in Nachtarbeit gefertigte weiße Hemden im Bündel. Zu gern würde ich heranzoomen auf sein Gesicht.

Zwei Jahre später musste Friedrich sein Studium vorzeitig beenden, denn Napoleon entschied die Schlacht gegen die Preußen bei Jena und Auerstedt für sich, und alle Einwohner ohne Bürgerrecht wurden ausgewiesen. Friedrich machte sich auf den Weg zurück nach Wertheim. Zu Fuß. Von den sechs Hemden brachte er drei ungenutzt wieder mit. Er hatte sie aufgespart, aus Respekt vor der Arbeitszeit seiner Mutter.

War er nicht schon mit gemischten Gefühlen nach Halle gegangen? Zu der Zeit hatte Napoleon ja bereits halb Europa mit Kriegen überzogen.

»Du, der wollte studieren«, sagt Geo. »Die Reise quer durch Deutschland war sowieso gefährlich, da kam es auf einen Napoleon mehr oder weniger nicht an.«

»Wegen Überfällen meinst du?«

»Ich sage nur: ›Wirtshaus im Spessart‹. Du wusstest ja praktisch bei keinem, der dir entgegenkam, ob er dir was Gutes oder Böses will. Wird er dein Leben verändern, weil er dich so berührt mit seiner Herzensgüte, oder denkt er gerade darüber nach, dich abzumurksen?«

Was 1789 mit dem Sturm auf die Bastille als Französische Revolution begann, führte zu Kriegen, in denen Frankreich unter

Führung Napoleons gegen wechselnde Bündnisse um die territoriale Vorherrschaft in Kontinentaleuropa kämpfte und zeitweise weite Gebiete Deutschlands unter seinen Einfluss brachte. 1806 hörte das Heilige Römische Reich Deutscher Nation auf zu existieren, der Rheinbund entstand als Vereinigung deutscher Staaten von Napoleons Gnaden. Die einzelnen Fürsten innerhalb der Staaten des Rheinbundes – wie etwa die Herren von Löwenstein, zu deren Hofstaat seit 1660 Schencks gehörten – behielten ihre Güter, verloren aber genau wie die geistlichen Enklaven (etwa St. Peter) ihre amtlichen Rechte zugunsten der Zentralgewalten. Damit ging ein ungeheurer Modernisierungsschub in Rechtswesen und Verwaltung einher. Viele Veränderungen, wie beispielsweise das Einführen von Hausnummern, werden auch heute noch positiv bewertet. Verlierer waren vor allem der niedere Adel und die Ritterschaften.

In Wertheim, das dem Großherzogtum Baden zugehörte, war Friedrich mittlerweile stellvertretender Rektor des Lyzeums, dessen halbe Belegschaft von einer Seuche dahingerafft worden war. Er heiratete Friederike, eine rothaarige Försterstochter, mit der er ins Gespräch gekommen war, als sie auf der Kirchenmauer sitzend im Satireblatt *Zeitschrift für Einsiedler* gelesen hatte. In den nächsten zehn Jahren schenkte sie Friedrich sieben Kinder.

Als sich die Gelegenheit ergab, Pfarrer von vier der umliegenden Gemeinden zu werden, kündigte Friedrich am Lyzeum. Die mäßigere Bezahlung nahm er gerne hin; immerhin war das Pfarrgut fünfunddreißig Morgen groß, also etwa zehn Hektar. Es wurde mit Hilfe von Knecht, Magd und ab und zu auch einigen Tagelöhnern von der Familie selbst bewirtschaftet. »Es gab Pferde, Kühe, Schafe, Schweine und Enten und viele Hühner«, wird Friedrichs jüngste Tochter Frieda viele Jahre später in ihrer 179-seitigen Chronik der Familie schreiben, die lange vor ihrer eigenen Geburt einsetzt. »Aber auch einige Katzen und einen Hund namens Ott.« Gleich hinterm Haus lag ein Garten, dort wurde »alles Gemüse, selbst Spargel angebaut, und jedes Kind hatte sein Bäumchen und sein Blumenbeetchen«.

Die Französische Revolution hatte über Frankreich hinaus zu freiheitlichen Hoffnungen geführt, die Napoleon selbst dämpfte, als er sich 1804 die Kaiserkrone aufsetzte. Nach seiner Niederlage 1815 begann die Zeit der Restauration der alten Herrschaftsverhältnisse. Das politische Klima in der Staatenkoalition des Deutschen Bundes war repressiv, doch die revolutionären Ideen von Freiheit, Gleichheit und Brüderlichkeit waren weiterhin lebendig und führten zum Erstarken liberaler und demokratischer Bewegungen. In diese Zeit fiel beispielsweise der Protest der *Göttinger Sieben*, jener Professoren, die gegen die Aufhebung der Verfassung im Königreich Hannover das Wort erhoben und daraufhin entlassen wurden. Zugleich äußerte sich der Charakter der Zeit im bürgerlichen Rückzug in die Innerlichkeit, in ein auf Arbeit und Familie gerichtetes Leben, das später mit dem Begriff Biedermeier gefasst wurde. Der eigene Garten, das Musizieren, Leseabende in der Spinnstube – so beschreibt Frieda das Leben im Pfarrhaus.

Biedermeier. Ein Wort, bei dem ich an feine Bilderrahmen aus Kirschbaumholz denke, an zierliche Stühle mit sanft geschwungenen Notenschlüsseln in der Lehne oder Kommoden, wie sie bei Krauchs im Flur standen, ganz für sich oder allenfalls einen Strauß frischen blauen Rittersporn tragend. Immer wenn mir eine Antiquität besonders gut gefiel, sagte meine Mutter: Das ist Biedermeier.

Die einzige ernst zu nehmende Antiquität am Bühl, die von meinen Geschwistern und mir gleichermaßen geliebt wird, ist der »alte Schrank« aus poliertem Walnussholz, dessen verzierter Giebel in einem sanften Bogen fast bis zur Decke reicht. Er stammt aus dem französischen Barock und wurde uns irgendwann in den siebziger Jahren gemeinsam mit einigen Mokkatässchen von einer lieben alten Dame namens Elfriede vererbt.

Nahe dem alten Schrank, dessen drei große Schubladen unter den Flügeltüren immer unterschiedlich weit offen stehen, hängt noch heute das große Ölporträt einer ungeschminkten älteren Dame im schwarzen Kleid und Beffchen. Ihre feingliedrige goldene Halskette zwischen den Fingern, schaut sie den Betrachter etwas gelangweilt an. Das ist Frieda Wehrle, geborene Schenck, die Verfasserin des Berichts, durch den mir so viele Familienmitglieder lebendig geworden sind. Sie kam mir immer etwas streng und hochgeschlossen vor, aber jetzt interessiere ich mich auch für ihr Leben: Sie war erst sechsundzwanzig, als ihr Mann starb, ein Eisenbahnbeamter. Ihr Sohn Erwin war da drei Jahre alt. Frieda musste sich selbst ernähren und wurde Telegraphistin bei der Eisenbahn. Ihren Sohn sah sie nur sonntags, ansonsten wuchs er bei ihrem Bruder Fritz auf, der Günthers Großvater werden sollte. Fritz hatte gerade Jeannette geheiratet und noch keine eigenen Kinder. Die kamen aber bald: fünf Jungen und fünf Mädchen. Der drittälteste Junge, geboren 1879, war Otto – Günthers Vater, der spätere Gymnasialdirektor. Später lebte Frieda mit der Familie ihres Sohnes, der als Tierarzt und kaiserlicher Regierungsrat Karriere machte, im Dörfchen Carwitz in der Mecklenburgischen Seenplatte, im »Haus Wehrle«. Es kann heute als Fallada-Haus besichtigt werden, denn Friedas Enkel verkaufte es später an den Schriftsteller Hans Fallada, der dort von 1933 bis 1944 lebte.

Doch zurück in die Zeit des Biedermeier und nach Nordbaden, zurück zu Friedrich, dem ersten Pfarrer der Familie. Er hat gerade seine Frau verloren: Friederike ist bei der Geburt ihres siebten Kindes gestorben. Als Pfarrer von vier Gemeinden ist Friedrich viel unterwegs, die größeren Kinder nimmt er dabei mit, um die kleineren kümmert sich eine Amme und eine seiner unverheirateten Schwestern. Friederike hat ihm ihr Elternhaus hinterlassen, ein schmales, dreistöckiges Fachwerkhaus am Marktplatz von Wertheim. Dort lässt Friedrich Handwerker wohnen, die im Gegenzug Wasserleitungen verlegen und das Dach neu decken.

Zu Schloss Löwenstein, wo er aufgewachsen ist, hat er immer noch Kontakt, schon allein durch den Kabinettssekretär Duffing, der sein Patenonkel ist. Als Duffing ein großes Fest veranstaltet, fünf Jahre nach dem Tod von Friederike, verliebt sich Friedrich erneut – in Karoline, die Tochter des fürstlichen Hofarztes. Karoline ist vierundzwanzig Jahre jünger als er und von mehreren Verehrern belagert, als sie sich selbst mit ihrer Mezzosopranstimme an der Gitarre begleitet, schreibt Frieda – der ich mich in meinen Bemühungen um die Rekonstruktion vergangener Zeiten immer näher fühle. Denn die Szene, die sie da beschreibt, ist der Moment des Kennenlernens ihrer Eltern.

Wie attraktiv kann so ein Witwer mit sieben Kindern für diese junge Frau gewesen sein, die ich mir mit Ballonärmeln und seitlichen Korkenzieherlocken sehr apart vorstelle? Irgendwie muss Friedrich sie von sich überzeugt haben, denn sie zieht zu ihm, vom Schloss ins Pfarrhaus, und schenkt Friedrich noch weitere acht Kinder. Die jüngsten beiden sind Fritz und Frieda.

Die Familie ist also jetzt, die Eltern eingerechnet, siebzehnköpfig. Und das zweieinhalbstöckige Pfarrhaus platzt aus allen Nähten. Henriette, die älteste Tochter, kann ihren siebzehnten Geburtstag kaum erwarten, denn dann, so hat es ihr der Vater versprochen, ist sie alt genug, den Filialhaushalt im Geburtshaus ihrer Mutter zu führen, das von den Handwerkern komplett saniert worden ist. Die Familie teilt sich auf, die jüngeren Kinder bleiben bei Karoline, und die älteren Geschwister, die schon aufs Lyzeum gehen – Julius, Wilhelm und Alexander – ziehen zu Henriette ins Stadtzentrum, an den Marktplatz.

Henriette ist stolz darauf, mit einem Taler Haushaltsgeld lange auszukommen. Außerdem legt sie, wie ihre Stiefmutter Karoline, größten Wert auf Sauberkeit. Als Beweis für außergewöhnlich hygienische Zustände in beiden Häusern kann man ansehen, dass von den fünfzehn Kindern vierzehn das Erwachsenenalter erlebten; für die damalige Zeit ein Rekord. Friedrich kümmert sich jeden Morgen ab fünf um Pflege und Okulieren der Obstbäume und bringt dann der Familie Früchte hinauf, noch vor dem Morgensegen, dem auch die Dienstboten beiwohnen. Zwei- oder dreimal in der Woche pendelt er zwischen den beiden Häusern, um im Stadthaus frisches Brot, Eier und Dörrobst vorbeizubringen und die dort lebenden Kinder in Französisch zu unterrichten, für ihn eine Sprache des selbstverständlichen Umgangs. Er muss ziemlich streng gewesen sein; bei den Französischstunden seien bei ihren Brüdern regelmäßig Tränen geflossen, schreibt meine Ururgroßtante.

Friedas Aufzeichnungen sind detailliert und liebevoll, aber auch ein wenig verklärend, was die Schattenseiten angeht. Der Hinweis auf die Tränen ihrer Brüder hat mich berührt, ich musste an die Prügel denken, die Günther seinen Kindern zugemutet hat und die er selbst vermutlich von Otto in ähnlichem Ausmaß erhielt. Und Otto wird es nicht anders gegangen sein, denke ich, wo hier schon die Tränen seines Vaters Fritz überliefert sind. Körperliche Züchtigung gehörte im neunzehnten Jahrhundert und bis ins zwanzigste hinein zum pädagogischen Grundverständnis.

Und noch ein Jahrhundert später? Jost erzählt mir, er bekomme in seiner Arbeit als Richter fast täglich mit, dass die Weitergabe von körperlicher Gewalt in der Familie beinahe ein Naturgesetz sei; er denke oft, dass man den Sprung, den Geo in seinem Leben gemacht habe, gar nicht hoch genug einschätzen könne. Mit Geo, Billi und Gudrun hat die erste Generation die Schläge, die sie selbst erfahren haben, nicht mehr weitergegeben.

Ein paar Ohrfeigen nicht mitgerechnet.

Wenn ich mich aber an diese drei oder vier Ohrfeigen erinnere, die einzigen, die ich in meinem Leben bekommen habe, bin ich erstaunt, welch tiefen Eindruck von Scham und Wut sie hinterlassen haben. Am wenigsten schlimm war wohl die von Günther, als meine Cousine Jenny und ich ihn in unserem damaligen Ferienhaus im bayrischen Klingelbach aus dem Mittagsschlaf weckten, indem wir *Feuer, Feuer!* riefen; die Backpfeife empfand ich sogar irgendwie als gerecht, zugleich musste ich mir das Lachen verkneifen, als Günther plötzlich ganz verwirrt, in weißem Nachthemd und mit abstehenden Haaren, aus dem Zimmer geschossen kam (Jenny hatte sich hinter dem Kachelofen versteckt). Dann gab es eine von meiner Mutter, im Kinderbad; ich erinnere mich nur noch an die vor meinen Augen verschwimmenden weißen Fliesen und an meine Wut und Einsamkeit. Und eine von meinem Vater, der mir rasant mit seinem dunkelroten Mercedes 190 E den Weg abschnitt, als ich, etwa elf Jahre alt, mit dem Fahrrad auf dem Bürgersteig den Saarnberg runterfuhr. Ich hatte meine Mutter *Arschloch* genannt und eilig die Flucht ergriffen. Mein Vater sprang aus dem Auto, kam in wenigen großen Schritten auf mich zu und knallte mir eine. Eine ältere Passantin bekam das mit und meinte empört, ich solle zur Polizei gehen, sie hätte sich das Nummernschild gemerkt. Aber ich hörte nicht auf sie, sondern fuhr einfach weiter, blind vor Tränen.

Alles kein Vergleich zu dem, was mir über Günthers Prügel in den vierziger und fünfziger Jahren berichtet wurde. Geo hatte mir irgendwann davon erzählt, als es um die Dynamiken innerhalb der Familie ging. Offenbar hatte Christel manchmal, um Günthers Missstimmung von sich selbst abzulenken, gesagt, dass Geo irgendetwas falsch gemacht habe, woraufhin Günther es dann als seine Aufgabe ansah, Geo zu bestrafen. Der oft gar nicht wusste, was er schon wieder gemacht haben sollte. »Ich habe es ausgehalten«, sagte er auf meine Frage hin, wie er damit umgegangen sei, »und war froh, dass er nicht immer so war.«

Die Verletztheit, die ich aus seinen Worten heraushörte, bezog ich vor allem auf die Ungerechtigkeit, auf das, was er als »unselige Konstellation« bezeichnete. Was die Schläge anging, so dachte ich wohl etwas diffus, ohne mich näher damit zu beschäftigen, die seien zu der Zeit normal gewesen. Zumal sie ansonsten kaum ein Thema waren, und wenn, dann eher eine Nebenrolle spielten bei Anekdoten, in denen es primär um etwas anderes ging. Wenn etwa Günther Billi anbot, er könne wählen: entweder eine Tracht Prügel und hinterher gemeinsam ins Kino – oder keine Prügel und kein Kino (Billi entschied sich fast immer für Ersteres). Dass Günther selbst für die damalige Zeit sehr streng gewesen sein muss, ist mir eigentlich erst bei der Arbeit an diesem Buch klargeworden, als ich mit den Freunden meines Vaters und seiner Geschwister sprach, die in Göttingen und in der Bismarckstraße bei Schencks zu Besuch gewesen waren. Sie alle erwähnten die offene, moderne Atmosphäre, die Christel verbreitete, indem sie sehr auf die Kinder einging, immer zuhörte und viel mehr erlaubte als andere Mütter; zugleich sahen sie Günther einhellig mit Distanz und kamen mehr oder weniger bald darauf zu sprechen, wie autoritär er gewesen sei, und auch, wie ihnen ihre Freunde leidtaten – besonders Billi, wenn er geradezu zeremoniell von seinem Vater ins Arbeitszimmer gebeten wurde, um sich seine Strafe abzuholen. (Billi hält Günther zugute, dass er keinen Liebesentzug praktizierte. »Mir war immer klar, wenn ich im Gefängnis landen würde, dass der Vati mich besuchen kommt.«)

Ich frage Geo, ob er sich irgendwann bewusst vorgenommen habe, es selber anders zu machen. Eigentlich nicht, sagte er. Er habe aber früh eine abgrenzende Identität entwickelt: *Das bin ich nicht.* Die Gewalt in Günthers Wesen habe sich auch anders gezeigt. Geo ging in die erste oder zweite Klasse, als er Zeuge wurde, wie seine Mutter in Göttingen auf dem Sofa lag und ein schönes, in helles Leinen gebundenes Buch las. Günther war gerade nach Hause gekommen und stellte fest, dass eine bestimmte Sache, die in Christels Aufgabenbereich fiel, irgendwas mit Lebensversicherungen, immer noch nicht erledigt war. Da hat er sie angebrüllt, ihr das Buch aus der Hand gerissen und in den Kohleofen gestopft. Geo sagte damals zu seiner Mutter: »Wenn du umheiratest, gehe ich mit dir.«

Die Sache mit dem Radiobausatz muss etwas später gewesen sein. Geo hatte ihn zu Weihnachten geschenkt bekommen, sich aber nicht besonders fürs Radiobasteln interessiert, weswegen er die Einzelteile dann unbeachtet in seinem Kinderzimmer herumliegen ließ. Als er beim nächsten Weihnachtsfest sein Geschenk auspackte, war da ein Sack mit dem ganzen Schrott drin.

Entsetzliche Geschichte, denke ich, geradezu traumatisch. Geo sagt nur, er sei sauer gewesen. Zumal er sich bei den Geschenken für seine Eltern immer besondere Mühe gegeben hatte. Meistens waren es Bücher gewesen.

Was war damals wohl größer – Geos Enttäuschung oder Günthers Enttäuschung, dass sein Sohn sich nicht für dieselben Sachen begeisterte wie er?

Doch noch einmal zurück in das Pfarrhaus von Friedrich, Günthers Urgroßvater, und zu den ersten Lebensjahren von Fritz, seinem Großvater. Mit dessen Geburt nähere ich mich jener Vergangenheit, von der ich selbst nur ein, zwei Handschläge entfernt bin. Und doch so weit entfernt! Sein Geburtsjahr 1845 ist das erste Jahr der Großen Hungersnot in Irland, bei der eine Million Menschen sterben und zwei Millionen Iren auswandern, zumeist in die USA, wo sich nun auch der Mittelstand Dienstboten leisten kann. Auch in Deutschland sind die Zeiten schlecht, es gibt Hungeraufstände, aber im Pfarrhaus ist offenbar genug zu essen da. Fritz' Kindheit war recht behütet. Das dramatischste Ereignis scheint Weihnachten 1847 gewesen zu sein, als im Dorf ein großes Feuer ausbrach, dessen Flammen schon bis hoch zum Pfarrhaus schlugen; im allgemeinen Chaos, als alle Tiere schon aus den Ställen befreit waren und die meisten beim Löschen halfen, war plötzlich der zweijährige Fritz weg – er hatte sich zurück ins Haus gestohlen und wurde schließlich in dem großen, mit Pfeffernüssen bestückten Kaufmannshaus seines Bruders gefunden, wo er bereits einen guten Teil der Kuchen, Nüsse und Rosinen aufgegessen hatte.

1849 wird die Märzrevolution der demokratischen und liberalen Kräfte im Deutschen Bund endgültig niedergeschlagen. Richard Wagner und Gottfried Semper gehören zu den Revolutionären, die steckbrieflich gesucht werden. Karl Marx veröffentlicht sein Kommunistisches Manifest. Und der Schriftsteller Fjodor Dostojewski entgeht durch die Begnadigung von Zar Nikolaus dem geplanten Erschießungskommando.

Die Zeit nach der gescheiterten Revolution ist vom Verlust der Hoffnung vieler demokratisch Denkender geprägt, ihre Ideale jemals im eigenen Lande verwirklicht zu sehen. So viele wandern aus, dass die Migration vor allem nach Nordamerika zum ersten Mal den Charakter eines *brain drain* annimmt.

Auch drei von Fritz' älteren Brüdern gehen diesen Weg, mit unterschiedlichem Erfolg. Konrad wird Kaufmann in Chicago und engagiert sich für die Wiederwahl von Abraham Lincoln. (Vierzig Jahre später hat er so großes Heimweh, dass er mit zwei seiner in Amerika geborenen Kinder zurück nach Heidelberg umsiedelt.) Julius, der in Deutschland Leibarzt bei den Fürstenbergs gewesen ist, zieht mit Frau und Kind nach Indien, von wo er Seide, Elfenbein und so viel Geld schickt, dass seine kleinen Schwestern, die noch im Pfarrhaushalt wohnen, Klavier- und Zeichenunterricht bekommen können. Und Wilhelm geht als Bauingenieur nach Mexiko. Er schickt seiner Verlobten lange Reiseberichte, doch bevor sie nachkommen kann, endet sein Leben tragisch: Die Silbermine, deren Konstruktion er beaufsichtigt, wird von Banditen überfallen, und im Getümmel trifft ihn ausgerechnet eine Kugel der zu Hilfe geeilten mexikanischen Polizei.

1857 stirbt Friedrich Ernst Schenck. Den Tod ihres Vaters beschreibt Frieda über mehrere Seiten, angefangen mit dem herrlichen Maimorgen, an dem er sich bei einem langen Spaziergang eine Lungenentzündung zuzieht. Sechs Tage und Nächte phantasiert er im Fieber und diktiert ganze Seiten, was zu tun sei, insbesondere da die alte Kirche abgerissen wurde und der Grundstein für die neue noch nicht gelegt ist. Als es am siebten Tag zu Ende geht, steht die ganze Familie um sein Bett, selbst Bruder Heinrich ist aus Frankfurt gekommen. »Er schaute traurig zu Fritz und mir«, schreibt Frieda über den Vater, »und sagte: *Ihr beide hättet euren Vater noch lange brauchen können.* Dann sprach er zu allen seine letzten Worte aus Johannes 16, Vers 16: *Über ein Kleines werdet ihr mich sehen, und abermals über ein Kleines werdet ihr mich nicht sehen, denn ich gehe zum Vater.* Er hielt die Hand der Mutter in der seinen und schaute von einem zum anderen. Als es drei Uhr schlug, schloss er seine Augen.«

Dreißig Jahre später, Fritz ist längst selber Pfarrer mit zehn Kindern, darunter Günthers Vater Otto, bringt ihm ein Bauer aus seiner Gemeinde einen kleinen runden Gegenstand aus Gold, den er auf dem Feld gefunden hat. Fritz erkennt, dass es sich um ein Regenbogenschüsselchen handeln muss, ein kleines Goldschüsselchen, von dem die alten Germanen die Vorstellung hatten, dass von dort der Regenbogen ausgehe und auf der anderen Seite in genau so einem Schüsselchen endete. In der Zeit der Kelten wurden sie als Zahlungsmittel benutzt. Wo eins ist, sind vielleicht auch mehrere, denkt sich Fritz, geht mit dem Bauern aufs Feld und lässt an der betreffenden Stelle graben. Sie finden erst ein Skelett, dann ein zweites. Schließlich ein ganzes Massengrab – ausgerechnet aus den Bauernkriegen, wie sich herausstellt. Die Ritter hatten die getöteten Bauern von anderen Bauern mit dem Pflug unterpflügen lassen, bevor sie diese Bauern töteten.

Außer Knochen werden tatsächlich auch Objekte und Scherben aus germanischer Zeit gefunden. Fritz stellt die Exponate zunächst im Pfarrhaus aus, nach einem Jahr übergibt er die Sammlung dem Landesmuseum Karlsruhe und wird zum Altertumpfleger ernannt. Als seine Frau stirbt, zieht er nach Heidelberg und wird Kirchenrat. Er hat wohl eine Freundin, zumindest ist da immer eine nette Dame dabei, wenn Günther und seine Schwester Traude in den zwanziger Jahren des neuen Jahrhunderts ihren Opa nach der Schule besuchen.

Das zwanzigste Jahrhundert ist noch jung, als Fritz Besuch von drei Männern erhält, die ebenso lange Bärte tragen wie er. Jeder von ihnen stellt sich mit Namen Schenck vor. Im Karlsruher Landesmuseum hätten sie seinen Namen gelesen, und nun fragten sie sich, ob man verwandt sei. Ob ihm der Amtmann Balthasar Schenck etwas sage? Fritz bejaht. Er betreibt seit Jahren Ahnenforschung. Die vier Schencks gründen gemeinsam den Schenckenverband, der sich bis heute am Wochenende nach Pfingsten trifft – nun unter Vorsitz meines Vaters. Wie ich höre, sind auch immer zwei oder drei Duffings dabei.

Als ich das letzte Mal am Bühl war, haben wir uns Fotos angeschaut. Und auch die Schwarz-Weiß-Fotografie angesehen, die 1901 bei der Vereinsgründung in einem Wirtshaus angefertigt wurde. Vier Herren in schwarzen Anzügen, vor schwarzem Hintergrund vereint an einem Tisch. Weiß sind nur die identischen Vollbärte und das Tischtuch, dem sie entgegenwachsen wie Eiszapfen.

Die Chemie des Lichts

Auf meinem Schreibtisch liegt ein Foto von Günther und mir, das ich sehr mag. Es zeigt uns in den siebziger Jahren, auf der blau-rot geblümten Hollywoodschaukel, im Garten der Bismarckstraße. Günther trägt einen seiner silbergrauen Anzüge und hat den Kopf zu mir gedreht. Ich bin vier und trage meine Jeanslatzhose. Er erzählt mir etwas, das sieht man, und man sieht, dass ich mich geborgen fühle, den Kopf an seinen Arm gelehnt, meine Hand in seine gelegt. Ich hefte das Foto wieder an die schwarze Magnetwand neben dem Klavier.

Dort hängen auch die Unterlagen, die mit seiner Forschung zu tun haben und von denen ich immer dachte, dass ich sie irgendwann im Laufe der Beschäftigung mit seinem Leben verstehen und in eigene Worte fassen würde: Fachartikel, Karteikarten, Fotos, ausgedruckte E-Mails, drei Seiten über Günthers Pionierleistungen auf dem Gebiet der Photochemie von Samir Farid, einem aus Ägypten stammenden Photochemiker, der in den sechziger Jahren bei Günther in Mülheim promovierte und schon lange an der Universität in Rochester, New York lehrt. Vierzehn Seiten aus den »Miscellen« des Chemikers Clemens von Sonntag, der ab den siebziger Jahren an der Strahlenchemie arbeitete und Günther als eine der prägenden Figuren in seinem wissenschaftlichen Leben ansah. Fotos von Karnevalfesten, Christel im Tigerdress. Auch Karl Ziegler hängt da, das Foto von ihm und Günther in weißen Kitteln im Labor in Halle, 1943.

Und Frieda, Günthers Großtante. Die ungefähr hundertdreißig Jahre vor mir auf die Welt kam und ähnlich wie ich das Bedürfnis hatte, den Geschichten ihrer Familie nachzuspüren und sie zu bewahren. Weswegen ich mich ihr jetzt irgendwie nah fühle. Als hätten wir dasselbe Ziel verfolgt, an unterschiedlichen Punkten auf der Zeitachse am gleichen Projekt gearbeitet. Im Gegensatz zu mir, die ich keine Kinder habe, hatte sie einen Sohn, den sie allerdings kaum gesehen hat, weil sie arbeiten musste. Genauso wie Frieda habe ich jede Menge Geschwister und Nichten und Neffen. Ob irgendwann, Ende des einundzwanzigsten Jahrhunderts, eine von deren Urenkelinnen dieses Familienprojekt weiterführen und sich dann auf mein Buch stützen wird, um zu bewahren und um sich selbst besser zu verstehen?

Das Bewahren ist mir nur zum Teil geglückt. In letzter Zeit war ich oft frustriert, weil ich merkte, dass so vieles, was ich noch über Günther erzählen könnte, über seine Arbeit, über Christel, über Christels Eltern und ihren Bruder, überhaupt über die ganze Familie – dass so viele Geschichten, die ich gerne erzählen würde, keinen Platz in diesem Buch finden würden. Dass es keine Biographie werden würde und erst recht keine Familienchronik. Was ist es geworden? Als ich Frau Koerner von Gustorf das Kapitel zu lesen gab, in dem sie vorkommt, sagte sie erstaunt: »Es ist ja ein Spaziergang durch *Ihr* Leben, nicht nur durch das Leben Ihres Großvaters!«

Spaziergang wäre schön gewesen. Es kam mir zunehmend vor wie eine lange und aufreibende Wanderung im Gebirge, die viel länger und schwieriger geraten ist als am Anfang, beim Aufbruch, gedacht. Und je mehr ich spüre, dass dieses Projekt zu Ende geht, umso häufiger ergreift mich Panik, nur einen Bruchteil dessen realisiert zu haben, was ich mir vorgenommen hatte, und ich überlege, wie ich noch diese wunderbare Anekdote oder jenen interessanten Zusammenhang unterbringen könnte.

Was geschieht mit all den Geschichten, die mir erzählt wurden, bei mir zwischengeparkt wurden, damit ich sie weitergebe? Ich kann noch nicht mal sagen, dass ich die besten ausgewählt habe oder die, die Günther am wichtigsten gewesen wären. Es waren eher die, die am Rand des Weges lagen, den ich gegangen bin, weil mein eigener Kompass mich da langgeführt hat. Aber ein Wanderer bleibt ja auch nicht bei jeder Blume stehen, sage ich mir, er trauert hinterher auch nicht all den Pfaden und Abzweigungen nach, die er nicht genommen hat, sondern freut sich, dass er irgendwann ankommt und im Tal sein Bier trinken kann. Und hatte ich nicht neulich mal geträumt, wie ich Luftsprünge mache und über eine Wiese renne, weil ich dieses Buch geschrieben habe?

Dieses Buch, das keine Biographie meines Großvaters Günther Otto Schenck ist, schon gar nicht die definitive. In dem es nicht darum geht, sämtliche Überlieferungen wiederzugeben oder ganz genau zu erklären, wie die Hashimoto-Krankheit seinen Alltag beeinflusst hat, auch wenn nun sogar Google-Gründer Larry Page daran erkrankt ist. Es geht nicht darum, den wissenschaftlichen Streit um Triplets und phototropisomere Biradikale zu klären.

Wie gerne hätte ich Christels Familie ausführlicher geschildert, vom Tod ihres Bruders Günter Frommhold erzählt, der in Heidelberg das Dirigieren studierte und sich dann in Russland eine Gitarre besorgte, die er immer dabeihatte. Auch als er sich mit fünfundzwanzig für den Tod entschied, indem er plötzlich aus dem Schützengraben kletterte; er hatte gerade noch Zeit, sich die Zigarette anzuzünden, die sein Kamerad ihm gegeben hatte – derselbe, der Christel viele Jahre später davon erzählte. Das alles kam erst raus, als Hanna, meine Schwester, Christel beim Aufräumen half und eine Postkarte von Günter Frommhold fand, auf der er etwas Ironisches geschrieben hatte wie *Bin jetzt doch bei der Hitlerjugend. Ganz toll.* – und Christel anfing zu weinen.

Es fällt mir schwer, auf all das zu verzichten, weil ich allen gerecht werden will und weil ich mich selber habe berühren lassen und es leichter ist, das Berührtsein auszuhalten, wenn man es irgendwie weitergeben kann.

Zwei Tage nach Günthers Tod ist mir etwas Seltsames passiert. Da hatte ich plötzlich, mitten am Tag, das Gefühl, etwas von ihm sei bei mir angekommen, irgendwie im Bauch, gewichtslos, doch deutlich spürbar; eine andere Art von Gewicht. Ich hatte kein Wort dafür, aber es fühlte sich an, als wäre ich irgendwie reicher als vorher. Ich dachte daran, dass es heißt, wenn jemand gestorben ist, solle man ein Fenster öffnen, damit die Seele ihren Weg finden kann. Und etwas feierlich dachte ich: Mal sehen, wie es sich von nun an damit lebt! Eigentlich war alles wie immer, nur manchmal fiel mir dieser Moment ein.

Zehn Jahre später, einige Zeit nachdem ich auf den Wikipedia-Eintrag stieß, der den Anstoß für dieses Buch gab, sah ich Günther in einem hyperrealistischen Traum. Er stand auf dem dunkelroten Kiesweg in der Bismarckstraße, vorm Fenster seines Arbeitszimmers, und hielt eine Tasse in der Hand, Tee Nummer 12. Das wusste ich im Traum, und es amüsierte mich, denn es war typisch Günther, dass es sich bei so einem Auftritt auf keinen Fall um einen gewöhnlichen Tee handeln konnte, Tee Nummer 6 oder 8 hätten es nicht getan. Jedenfalls, er stand einfach still da, in seinem Trenchcoat, mit seinem Tee, und sein versunkener, wie nach innen gerichteter Blick war so unbewegt wie bei Menschen in einer Videoarbeit von Bill Viola, die man zunächst für ein auf die Leinwand projiziertes Standbild hält. Erst nach einer Weile merkt man, dass sie atmen.

Es ist ja eigentlich verrückt, wie wenig man von den Menschen, die einem wichtig sind, träumt; jedenfalls geht es mir so. Dabei hätte man doch jede Nacht Gelegenheit dazu.

Ich bin sicher, Günther hätte zu diesem Thema eine Meinung gehabt. Er hat Träume ernst genommen. Nicht in dem Sinne, dass er sie gedeutet hätte, aber sie schienen dieselbe Wertigkeit zu haben wie andere Erlebnisse, von denen er erzählte. Als er etwa träumte, er sei in einer Seifenkiste von Kirschbaum zu Kirschbaum geflogen. Oder, dass er beim Saxophonspielen in einem amerikanischen Casino in Heidelberg plötzlich merkte, wie er dreißig Zentimeter über dem Boden schwebte. Und sich innerlich kaputtlachte, weil keiner der anderen Musiker dies zu bemerken schien.

Habe ich mal von Christel geträumt? Ich erinnere mich an einen Moment, der wie ein Traum war, ein paar Jahre nach ihrem Tod, als ich plötzlich ihr Wägele sah. Ihr Wägele, das war ein beiger Audi 50 mit karamellfarbenen Stoffsitzen, den sie hatte, seit ich gerade alt genug war, um vorne zu sitzen. Wir fuhren ständig zusammen damit herum, zu Tengelmann, zum Friseur, zum Museum Folkwang, sie brachte mich auch zur Musikschule, wenn ich Klavierprüfung hatte (dann hatte sie Mozartkugeln dabei: *Wenn du bestanden hast, als Belohnung, und wenn du nicht bestanden hast, als Trost*). Eines Tages klebte ihr jemand einen Totenkopf neben den Auspuff, und der ging nicht mehr ab. Sie versuchte alles, mit Lösungsmittel, mit einem Skalpell, sogar mit einem Fön. Schließlich bat sie mich, etwas zu finden, was man darüberkleben könnte. Stolz brachte ich einen echten Nick-Knatterton-Aufkleber an, und seitdem fuhr, gleich neben dem Auspuff, der Detektiv mit dem markanten Kinn und der Pfeife mit.

Als Christel starb, gab es das Wägele schon lange nicht mehr. Sie hatte es mir ein paar Jahre zuvor geschenkt und selbst zuletzt einen kleinen roten Renault gefahren; ich fuhr es eine Weile, bis ich nach dem Abitur für ein Jahr nach Mexiko ging. Jahre später war ich dann mit einem Mietwagen in Neuss unterwegs, auf Motivsuche. Als ich an einer Ampel hielt, sah ich im Rückspiegel einen alten beigen Audi 50 heranfahren und dachte sofort an das Wägele. Eigentlich war ich mir sicher, dass es das Wägele war, obwohl es doch sicher Hunderte oder Tausende Modelle in dieser Farbe gegeben haben musste. Der Audi 50 stand auf der Spur neben mir, vier muslimische Frauen mit Kopftüchern saßen darin: zwei vorne, zwei hinten, über irgendetwas lachend; die Stoffsitze waren karamellfarben. Die Ampel sprang auf Grün, und als sich der Audi vor mir einfädelte, sah ich neben dem Auspuff Nick Knatterton mit seinem kernigen Lächeln und der Pfeife.

Ich freute mich darüber, dass Christel, die in ihren letzten Jahren so melancholisch geworden war, sie selbst hatte es Altersdepression genannt, mir noch mal auf so heitere und überraschende Weise begegnet war. Es war ein schöner Abschied. Schon zu Zeiten des Wägeles, als wir zusammen durch die Gegend fuhren (Christel immer mit ihren cognacfarbenen Lederhandschuhen), hatte mich das Thema Vergänglichkeit beschäftigt, auch wenn mir der Begriff damals noch nicht so geläufig war. Den nahm ich erst wahr, als ich ihn im Englischunterricht lernte: *transitoriness.* Ich fand es ungeheuer tröstlich, dass es ein Wort für diese Sache gab, die immer wieder diese Wehmut in mir auslöste, wenn Abschied drohte, wenn Dinge in der Vergangenheit versanken. Tröstlich fand ich auch, dass andere vor mir sich damit beschäftigt hatten, sogar Shakespeare. Die Sinnfragen, die ich mir in der Pubertät ohnehin stellte, wurden durch die Allgegenwärtigkeit dessen, was ich als Vergänglichkeit identifizierte, noch drängender. Heute kommt es mir so vor, als seien meine Interessen allesamt aus dem Bedürfnis entstanden, etwas festzuhalten, vor dem Vergehen zu bewahren. Das Zeichnen zum Beispiel. Da ging es mir immer darum, den Moment einzufangen, vor allem Dinge, die sich schnell veränderten: Menschen, Gesichter, Straßenszenen. Ich hätte ja auch Comicfiguren entwickeln können, abstrakte Muster oder Phantasiewelten. Aber das hat mich nie interessiert. Ebenso wenig, wie es mich jemals interessiert hat, eine ausgedachte Geschichte aufzuschreiben.

Es gab doch schon genug Geschichten, die darauf warteten, aufgeschrieben zu werden.

Mein Bruder Jost hat mir erzählt, wie er ganz zum Schluss, als die Bismarckstraße schon ausgeräumt war und die Leute vom Max-Planck-Institut ihre Sachen abgeholt hatten, noch mal ums Haus lief und von außen durch die Fenster schaute, in die nackten Räume mit ihren über die Jahrzehnte abgewetzten Parkettböden, den offen stehenden Türen. Und alles war leer, nichts war mehr da, bis auf eines: Über der Tür im Arbeitszimmer hing noch immer das Porträt von Karl Ziegler. Es hatte offenbar keiner abnehmen wollen, weder wir noch die Leute vom Institut.

Beim Zeichnen bin ich irgendwann auf etwas gestoßen, was sich vielleicht auf mein Schreiben übertragen lässt. Ich zeichnete gerade eine dicke Frau mit zerknautschtem Gesicht, die mir am Bahnhof auf der Bank gegenübersaß, und war vollkommen in mein Tun versunken, als meine Freundin Susi amüsiert zu mir sagte: »Ich weiß, wen du gerade zeichnest.« Ohne es zu merken, hatte ich einen ebenso zerknautschten Gesichtsausdruck wie mein Modell angenommen. Mir wurde klar, dass der Versuch, einen Menschen in seinen äußeren Konturen zu erfassen, eine gewisse Identifikation mit ihm bedingt. Was mir auch auffiel: Jemanden, den ich zeichnete, konnte ich nicht wirklich doof finden. Wenn ich jemanden karikierte, vielleicht sogar aus einer Abneigung heraus, wurde mir derjenige automatisch sympathisch, auch wenn ich das gar nicht wollte. Vielleicht ist es ein Gesetz, vielleicht eine Binsenweisheit, dass man etwas, sobald man es versteht, nicht mehr so leicht verurteilen kann.

Günther hat mir mal gesagt, er wollte als kleiner Junge immer alles verstehen. Er meinte damit vor allem die Naturwissenschaft.

Am Anfang hatte ich gedacht, dass ich durch die Beschäftigung mit Günthers Leben sozusagen automatisch auch etwas über die Naturwissenschaften verstehen würde. Das ist eine der Sachen, die nicht eingetreten sind und vielleicht nie eintreten werden. Zuletzt habe ich mir auf YouTube einen Clip angesehen: »Photosynthese leicht erklärt«. Da war von Licht- und Dunkelreaktionen die Rede, die einander bedingen, und ich war ganz begeistert von der philosophischen Dimension, die sich da abzeichnete. Dann ging es aber mit Formeln weiter und wurde uninteressant. Lieber hätte ich so etwas gehört: dass der erste Anstoß des Lichts auf Materie – die Lichtreaktion – vergleichbar sei mit dem Geistesblitz oder damit, dass einem ein Licht aufgeht. Dann hätte ich die Phase der Dunkelreaktion, in der die eigentliche Arbeit geschieht, wo *dies* in *jenes* umgewandelt wird, so deuten können: Wenn ich der Dunkelreaktion keine Zeit gebe, ist der Blitz vergeudet. Eine Erkenntnis reicht nicht, sondern man muss dran arbeiten.

Gearbeitet habe ich, aber war ich erfolgreich? Oder habe ich den Blitz vergeudet? Bin ich Günther in den letzten zwei Jahren nähergekommen? Oder habe ich mich von ihm entfernt, weil der Mensch, den ich gekannt habe, hinter den neuen Informationen zurückgetreten ist? Wie versteht man einen Menschen wirklich – indem man möglichst viel über ihn in Erfahrung bringt oder indem man ihm einfach nahe ist?

Geo sagt, die Zeit mit seinem Vater, als er alt war, das letzte Jahr, sei hart gewesen. Aber etwas Besonderes, er habe sie auch genossen. Denn zum ersten Mal sei es nicht um Themen gegangen, es sei um nichts gegangen, nur darum, zusammen zu sein. Irgendwann habe Günther gesagt, er hätte nicht gedacht, dass Geo einmal so lieb zu ihm sein würde. »Ich glaube, er dachte daran«, sagte Geo, »dass er mich oft ziemlich schlecht behandelt hatte, als Kind.«

Einmal saßen sie zusammen im Arbeitszimmer, auf der Sitzgruppe. Geo spürte, dass Günther ihm etwas sagen wollte und dass es ihm nicht leichtfiel, und so versuchte er, es seinem Vater so leicht wie möglich zu machen. Er saß ihm gegenüber und wartete geduldig, irgendwie selbst wie ein guter Vater, so kam es ihm vor. Und plötzlich dachte er, dass auch Günther für ihn häufig ein guter Vater gewesen sei. Er dachte an Situationen, in denen er einen Fehler gemacht, in denen er wirklich etwas verbockt hatte, und dass Günther ihm dann eigentlich immer mit Verständnis begegnet sei. Weil er wusste, dass die Vorwürfe, die Geo sich selber machte, schon schlimm genug waren.

Was immer jetzt kommen würde, dachte Geo, so schlimm könne es nicht sein. Und dann kam die Sache mit Reinhard Appel, die uns alle damals überraschte. Günther bekannte, dass Geo noch einen Halbbruder habe, Reinhard. »In den Kriegswirren« sei der zur Welt gekommen, in Halle, als Geo noch ein Baby war und Gudrun noch nicht geboren. Es habe eine Weihnachtsfeier am chemischen Institut gegeben. Da sei diese Laborantin gewesen, die ihn sowieso schon immer geneckt habe und die ihn zur Schneeballschlacht herausforderte …

Als es raus war und Günther gemerkt habe, dass Geo gelassen reagierte, sei er erleichtert gewesen. Und Geo konnte sich mit seinem Vater über dessen Erleichterung freuen. Er war sogar selbst ein wenig erleichtert. Denn als ganz kleiner Junge hatte er einmal seine Eltern leise von einem anderen Kind sprechen hören. Das war seine älteste Erinnerung, sogar noch älter als die an die Begrüßung in Heidelberg durch den amerikanischen Soldaten. Jetzt, nach sechzig Jahren, war für ihn die Welt in gewisser Weise in Ordnung gekommen. Auf dem Heimweg von der Bismarckstraße fuhr Geo bei Aldi vorbei und kaufte eine Flasche Veuve Monsigny, um die Familie mit der Nachricht vom Familienzuwachs zu überraschen.

Dagmar hatte mir die Geschichte gleich am nächsten Tag am Telefon erzählt. Und als Geo wenig später Kontakt mit seinem neuen Bruder aufnahm, war ich natürlich sehr gespannt. Reinhard sei nett, erzählte er. Ein Elektroingenieur, jetzt Taxiunternehmer in Köln, liiert mit einer Brasilianerin. Er spiele mit dem Gedanken, nach Brasilien auszuwandern, weil dort die Lebenshaltungskosten geringer seien, überhaupt sei dort vieles einfacher.

Ich begegnete meinem »Halbonkel« nur einmal, etwa ein Jahr nach Günthers Tod. Jost hatte ihn zu seiner Geburtstagsparty eingeladen, ich kam etwas später. Meine Schwester hatte mir schon am Telefon gesagt, dass Reinhard auch da sei und einen Kasten Bier als Gastgeschenk mitgebracht habe.

Als ich mich dann in der Wohnung durch die Partygäste schlängelte und die Küche betrat, sah ich dort einen Mann mit weißen, nach hinten gekämmten Haaren stehen, etwas größer als Günther, ansonsten von exakt der gleichen Statur, leicht gebeugt, das graue Sakko saß an den Armen und über den leicht nach vorn gebeugten Schultern genau wie bei Günther, und seine Haut – das war vielleicht das Verblüffendste – hatte dieselbe helle Rosigkeit, dieselbe Textur, all das, was man im Bruchteil einer Sekunde erfasst und was einen einen anderen Menschen erkennen lässt. Es war wie ein Flashback in die Zeit, als die Hollywoodschaukel noch im Garten der Bismarckstraße stand, als

Günther Anfang sechzig war – so alt wie dieser Mann, der sich jetzt zu mir umdrehte. Wir unterhielten uns über irgendwas, und selbst seine Stimme kam mir bekannt vor, sie war ähnlich nasal wie die von Onkel Gernot, Günthers jüngerem Bruder. Ich weiß noch, dass ich dachte: Ausgerechnet der Sohn, der ihm am ähnlichsten sah, hat am wenigsten von ihm gehabt.

Von Günthers letzten Monaten habe ich nicht viel mitbekommen. Ich drehte einen Film und war sehr beschäftigt. Wenn ich am Bühl anrief, hörte ich die Geschichten darüber, wie er die dicke Elli und die anderen Pflegerinnen von der Diakonie auf Trab hielt, wie es mit seiner Physiotherapeutin, die er »Frau Knochenbrecher« nannte, ging. Frau Knochenbrecher brachte manchmal ihren kleinen Yorkshireterrier mit, der Günther große Freude machte. Ich war ein wenig erstaunt darüber, dass Günther so stark auf den Hund reagierte, denn mit Tieren hatte ich ihn nie in Zusammenhang gebracht. Von Dagmar erfuhr ich, dass Christel keine Hunde gemocht habe, Günther aber schon, er habe ihr erzählt, wie er sich als Kind eine Zeitlang um einen Hund gekümmert habe, im Stuttgarter Haus des Rollladenherstellers Leins, wo seine Tante Haushälterin war. Der Hund sei ihm immer hinterhergelaufen, wenn er sich mit seiner aktuellen Ausgabe des *Neuen Universums* ins Gartenhäuschen oder in den Frühstückssalon zurückzog.

Auch meine Schwester Hanna war am Ende oft bei ihm; eine Weile war sie jeden Tag da und hat ihn gefüttert. Für sie war es die intensivste Zeit mit Günther. Sie hatte vorher noch nie einen Menschen gefüttert, und jetzt fuhr er sie an: »Willst du mich umbringen?! Was machst du da mit dem Löffel?!«

»Günther, die Situation ist für mich neu«, sagte sie. »Wir müssen jetzt beide hier durch.«

Im Kopf war er noch völlig klar, nur den Körper konnte er nicht mehr so richtig koordinieren. Das Telefon hatte er noch selber so programmiert, dass er Hanna anrufen konnte, wenn er im Bad fertig war und sie brauchte, was ihm unangenehm war. Und zwischendurch wurde er patzig. *Gib mir bitte einen Teelöffel!* Hanna gab ihm einen kleinen Löffel. *Warum holst du einen Kaffeelöffel, wenn ich Teelöffel sage!*

Hanna neigte dazu, eher nachgiebig zu sein und nicht auf seine Provokationen einzugehen, aber Jost sagte, dies bedeute doch, dass sie ihn aufgegeben habe, weil sie ihn nicht mehr ernst nehme. Einmal, als es um ihre berufliche Zukunft ging – Hanna war zweiundzwanzig und studierte Philosophie –, schlug Günther »Sekretärin« vor. Da wurde sie richtig sauer. Günther redete sich raus, er habe es im Sinne von »Sekretär« gemeint. Staatssekretär.

Wenn Hanna ihn dann ins Bett brachte, sagte er: »Danke. Danke. Ich weiß gar nicht, was ich ohne eure Hilfe tun würde. Es ist mir so schrecklich, dass ich das alleine alles nicht mehr kann.«

Günther starb im Krankenhaus. Einige Wochen zuvor hatte ich ihn besucht und war schockiert gewesen, wie verändert er war – jetzt, wo er nicht mehr zusammengehalten wurde von Anzug, Fliege, Brille, nach hinten gekämmten Haaren. Er war mit einem Mal zum Greis geworden, selbst die Zähne hatte man ihm weggenommen, was sein Gesicht vollkommen veränderte. Die Haare standen in alle Richtungen ab, die Augenhöhlen waren tief bis auf die Knochen und schwarz – eigentlich ähnlich der Kohlezeichnung, die bei Jost hängt. Es war immer noch Günther. Jetzt zart, fremd, ätherisch. Er atmete schwer. Er schien Angst zu haben. Mit weit aufgerissenen, erschrockenen Augen versuchte er, den dreieckigen grauen Haltegriff zu fassen zu kriegen, der über seinem Krankenbett baumelte.

Was für ein Film lief da vor seinem inneren Auge ab? Wo war er, was war da los, was war so furchtbar, dass er mich so unruhig und hilfesuchend anschaute, als er schon nicht mehr sprechen konnte?

Muss das denn so schwer, so zäh sein, wenn man eines natürlichen Todes stirbt?

Als ich damals mit meiner Heidelberger Familie am Telefon sprach, sagte Jürgen, der Mann von Gudrun: »Der berappelt sich noch mal.« Und ich dachte: Nein, der Jürgen weiß nicht, wie durchscheinend, wie weit entfernt er schon ist.

Aber er berappelte sich tatsächlich.

Und es verging noch ein Monat.

Am Abend vor seinem Tod stand die Familie um sein Bett herum. Meine Eltern, Billi, Gudrun und Jürgen. Sieben oder acht Personen. Ich war nicht dabei, Hanna erzählte mir, wie er diese Schnappatmung hatte und wie sie sagte: »Atme weiter. Bitte atme weiter.«

Jürgen sagte: »Lass ihn doch. Lass ihn doch sterben.« Dann sagte er: »Wir müssen ihn allein lassen, damit er loslassen kann.« Und schließlich sind alle gegangen. Als Geo am nächsten Morgen im Krankenhaus anrief und nach Günther fragte, sagte man ihm: »Der hat gerade gefrühstückt.«

»Da müssen Sie sich vertun«, sagte Geo.

Aber sie hatten sich nicht vertan. Günther war an dem Morgen aufgewacht und hatte darum gebeten, dass man ihm seine Zähne einsetzt und sein Frühstück bringt. Als die Schwester mit dem Frühstück reinkam, sagte sie so etwas wie: »Na Opachen, wie geht's uns denn heute?«

Günther antwortete: »Für Sie immer noch Herr Professor.«

Dann trank er seinen Tee und aß ein Marmeladenbrot.

Als Geo eintraf, war er gerade gestorben.

Jetzt ist es zwölf Jahre später, und ich bin am Morgen mit dem schweren Gefühl aufgewacht, es nicht geschafft zu haben, ein Bild zu zeichnen, das ihm wirklich gerecht wird. Vielleicht waren zwei Jahre nicht genug Zeit? Ich könnte es zu meiner Lebensaufgabe machen, Material wäre vorhanden.

Ich könnte es aber auch lassen. Und mich mit meinem Packen Papier, den ausgedruckten Seiten meiner Erbschaft, in die Abendsonne setzen, hier in Berlin, an einen Platz mit Springbrunnen, mit gelben Häusern aus der Gründerzeit. Häusern, die vor hundert Jahren schon genauso aussahen, die vieles miterlebt haben und einen an nichts erinnern, die einfach nur schön sind, die perfekte Kulisse für eine Szene, in der man einen Aperol Spritz serviert bekommt, leuchtend orange und ideal temperiert, und sich freut, weil gerade alles stimmt und man dann auch noch neugierig angeguckt wird von einem Baby, das in einem Tuch vorbeigetragen wird, und man den Blick des Babys erwidert, bis es um die Ecke gebogen ist; und dann wieder in die Kastanienblätter schaut, hinter denen die Sonne langsam untergeht. Was heißt langsam – immerhin so schnell, dass man zusehen kann, wie die Strahlen sich durch die Blätter drängen, hindurchblitzen, stark und doch abendlich weich, durch dieselben Blätter, die am Morgen, beim Aufgehen der Sonne, einmal kurz rot aufgeleuchtet haben, was aber keiner gesehen hat, nur der geniale Hans Kautsky hat es vielleicht ein einziges Mal gesehen, dieses Luminiszenzphänomen, und Günther natürlich.

Danksagung

Wäre dieses Buch ein Film, würden jetzt die Titel laufen, beginnend mit meinem Vater, Geo Schenck, ohne dessen unermüdliches Engagement dieses Buch nicht entstanden wäre. Die Gewissheit, auch bei unterschiedlichen Sichtweisen und während Durststrecken auf seine volle Unterstützung zählen zu können, bedeutet mir viel.

Dieses Buch beruht auf zahllosen Gesprächen mit Menschen, die meine Großeltern gekannt haben und mir offen begegneten. Manche wurden zu Protagonisten: Heinz Leferenz und Lore Strothe. Günther Wilke. Ursel Krauch. Ursula Koerner von Gustorf. Dieter Jung. Klaus Schenck. Diethard Best. Karl-Ludwig Kuss. Ruth und Carol Eliel.

Meine nahe und ferne Familie schenkte mir Vertrauen und Erinnerungen. Ich danke vor allem Gudrun und Jürgen, Billi und Ulrike, meiner Mutter Dagmar sowie meinen Geschwistern Hanna, Toby und ganz besonders Jost. Außerdem Henriette, Corinna und Jonni. Und Reinhard Appel, den ich in Brasilien leider nicht erreicht habe.

Ich danke den »Krauch-Kindern« – Tilmann, Michel, Ada und insbesondere Katrin Wollenhaupt.

Mein Dank gilt Ingeborg Heuer und den noch lebenden »Wasserträgern«, vornehmlich Heiner Stachelhaus mit seinem guten Gedächtnis. Otto-Albrecht Neumüller, Jack Saltiel und Samir Farid ist es gelungen, die komplexen Zusammenhänge von Günthers Wissenschaft für mich verständlicher zu machen.

Wichtige Auskünfte erhielt ich von Henrik Eberle, Manfred Rasch, Claudia Moisel, Dieter Pohl und Kristina Starkloff vom Archiv der Max-Planck-Gesellschaft. Dank geht an das Institut für Zeitgeschichte, das Simon Wiesenthal Center, das Bundesarchiv, die Deutsche Dienststelle, das Militärhistorische Museum der Bundeswehr und an die engagierten Mitarbeiter der Stadt- und Universitätsarchive Heidelberg und Göttingen.

Für ihre Mitwirkung danke ich Imke Schoen, Sieglinde Joost, Ilsabe und Hans von Sonntag, Jan Hinnerk Meyer, Gerhard Schomburg, Ilse Hartmann und Ruth Wolgast. Stefanie Berbig und Bettina Proske. Jochen Senges, Michael Jung, Gernot Thomsen, Antonie Remmen, Christiane Wirtz und Anke Stockhausen. Martina Schumacher, Raphael Püttmann und Iris von Tiedemann. Andreas und Stefan Grossmann-Hensel – letzterer war mir unersetzlich als schneller Erstleser.

Francis Greenburger ist der »deutschstämmige Geschäftsmann«, der mit seiner Idee des moralischen Kompasses Weichen stellte. Freddy Langer danke ich für die schönen Seiten mit meinen Fotos und Geschichten im Reiseblatt der F. A. Z.

Niko Hansen gab mir wichtige Tipps in der Anfangsphase. Thomas Sparr danke ich für Bernanos und Hanns Zischler für das Gespräch zum Thema Reue.

Meiner Agentin Petra Eggers gilt mein Dank dafür, dass sie schon früh an die Idee zu diesem Buch glaubte, und für die Vermittlung an Karsten Kredel – dem ich dafür danke, dass er nicht nur mein Verleger ist, sondern auch der Lektor, den ich mir immer gewünscht habe. Über die Jahre begleitete mich mein Freund Claus Brunsmann. Seine liebevolle Unterstützung gab diesem Buch ein Fundament.

Günther Schenck
geb. 14. Mai 1913
Lörrach